E-Crime and
Computer Forensics Training Course

信息犯罪与计算机取证实训教程

王永全　廖根为　涂　敏◎主编

人民邮电出版社
北京

图书在版编目（CIP）数据

信息犯罪与计算机取证实训教程 / 王永全，廖根为，涂敏主编. -- 北京：人民邮电出版社，2019.3（2021.1重印）
ISBN 978-7-115-49603-4

Ⅰ. ①信… Ⅱ. ①王… ②廖… ③涂… Ⅲ. ①计算机犯罪－证据－数据收集－高等学校－教材 Ⅳ. ①D918

中国版本图书馆CIP数据核字(2018)第232876号

内 容 提 要

本书作为《信息犯罪与计算机取证》一书的配套实训教材，对其理论内容进一步拓展，实践性内容进一步充实。本书围绕信息犯罪与计算机取证这一主题，针对信息安全、信息犯罪、计算机取证、计算机司法鉴定、综合实训等问题进行了深入探讨，并分别设计了实践性内容引导读者锻炼或实验。内容主要包括：信息安全实验、信息犯罪讨论分析、计算机取证基础实验、计算机取证技术实验、电子数据证据的发现与收集实验、电子数据证据的固定与保全实验、数据恢复实验、电子数据证据分析与评估实验、计算机司法鉴定实验、案件综合实验等相关基础知识及实训内容，以进一步增强"信息犯罪与计算机取证"课程实践性环节的教学需要。

本书适用于计算机、信息安全、通信电子、网络安全与执法、法学、公安学等相关学科专业的本科高年级学生以及相关专业研究生、企事业单位及公检法司等部门工作人员作为教材或参考书使用。

- ◆ 主　　编　王永全　廖根为　涂　敏
  责任编辑　邢建春
  责任印制　彭志环
- ◆ 人民邮电出版社出版发行　北京市丰台区成寿寺路 11 号
  邮编　100164　电子邮件　315@ptpress.com.cn
  网址　http://www.ptpress.com.cn
  北京九州迅驰传媒文化有限公司印刷
- ◆ 开本：787×1092　1/16
  印张：17　　　　　　　　　2019 年 3 月第 1 版
  字数：414 千字　　　　　　2021 年 1 月北京第 4 次印刷

定价：98.00 元

读者服务热线：(010)81055493　印装质量热线：(010)81055316
反盗版热线：(010)81055315

本书编委会

主　编　王永全　廖根为　涂　敏

副主编　刘三满　唐　玲　王　弈

委　员（以撰写章节为序）

赵　帅　王永全　蒋　瑾　赵子玉

廖根为　田晶林　李　毅　明振亚

王　弈　赵　庸　徐志强　唐　玲

刘三满　涂　敏　段　莹

前　言

信息安全事关国家安全。对信息安全的保护包括事前、事中和事后保护。信息安全事件发生后，如何有效减少损失、及时追究责任人，需要运用计算机取证技术。在信息安全体系中，它是不可或缺的一个环节，发挥着不可取代的作用，是侦破信息犯罪的关键性技术。

作为一项应用实务型、交叉复合型学科领域，计算机取证的研究在我国尚未得到足够重视。总体来说，计算机取证基础理论匮乏、应用和实务操作不强。鉴此，我们根据理论、技术和实践的最新发展，重新编写了《信息犯罪与计算机取证》一书，并编写了本配套教材《信息犯罪与计算机取证实训教程》，力求理论性与实践性兼具，对主教材理论内容进一步拓展、实践内容进一步充实。

全书共 10 章，涵盖信息安全、信息犯罪、计算机取证、计算机司法鉴定、综合实训等方面实验，主要包括：信息安全实验、信息犯罪讨论分析、计算机取证基础实验、计算机取证技术实验、电子数据证据的发现与收集实验、电子数据证据的固定与保全实验、数据恢复实验、电子数据证据分析与评估实验、计算机司法鉴定实验、案件综合实验等相关基础知识及实训内容，与主教材《信息犯罪与计算机取证》的主要章节基本对应，以进一步增强《信息犯罪与计算机取证》课程实践性环节的教学需要。

本书第 1 章设计了若干信息安全实验，可作为信息安全系统性学习的引导；第 2 章精选了若干信息（网络）犯罪案例供学生讨论，要求能够准确对其进行法律认定；第 3 章为计算机取证基础实验，对常见的计算机取证工具进行了介绍，并设计了相关实验供学生锻炼；第 4 章为计算机取证技术实验，重点训练学生电子数据搜索、提取和远程取证的基本技能；第 5 章为电子数据证据的发现和收集实验，涵盖 Windows、Linux、Mac OS、Android、iOS 等操作系统的取证；第 6 章为电子数据证据的固定和保全实验，提供了 Hash 实验、硬盘复制机和软件镜像工具的实验；第 7 章为数据恢复实验，包括 FAT 文件系统和 NTFS 文件系统的分析，以及较为复杂的被删除文件的数据恢复的操作训练；第 8 章为电子数据证据的分析和评估实验，介绍事件过程分析、人员关联分析、证据保管链完整性评估这 3 种常见分析评估方法；第 9 章为计算机司法鉴定实验，提供了电子邮件真实性鉴定实验、恶意代码鉴定（功能分析）实验、软件相似性鉴定实验这 3 个实验；第 10 章为案件综合实验，以一个较完整的案例供读者锻炼和学习。

本书由主编王永全、廖根为拟定编写大纲并负责全书设计、统稿、校对和完善。

本书作者（以撰写章节为序）及其分工如下：赵帅第 1 章，第 6 章 6.1.2 节，第 10 章；王永全第 2 章 2.1 节、2.2 节，第 8 章；蒋瑾第 2 章 2.3 节、2.4 节，第 5 章 5.1.2 节；赵子玉第

3 章 3.1 节、3.5.2 节；廖根为第 3 章 3.2~3.4 节，第 4 章，第 5 章 5.2.2 节、5.3 节、5.4.2 节、5.5.2 节，第 6 章 6.2 节、6.3 节，第 7 章 7.1 节、7.2 节、7.3.1 节，第 9 章，第 10 章；田晶林第 3 章 3.5.1 节；李毅第 3 章 3.6.1 节、3.7.1 节，第 9 章 9.3.2 节；明振亚第 3 章 3.6.1 节、3.7.1 节；王弈第 3 章 3.6.2 节、3.7.2 节；赵庸第 5 章 5.1.1 节、5.2.1 节；徐志强第 5 章 5.1.1 节、5.2.1 节、5.4.1 节；唐玲第 5 章 5.2.1 节、5.4.1 节、5.5.1 节；刘三满第 5 章 5.4.1 节、5.5.1 节；涂敏第 7 章 7.1.2 节、7.2.2 节；段莹第 6 章 6.1.1 节，第 7 章 7.3.2 节。

本书在撰写过程中，作为"2018 年度上海高校市级精品课程"《信息犯罪与计算机取证》的配套实训教材以及上海市教育委员会 2013 年度市教委本科重点专业（特色）核心课程建设项目的成果之一，得到了华东政法大学以及各参编人员所在单位或部门领导的支持、关心、帮助和鼓励，在此表示衷心感谢！作者赵帅、田晶林、段莹和赵子玉除了完成各自撰写的内容外，还为本书的部分资料收集与实验验证做了相关工作，在此予以感谢！另外，本书的编辑出版得到了 2014 年国家社会科学基金重大项目（第二批）"涉信息网络违法犯罪行为法律规制研究"（No.14ZDB147）、江西省经济犯罪侦查与防控技术协同创新中心、山西省"1331 工程"重点学科建设计划（No.1331KSC）以及"山西警察学院创新团队"建设项目的支持，在此一并表示衷心感谢！

限于时间、经验和知识水平等因素，书中难免存在一些不足甚至错误，尚祈读者能够多提供宝贵意见，以资日后进一步完善。另外，如需要实验素材，可通过邮箱 forensics2019@sina.cn 获取。

编　者
2018 年 10 月

目　录

第 1 章　信息安全实验 ·· 1
　1.1　网络安全检测 ·· 1
　　1.1.1　网络安全检测基础知识 ··· 2
　　1.1.2　网络安全检测实验 ·· 3
　1.2　网络安全攻防 ·· 8
　　1.2.1　网络安全攻防基础知识 ··· 9
　　1.2.2　网络安全攻防实验 ·· 12
　1.3　加密解密技术 ·· 17
　　1.3.1　加密解密技术基础知识 ··· 17
　　1.3.2　加密解密技术实验 ·· 20

第 2 章　信息犯罪讨论分析 ··· 25
　2.1　网络色情类案件 ·· 25
　　2.1.1　网络色情犯罪概述 ·· 25
　　2.1.2　网络色情类案例分析 ·· 28
　2.2　网络黑客类案件 ·· 28
　　2.2.1　网络黑客犯罪概述 ·· 28
　　2.2.2　网络黑客类案例分析 ·· 31
　2.3　网络诽谤类案件 ·· 33
　　2.3.1　网络诽谤犯罪概述 ·· 33
　　2.3.2　网络诽谤类案例分析 ·· 35
　2.4　网络知识产权类案件 ··· 36
　　2.4.1　网络知识产权犯罪概述 ··· 36

2.4.2　网络知识产权类案例分析 38

第3章　计算机取证基础实验 40

3.1　X-ways Forensics 取证 40
　　3.1.1　X-ways Forensics 基础知识 40
　　3.1.2　X-ways Forensics 取证实验 55

3.2　EnCase 取证 55
　　3.2.1　EnCase 基础知识 55
　　3.2.2　EnCase 取证实验 77

3.3　FTK 取证 78
　　3.3.1　FTK 基础知识 78
　　3.3.2　FTK 取证实验 91

3.4　取证大师取证 92
　　3.4.1　取证大师基础知识 92
　　3.4.2　取证大师取证实验 111

3.5　DC-4501 取证 112
　　3.5.1　DC-4501 基础知识 112
　　3.5.2　DC-4501 取证实验 117

3.6　SafeAnalyzer 取证 118
　　3.6.1　SafeAnalyzer 基础知识 118
　　3.6.2　SafeAnalyzer 取证实验 128

3.7　SafeMobile 取证 129
　　3.7.1　SafeMobile 基础知识 129
　　3.7.2　SafeMobile 取证实验 135

第4章　计算机取证技术实验 137

4.1　电子数据搜索 137
　　4.1.1　电子数据搜索基础知识 137
　　4.1.2　电子数据搜索实验 142

4.2　电子数据提取 143
　　4.2.1　电子数据提取基础知识 143
　　4.2.2　电子数据提取实验 145

4.3　远程取证 146
　　4.3.1　远程取证基础知识 146

  4.3.2 远程取证实验 ································· 147

第 5 章 电子数据证据的发现与收集实验 ································· 149

 5.1 Windows 中电子数据证据的发现与收集 ································· 149
  5.1.1 Windows 中电子数据证据的发现与收集基础知识 ················· 149
  5.1.2 Windows 中电子数据证据的发现与收集实验 ················· 151
 5.2 Linux 中电子数据证据的发现与收集 ································· 152
  5.2.1 Linux 中电子数据证据的发现与收集基础知识 ················· 152
  5.2.2 Linux 中电子数据证据的发现与收集实验 ················· 154
 5.3 Mac OS X 中电子数据证据的发现与收集 ································· 155
  5.3.1 Mac OS X 中电子数据证据的发现与收集基础知识 ················· 155
  5.3.2 Mac OS X 中电子数据证据的发现与收集实验 ················· 162
 5.4 iOS 中电子数据证据的发现与收集 ································· 163
  5.4.1 iOS 中电子数据证据的发现与收集基础知识 ················· 163
  5.4.2 iOS 中电子数据证据的发现与收集实验 ················· 170
 5.5 Android 中电子数据证据的发现与收集 ································· 171
  5.5.1 Android 中电子数据证据的发现与收集基础知识 ················· 171
  5.5.2 Android 中电子数据证据的发现与收集实验 ················· 179

第 6 章 电子数据证据的固定与保全实验 ································· 181

 6.1 Hash ································· 181
  6.1.1 Hash 基础知识 ································· 181
  6.1.2 Hash 实验 ································· 184
 6.2 硬盘复制机 ································· 185
  6.2.1 硬盘复制机基础知识 ································· 185
  6.2.2 硬盘复制机实验 ································· 187
 6.3 使用软件制作镜像 ································· 190
  6.3.1 使用软件制作镜像基础知识 ································· 190
  6.3.2 使用软件制作镜像实验 ································· 195

第 7 章 数据恢复实验 ································· 202

 7.1 数据恢复专用工具 ································· 202
  7.1.1 数据恢复专用工具基础知识 ································· 202
  7.1.2 数据恢复专用工具实验 ································· 207

7.2 FAT 文件系统分析与数据恢复 ································· 208
    7.2.1 FAT 文件系统基础知识 ································· 208
    7.2.2 FAT 文件系统分析与数据恢复实验 ····················· 213
7.3 NTFS 文件系统分析与数据恢复 ································ 215
    7.3.1 NTFS 文件系统基础知识 ································ 215
    7.3.2 NTFS 文件系统分析与数据恢复实验 ····················· 218

第 8 章 电子数据证据的分析与评估实验 ······························· 222
8.1 事件过程分析 ··· 222
    8.1.1 事件过程分析基础知识 ································· 222
    8.1.2 事件过程分析实验 ··································· 224
8.2 关联信息分析 ··· 225
    8.2.1 关联信息分析基础知识 ································· 225
    8.2.2 人员关联信息分析实验 ································· 227
8.3 电子数据证据评估 ··· 227
    8.3.1 电子数据证据评估基础知识 ····························· 227
    8.3.2 证据保管链完整性评估实验 ····························· 230

第 9 章 计算机司法鉴定实验 ··· 232
9.1 电子邮件真实性鉴定 ······································· 232
    9.1.1 电子邮件真实性鉴定基础知识 ··························· 232
    9.1.2 电子邮件真实性鉴定实验 ······························· 240
9.2 恶意代码鉴定 ··· 241
    9.2.1 恶意代码鉴定基础知识 ································· 241
    9.2.2 恶意代码鉴定实验 ····································· 251
9.3 软件相似性鉴定 ··· 251
    9.3.1 软件相似性鉴定基础知识 ······························· 251
    9.3.2 软件相似性鉴定实验 ··································· 258

第 10 章 案件综合实验 ··· 259

参考文献 ··· 261

第 1 章 信息安全实验

随着互联网应用广度和深度不断延伸,越来越多的计算机连接到互联网上,这对信息系统的安全提出了更高要求,由单个节点扩展到局域网、广域网,直至整个互联网。网络不仅让世界互联互通,而且突破了人与人沟通上的技术阻隔,打破了传统方式交流的隔阂,在时空和逻辑关联上融合得更加紧密。但随之产生的网络安全、信息保障问题喷涌而出,如"斯诺登事件"暗示着国与国之间的网络信息战争,各种电商平台的用户信息泄露事件表明网络用户隐私数据保护的脆弱性问题,"永恒之蓝"病毒的肆意传播反映出网络用户对数据安全保护意识的缺失等问题,由此可见,信息安全与众多网络用户的合法权益和实际利益息息相关,在这样一个对抗性的领域中,有实施不法行为的破坏者,也就需要有技术能力的守护者。

应用是学习的目的,实验是应用的基础。要想做好信息网络的守护者,必须注重理论与实践相结合,针对这一要求,本书介绍涉及信息犯罪与计算机取证实训相关的理论基础和技术实验。本书给出相关实训内容,并列出实验目的、实验环境和工具、实验过程、实验现象与分析等,旨在加深对信息犯罪与计算机取证理论的理解,培养实践创新能力。

信息安全涉及的范围较广,不仅包括信息基础设施的安全、信息运行的安全,还包括信息内容的安全、信息价值的安全等。从信息系统安全体系角度看,它包括物理安全、节点安全、通信安全以及安全管理等内容。因而,信息安全外延远远超越了技术范畴。本章介绍信息安全实验,就网络安全检测、网络安全攻防和加密解密技术进行初步讨论和实训,希望通过本部分实验为深入系统地学习信息安全知识提供指引。

1.1 网络安全检测

在网络信息系统中,因意外或者恶意的某种外部或内部原因,威胁并实际破坏网络系统运行,甚至切断服务、窃取数据、影响网络生态安全的行为时有发生。因此,需要针对这些影响因素开展系统性的保护措施,包括事前的积极预防,事中的实时监测,事后的修复补漏。其中,网络安全检测是贯穿整个网络安全保护活动的重要手段和方式。

1.1.1 网络安全检测基础知识

1. 网络安全检测的基本概念

网络安全检测是通过收集和分析网络行为、安全日志、审计数据、其他网络上可获取信息以及计算机系统中若干关键点的信息，检查网络或系统中是否存在违反安全策略的行为和被攻击的迹象。网络安全检测作为一种积极主动的安全防护技术，在网络系统受到危害之前拦截和响应入侵，提供防范内部攻击、外部攻击和误操作的实时保护。

网络安全检测技术可以分为静态安全技术（如防火墙技术）和动态安全技术（如网络入侵检测技术）。入侵检测作为防火墙防御的补充，实时应对网络入侵攻击，极大地扩展了网络系统管理人员的综合管理能力（包括监视、识别进攻、安全审计、应急响应），也提高了网络安全基础结构的完整性。以下对网络安全检测原理和分类的介绍侧重于后者的介绍。

2. 网络安全检测的技术原理

从动态安全技术角度看，存在两种不同的检测思路：异常检测和特征检测。

异常检测（Anomaly Detection）的假设是入侵者活动异常于正常主体的活动，是指使用者根据使用资源状况的正常程度判断入侵与否，根据这一理念建立主体正常活动的"活动简档"，将当前主体的活动状况与"活动简档"相比较，当违反其统计规律时，认为该活动可能是"入侵"行为。这种检测方式不针对某个特定行为，其难点在于如何建立"活动简档"以及如何设计统计算法，从而把不正常的操作作为"入侵"或忽略真正的"入侵"行为。异常检测方法首先定义一组系统处于"正常"情况时的数据，如 CPU 利用率、内存利用率、文件校验和等；然后进行分析确定是否出现异常。常见方法有概率统计法、神经网络法、计算机免疫技术等。

特征检测（Signature-Based Detection）又称误用检测（Misuse Detection），这一检测假设入侵者活动可以用一种模式来表示，系统的目标是检测主体活动是否符合这些模式。它可以将已有的入侵方法检查出来，但对新的入侵方法无能为力，其难点在于如何设计模式既能够表达"入侵"现象又不会将正常的活动包含进来。具体方法是挖掘并提取网络传输中数据特征，对提取的数据特征进行信息识别、分类和学习，结合检测算法发现网络异常数据。

3. 网络安全检测的技术分类

（1）基于主机的安全检测（Host-based Security Detection）

基于主机的安全检测是侦测单个主机的各项表征数据源，如系统审计和日志记录，实时监控和记录系统异常操作，包括异常登录、越权访问、错误读取。这种类型的检测系统优势是不需要额外的硬件，定期扫描检查，监听主机端口活动，可以迅速做出响应，及时向管理员报警；劣势是依赖主机性能，占用主机自身资源，不能检测网络攻击，保护范围有局限性，分析检测成本可能随着主机数量而线性增长。

（2）基于网络的安全检测（Network-based Security Detection）

基于网络的安全检测通过监听网络传输的原始流量，提取数据包中有用的信息特征值，对比已知攻击特征或者匹配原型的正常特征值，侦测和识别攻击事件。与基于主机的安全检测区别是，它将关联各主机，通过探测器（专用主机，其网卡设为混杂模式）监视网段流量，然后通过管理站接收从探测器传来的警报，提示管理员及时采取防范措施。此类检测系统优势是不依赖单机的操作系统作为检测资源，可应用于不同的操作系统平台；配置简单，不需要任何特殊的审计和登录机制；可检测协议攻击、特定环境的攻击等多种攻击。劣势是只能监视经过本网段的流量活动，无法得到主机系统的实时状态，精确度较差。

(3) 分布式安全检测

随着网速的极速提升，分析匹配数据包中的特征值所消耗的时间和资源越来越高，此外，还存在攻击特征库更新不及时，不能与其他网络安全产品兼容，不能适应多元化攻击方式下的攻击等问题。显然传统的检测方式不能满足安全需求，而分布式安全检测能够及时、可适应、跨平台地应用于不同场景。分布式安全检测系统的一般性结构包括 3 个组成部分：位于监控主机上的传感器、局域网上的局域网管理器以及中央数据处理器。主机上的传感器和局域网管理器分别从主机和局域网上采集有用数据，然后将数据送至中央数据处理区做全局的入侵检测。在分布式安全检测的体系结构上，检测模型是研究的重点，如哥伦比亚大学和北卡罗来纳州立大学提出基于数据挖掘的模型建立方法。

网络范围内的入侵检测系统必须协同工作，但并非所有检测系统都出自同一厂商，为了实现不同厂商检测产品之间的通信融合，应当制定标准化规范、通信数据格式和相应的规程。具体来说，建立入侵检测系统之间，以及入侵检测系统和网络系统之间通信的功能需求介绍，制定统一的系统体系结构。例如，美国国防部 DARPA 所资助的一个研究组，提出了统一入侵检测框架。

1.1.2 网络安全检测实验

实验一 配置 Linux 开源防火墙

1. 实验背景

netfilter/iptables 组合是 Linux 系统中常见的防火墙技术解决方案，其中，netfilter 是 Linux 内核的防火墙功能模块，iptables 是防火墙管理工具。netfilter 组件实现静态包过滤和状态报文检查，iptables 则是工作在 Linux 用户空间中的防火墙配置工具，通过命令行方式运行允许用户为 netfilter 配置各种防火墙过滤和管理策略。

使用用户空间，可以自定制规则，这些规则存储在内核空间的数据包过滤表中。这些规则具有目标功能，在内核中对来自某些网络源、前往某些目的地或具有某些协议类型的数据包进行处理。例如，如果某个数据包与规则匹配，那么使用目标 ACCEPT 允许该数据包通过。还可以使用目标 DROP 或 REJECT 阻塞并抛弃数据包。

2. 实验目的

理解防火墙基本工作原理，配置 Linux 系统防火墙，并进行以下测试。

(1) 过滤 ICMP 数据包，使主机收不到 ping 包。

(2) 只允许特定 IP 地址访问主机的某一网络服务，而其他的 IP 地址无法访问。

3. 实验要求

(1) 安装 netfileter/iptables 工具组件。

(2) 查看并记录本地主机的网络配置，扫描本地局域网状态。

提示：使用 nmap 查看。

(3) 过滤特定 IP 地址，进行测试并记录测试结果。

提示性操作如下。

(1) 安装 netfilter/iptables 组件

netfilter/Iptables 的 netfilter 组件是与内核集成在一起的，所以只需要下载并安装

iptables 用户空间工具。如果是 Linux 版本 7.1 或更高版本，就不需要执行安装组件步骤。该 Linux 分发版（distribution）的标准安装中包含 iptables 用户空间工具（本实验及以下实验使用了 Kali Linux 环境，可以使用其他 Linux 环境和版本，但具体操作可能略有差异）。

（2）查看当前本机网络配置以及局域网连接状况

攻击端网络配置如下。

```
root@kali:~# ifconfig
eth0: flags=4163<UP,BROADCAST,RUNNING,MULTICAST>  mtu 1500
        inet 192.168.0.126   netmask 255.255.255.0   broadcast 192.168.0.255
        inet6 fe80::20c:29ff:feb2:6251   prefixlen 64   scopeid 0x20<link>
        ether 00:0c:29:b2:62:51   txqueuelen 1000   (Ethernet)
        RX packets 1644577   bytes 1929033551 (1.7 GiB)
        RX errors 0   dropped 0   overruns 0   frame 0
        TX packets 161828   bytes 61599390 (58.7 MiB)
        TX errors 0   dropped 0 overruns 0   carrier 0   collisions 0
        device interrupt 19   base 0x2000
lo: flags=73<UP,LOOPBACK,RUNNING>   mtu 65536
        inet 127.0.0.1   netmask 255.0.0.0
        inet6 ::1   prefixlen 128   scopeid 0x10<host>
        loop   txqueuelen 1000   (Local Loopback)
        RX packets 2605   bytes 350902 (342.6 KiB)
        RX errors 0   dropped 0   overruns 0   frame 0
        TX packets 2605   bytes 350902 (342.6 KiB)
        TX errors 0   dropped 0 overruns 0   carrier 0   collisions 0
```

局域网状态如下。

```
# nmap -n -sn 192.168.0.0/24
Starting Nmap 7.60 ( https://nmap.org ) at 2018-03-08 09:44 HKT
Nmap scan report for 192.168.0.1 Host is up (-0.17s latency).
MAC Address: B0:95:8E:10:B8:6A (Tp-link Technologies)
Nmap scan report for 192.168.0.104 Host is up (0.020s latency).
MAC Address: 60:F8:1D:A7:30:D6 (Apple)
Nmap scan report for 192.168.0.105 Host is up (0.018s latency).
MAC Address: F0:C8:50:E2:1A:27 (Huawei Technologies)
Nmap scan report for 192.168.0.106 Host is up (0.012s latency).
MAC Address: 64:BC:0C:4D:90:A9 (LG Electronics (Mobile Communications))
Nmap scan report for 192.168.0.107 Host is up (0.11s latency).
MAC Address: 8C:25:05:38:32:89 (Huawei Technologies)
Nmap scan report for 192.168.0.108 Host is up (0.013s latency).
MAC Address: B0:48:1A:23:D5:01 (Apple)
Nmap scan report for 192.168.0.110 Host is up (0.11s latency).
MAC Address: 88:53:95:B4:D0:63 (Apple)
Nmap scan report for 192.168.0.111 Host is up (0.0048s latency).
MAC Address: 44:37:E6:D7:71:AC (Hon Hai Precision Ind.)
Nmap scan report for 192.168.0.114 Host is up (0.11s latency).
MAC Address: E0:94:67:3D:3D:DA (Intel Corporate)
Nmap scan report for 192.168.0.115 Host is up (0.097s latency).
MAC Address: 00:21:27:B4:5E:9E (Tp-link Technologies)
Nmap scan report for 192.168.0.116 Host is up (0.044s latency).
```

MAC Address: A8:C8:3A:3C:7A:F3 (Huawei Technologies)
Nmap scan report for 192.168.0.117 Host is up (0.00044s latency).
MAC Address: 7C:67:A2:59:8E:31 (Intel Corporate)
Nmap scan report for 192.168.0.121 Host is up (0.023s latency).
MAC Address: 88:28:B3:C0:B5:91 (Huawei Technologies)
Nmap scan report for 192.168.0.127 Host is up (0.020s latency).
MAC Address: E0:94:67:3D:3D:E9 (Intel Corporate)
Nmap scan report for 192.168.0.126 Host is up.
Nmap done: 256 IP addresses (15 hosts up) scanned in 6.15 seconds

（3）显示当前默认规则链

```
# iptables -L
Chain INPUT (policy ACCEPT)
target     prot opt source               destination
Chain FORWARD (policy ACCEPT)
target     prot opt source               destination
Chain OUTPUT (policy ACCEPT)
target     prot opt source               destination
```

（4）测试 ping

```
root@kali:~# ping 192.168.0.117
PING 192.168.0.117 (192.168.0.117) 56(84) bytes of data.
64 bytes from 192.168.0.117: icmp_seq=1 ttl=64 time=1.09 ms
64 bytes from 192.168.0.117: icmp_seq=2 ttl=64 time=1.19 ms
64 bytes from 192.168.0.117: icmp_seq=3 ttl=64 time=1.29 ms
64 bytes from 192.168.0.117: icmp_seq=4 ttl=64 time=1.25 ms
^C
--- 192.168.0.117 ping statistics ---
7 packets transmitted, 7 received, 0% packet loss, time 6013msrtt min/avg/max/mdev = 0.499/1.095/1.334/0.268 ms
```

测试结果显示，此时可以 ping 目标端。

（5）过滤 ICMP 数据包，使主机收不到 ping 包

iptables 为用户提供配置 netfilter 规则的命令行接口，其命令语法为

```
$ iptables[-t table] command [match] [target]
```

其中，-t 指定配置规则所在的表，缺失表包括 filter、nat、mangle、raw 等。command 是规则指令，如插入规则、删除规则等。

本实验配置如下。

```
root@kali:~# iptables -A INPUT -p icmp -j DROP
```

其中，-A 表示将一条规则附加到链的末尾；INPUT 为规则链；-p 为命令设置链的缺省目标操作；-icmp 代表数据包类型；-j DROP 代表数据包与具有 DROP 目标操作（过滤）的规则相匹配，会阻塞该数据包，并不对其做进一步处理。

测试结果显示如下。

```
root@kali:~# iptables -L
Chain INPUT (policy ACCEPT)
target     prot opt source               destination
DROP       icmp --  anywhere             anywhere
Chain FORWARD (policy ACCEPT)
target     prot opt source               destination
Chain OUTPUT (policy ACCEPT)
```

```
target     prot opt source              destination
```

root@kali:~# ping 192.168.0.117
PING 192.168.0.117 (192.168.0.117) 56(84) bytes of data.
^C
--- 192.168.0.117 ping statistics ---
52 packets transmitted, 0 received, 100% packet loss, time 52218ms

ping 结果显示无法连接。

4. 实验器材和环境

（1）netfilter/iptables。

（2）Kali 操作系统。

5. 实验思考

防火墙过滤数据包的基本原理是什么？

实验二　在 Linux 系统中配置开源网络入侵检测系统 snort

1. 实验背景

snort 有 3 种工作模式：嗅探器、数据包记录器、网络入侵检测系统。嗅探器模式仅仅是从网络上读取数据包并作为连续不断的流显示在终端上，通过./snort-vde 输出包头信息和数据信息。数据包记录器模式把数据包记录到硬盘上，可以通过./snort-vde-l ./log 将嗅探到的数据包记入指定的目录下，加上-b 可以以 tcpdump 二进制日志文件格式记录。网络入侵检测系统分析网络数据流以发现其中包含的攻击行为。

2. 实验目的

理解 snort 网络入侵检测模式的基本工作原理。

3. 实验要求

（1）正确安装 snort。

提示：若存在 snort 依赖安装包和库的缺失问题，可对应下载并安装。

（2）入侵检测测试，并记录测试结果。

提示性操作如下。

（1）安装 snort

若 Linux 最新发行版本已安装，则不执行以下步骤。如需，则安装目录可以统一设置在 /usr/local/文件夹中，方便管理。

Snort 支持 Linux 和 Windows 等多平台，在 Linux 平台上，如 Ubuntu 或 Debian 发行版本可以通过 apt-get 自动获取安装包，Redhat 或 Cent OS 等发行版本可通过 yum 在线安装和升级 snort。

通过./configure&&make&&make install 安装 snort 工具需要提前解决依赖的源码包问题，如 libpcap 和 libpcre 等。以下为简要说明，如仍存在问题可通过网络搜索 snort 源码安装的具体步骤和问题解决方法。

① 在 tcpdump 官方网站下载 libpcap-1.8.1.tar.gz 软件包，通过命令 tar -zxvf libpcap-1.8.1.tar.gz 解压文件，并将其放入自定义的安装目录；复制/usr/local/lib/libpcap.a 到 /usr/lib。

② 通过"Fast lexical analyser generator"在 github 中搜索下载 flex-2.6.4.tar.gz 软件包，

通过 tar -zxvf flex-2.6.4.tar.gz 解压文件，并将其放入上述自定义的安装目录中。

注：如果没有编译安装此文件，在编译安装 libpcap 时，会出现“configure: error: Your operating system's lex is insufficient to compile libpcap.”的错误提示。

③下载 bison-3.0.tar.gz 软件包，通过 tar -zxvf bison-3.0.tar.gz 解压文件，并将其放入上述自定义的安装目录中。

注：如果没有编译安装此文件，在编译安装 libpcap 时，会出现“configure: WARNING: don't have both flex and bison; reverting to lex/yacc checking for capable lex... insufficient”的错误提示。

④下载 m4-1.4.18.tar.gz 软件包，通过 tar -zxvf m4-1.4.18. tar.gz 解压文件，并将其放入上述自定义的安装目录中。

注：如果没有编译安装此文件，在编译安装 bison-2.4.1 时，会出现“configure: error: GNU M4 1.4 is required”的错误提示。

而后依次进入目录 m4、bison、flex、libpcap 并执行以下命令。

```
(sudo) ./configure
(sudo) make
(sudo) make install
```

⑤ 安装最新的 lib 库，下载 pcre-8.38.tar.gz 软件包，通过 tar -zxvf pcre-8.38.tar.gz 解压文件，并将其放入上述自定义的安装目录中；下载 libdnet-1.11.tar.gz 软件包，通过 tar- zxvf libdnet-1.11.tar.gz 解压文件，并将其放入上述自定义的安装目录中；下载 daq-2.0.2.tar.gz 软件包并安装；下载 zlib 软件包并安装。

以上以最新版本为准。

⑥ 安装错误说明，configure 过程中发现缺失依赖库，按照提示操作即可。出现 snort: error while loading shared libraries: libdnet.1: cannot open shared object file: No such file or directory。

解决办法：创建一个符号链接 ln -s /usr/local/lib/libdnet.1 /usr/lib/libdnet.1。

⑦ 测试安装，如图 1-1 所示。

```
root@kali:/etc# snort
Running in packet dump mode

        --== Initializing Snort ==--
Initializing Output Plugins!
pcap DAQ configured to passive.
Acquiring network traffic from "eth0".
Decoding Ethernet

        --== Initialization Complete ==--

   ,,_     -*> Snort! <*-
  o"  )~   Version 2.9.11.1 GRE (Build 268)
   ''''    By Martin Roesch & The Snort Team: http://www.snort.org/contact#team
           Copyright (C) 2014-2017 Cisco and/or its affiliates. All rights reserved.
           Copyright (C) 1998-2013 Sourcefire, Inc., et al.
           Using libpcap version 1.8.1
           Using PCRE version: 8.38 2015-11-23
           Using ZLIB version: 1.2.11

Commencing packet processing (pid=27595)
^C*** Caught Int-Signal
WARNING: No preprocessors configured for policy 0.
03/08-21:28:02.784922 fe80::b53f:1662:1a19:2423:546 -> ff02::1:2:547
UDP TTL:1 TOS:0x0 ID:0 IpLen:40 DgmLen:137
Len: 89
=+=+=+=+=+=+=+=+=+=+=+=+=+=+=+=+=+=+=+=+=+=+=+=+=+=+=+=+=+=+=+=+=+=+=+=+=+

===============================================================================
```

图 1-1　测试安装

（2）使用 snort 检测入侵

准备好配置文件后，以 IDS 形式启动 snort 的输出，并在前台运行。

```
root@kali:~/Downloads/snort-2.9.11.1/etc# snort -de -l logs/ -c snort.conf
Running in IDS mode
        --== Initializing Snort ==--
Initializing Output Plugins!
Initializing Preprocessors!
Initializing Plug-ins!
Parsing Rules file "snort.conf"
PortVar 'HTTP_PORTS' defined :  [ 80:81 311 383 591 593 901 1220 1414 1741 1830 2301 2381 2809 3037 3128 3702 4343 4848 5250 6988 7000:7001 7144:7145 7510 7777 7779 8000 8008 8014 8028 8080 8085 8088 8090 8118 8123 8180:8181 8243 8280 8300 8800 8888 8899 9000 9060 9080 9090:9091 9443 9999 11371 34443:34444 41080 50002 55555 ]
PortVar 'SHELLCODE_PORTS' defined :  [ 0:79 81:65535 ]
PortVar 'ORACLE_PORTS' defined :  [ 1024:65535 ]
PortVar 'SSH_PORTS' defined :  [ 22 ]
PortVar 'FTP_PORTS' defined :  [ 21 2100 3535 ]
PortVar 'SIP_PORTS' defined :  [ 5060:5061 5600 ]
PortVar 'FILE_DATA_PORTS' defined :  [ 80:81 110 143 311 383 591 593 901 1220 1414 1741 1830 2301 2381 2809 3037 3128 3702 4343 4848 5250 6988 7000:7001 7144:7145 7510 7777 7779 8000 8008 8014 8028 8080 8085 8088 8090 8118 8123 8180:8181 8243 8280 8300 8800 8888 8899 9000 9060 9080 9090:9091 9443 9999 11371 34443:34444 41080 50002 55555 ]
PortVar 'GTP_PORTS' defined :  [ 2123 2152 3386 ]
Detection:
    Search-Method = AC-Full-Q
    Split Any/Any group = enabled
    Search-Method-Optimizations = enabled
    Maximum pattern length = 20
ERROR: ./../rules/local.rules(0) Unable to open rules file "./../rules/local.rules": No such file or directory.
Fatal Error, Quitting..
```

截至最后一行，一切运行顺利。Snort 期望发现一些规则文件，但没有找到，因此出现错误。

4. 实验器材和环境

（1）Snort（依赖库包括 libpcap、libpcre、daq、zlib、bison、flex、m4）。

（2）Kali 操作系统。

5. 实验思考

请自行设计几种过滤规则，并记录测试结果。

1.2 网络安全攻防

攻与防是矛与盾的关系，是一种对立而统一的关系。从攻击方的角度思考系统的薄弱之处，可以提高防守方的能力水平，反之亦然。网络安全攻防也是如此，它是基于计算机网络相关技术并借鉴、整合其他领域的方法（如社会学调查）在网络空间中展开的角力较量。接下来，简要讲述网络安全攻防相关基础知识和网络安全攻防实验。

1.2.1 网络安全攻防基础知识

在网络安全攻防基础部分需要清楚为什么会出现网络漏洞、存在哪些网络漏洞、怎么利用这些漏洞以及如何进行网络安全防护。本节简要阐述上述问题。

1. 网络安全威胁类型

网络安全威胁是指能够对网络安全造成潜在破坏的任何因素,包括人、事、物。网络安全威胁可以是人为的或自然的,有意的或无意的,来自内部或外部的。从网络技术层面来看,常见的威胁类型有网络协议安全问题、操作系统与应用程序漏洞问题、恶意攻击和有害程序问题等。

(1) 网络协议安全问题

网络协议是不同通信主体之间的翻译机制,如中国人与美国人在语言交流上必然通过中英文翻译规则来就双方的语言文字进行理解和解释,这种不同文化之间的解释规则就是一种翻译机制。在网络空间中,网络协议是为了进行数据交换而建立的规则、标准或约定的集合。例如,网络中一个微机用户和一个大型主机的操作员进行通信,由于这两个数据终端所用字符集不同,因此操作员所输入的命令彼此不认识。为了能进行通信,规定每个终端都将各自字符集中的字符先变换为标准字符集的字符后,才进入网络传送,到达目的终端之后,再变换为该终端字符集的字符。

不论是开放式系统互联参考模型(OSI)还是TCP/IP都需要不同层级结构之间的上下通联,从物理层到网络层到应用层,不同层级之间的信息传输机制存在被利用的可能性,主要集中在拆分与重组、封装、连接控制、顺序递交、流控制、出错控制、复用等功能模块。

网络协议安全问题分为基于头部的漏洞、基于协议的漏洞、基于验证的漏洞与攻击、基于流量的漏洞与攻击。

基于头部的漏洞,是指协议头部与标准发生冲突。例如,头部中某个控制域值设置为0,标准要求至少有一个比特位置值,二者发生对应冲突,产生无效头部,"死亡之 ping"便是一个具体的实例。

基于协议的漏洞,是指虽然所有数据包是合法的,但是协议的执行与数据有冲突。一般的协议是按照一定顺序交换一系列数据包,以执行某个功能。攻击者可以不按照顺序发送数据包,发送速率过慢或过快,不发送数据包,发送合法数据包到错误的网络协议层,发送合法数据包到混合数据包中。经典的例子是"SYN 洪泛攻击",它利用 TCP 的 3 次握手协议,发送打开连接请求,使服务器一直处于打开状态,但不给予服务器响应,直至服务器缓冲区溢出,导致服务器崩溃死机。

基于验证的漏洞与攻击,验证是用户给其他用户的认可凭证,通过校对用户名和密码匹配与否,在网络传输中验证是某一协议层对其他层的识别并执行其功能,可通过伪造验证进行攻击。

基于流量的漏洞与攻击,攻击者可以截取网络流量并分析。例如,数据包嗅探可以捕获网络流量信息,掌握关键信息,进而发动破坏攻击。

(2) 操作系统与应用程序漏洞问题

操作系统是基于内核与接口的统一人机交互平台,但此平台存在软硬件、安全策略的缺陷和不足。攻击者可以利用这些漏洞突破正常管理权限,在未授权的情况下,访问或破坏系统,危害计算机系统安全。同时,在网络环境中,网络的安全性也依赖于各主机系统的安全性,主机系统的安全性又依赖于操作系统的安全性,因此操作系统安全是计算机和网络信息系统安全的重要基础。

网络环境中与操作系统有关的威胁主要有：其一，通过操作系统漏洞破坏系统的可用性和完整性，使应用程序或数据文件受到感染，造成程序和数据受到破坏或丢失；其二，攻击者利用窃取信息等手段获取未授权信息，通过隐秘信道破坏系统的保密性和完整性，从而非法控制用户的主机，非法访问资源；其三，用户自身的误操作也可能破坏系统的可用性和完整性，如用户误删除了系统盘中关键的启动文件，从而影响系统的稳定运行。

应用程序漏洞有关的威胁主要包含两个方面：一是利用应用程序自身安全性防护缺陷，如代码安全漏洞导致软件安全技术被破解，缺乏对软件版权的保护等；二是利用应用程序影响计算机系统安全，如恶意代码攻击。应用程序自身安全缺陷包括设计错误（如垃圾回收机制不健全、格式化字符串漏洞）和实现错误（如缓冲区溢出）等，而利用这些弱点可以轻易破解、复制软件，软件破解是通过特定的工具和方法，对软件载体或自身结构以及数据进行分析，推测运行逻辑和数据处理过程，采用如逆向工程、动态跟踪调试的手段，达到未授权使用软件的目的。恶意代码是在未授权情况下，以破坏系统软硬件设备、窃取信息、干扰正常运行而编写的软件或者代码，如二进制执行文件、宏代码或寄生在启动扇区中的非法指令等。计算机病毒、蠕虫、木马等都可以归于恶意代码的范畴。

（3）恶意攻击和有害程序问题

恶意攻击是指攻击者主观上以故意且非正常手段影响网络的保密性、可用性、完整性以及可控性，通常会造成系统被破坏、数据被窃取等不良后果。有害程序是攻击者为了达到非法目的，编写制作的破坏性软件或者代码，如恶意代码为典型有害程序。恶意攻击和有害程序是手段和工具的关系，攻击者利用有害程序工具，实施恶意攻击，从而非法控制、窃取、干扰、破坏系统的正常运行和数据安全。

2. 网络攻击方式

针对上述网络安全威胁，破坏者可以通过各种方式展开网络攻击。以下是一些常见的攻击类型和方式。

（1）拒绝服务攻击

以下是一些 DoS 攻击的直接威胁。

① 导致带宽、路由器和系统等重要基础资源的严重浪费。

② 合法的用户不能获得提供的重要服务。

③ 网页浏览具体信息时，或是完全断线，或是网速很慢。

④ DoS 攻击可造成大多数服务的临时瘫痪，因而可导致开发、通信、研究及其他工作的混乱。

⑤ 导致数据丢失，时间以及资源浪费。

（2）口令入侵

Internet 上的用户名和口令认证方法在不同的级别和场合上使用。然而，如果不考虑位置以及应用（如本地或远程应用），大多数口令可以利用以下方法破解：口令猜测、默认口令、字典攻击、暴力破解。

① 口令猜测

口令猜测是在互联网上流行的一种最普通的口令破解技术。在这种方法中，攻击者需要收集被攻击者尽量多的个人信息，如女朋友的姓名、父母姓名、生日、电话号码等，一旦这些被攻击者的个人信息被收集到，攻击者试图通过姓名和数字的不同组合，猜出被攻击者的口令。攻击者通常使用的口令如下。

例如，elizabeth0302，爱人的姓名+生日/电话号码；mqh2405，被攻击者的姓名+生日/电话号码。

② 默认口令

相当数量的本地和在线应用程序在软件开发期间，已经被注册上默认口令。大多数系统管理员在软件安装时会禁用系统默认的口令，然而，不幸的是，仍然有一些在 Internet 上运行的程序会使用默认口令，对攻击者来说，进入一个由默认口令保护的系统，访问敏感信息是非常容易的。通过互联网可以轻易查询和下载包含一些主流应用程序的默认口令列表。因此，对所有的组织来说，禁止使用全部的默认口令是十分必要的。

③ 字典攻击

基于字典的攻击是一种通过不断试验命中口令的破解技术，这种口令攻击技术被攻击者大量使用，攻击者使用自动化的工具，可以试验字典中所有的单词。一旦特定的单词与被攻击者的口令相匹配，自动工具会将单词显示在屏幕上。换言之，所有的字典单词会被作为口令试验，如果一个单词与口令相匹配，被攻击者的口令就会显示在屏幕上。这种技术最大的不足是需要消耗大量系统资源，速度相对较慢。

④ 暴力破解

当所有其他的方法失效时，大多数攻击者会诉诸暴力口令破解，破解工具会试验所有可能的按键组合（键盘上的按键），一旦与口令正确匹配，工具将口令显示在屏幕上，这种通过不同的排列组合试验来破解被攻击者口令的方法，能够破解所有的口令。但是，由于口令可能的排列组合规模太大，暴力口令攻击会消耗太长时间。

（3）缓冲区溢出

Internet 上的每台服务器（主机）都运行着一些特殊服务或后台程序。这些后台程序为客户提供服务，或者访问特定数据、信息或服务。每个后台程序都运行于主机中的特定端口，因此客户可通过特定的端口，以获得特定的服务。例如，运行于 25 号端口的邮件后台程序允许客户发送邮件，而运行于 110 端口的 POP 后台程序用于接收邮件。也就是说，每个应用程序都运行在一个特定的端口上，并为客户提供某一服务。

运行于主机的这些应用程序拥有某一特权。换句话说，由于这些应用程序运行于主机系统自身端口，它们能获取远端系统所不能访问的部分资源。运行于主机中的大多数应用程序都有访问特定系统变量、系统文件甚至在主机系统上执行特定命令的权利。因此，从黑客的角度而言，如果控制了运行于目标系统中易受攻击的应用程序，就能利用所赋予的特权对目标系统进行恶意攻击。这就是缓冲区溢出攻击的危害所在。

所有的缓冲区溢出攻击都归因于内存管理的混乱，其主要分为以下 4 个类型：堆栈溢出、格式串溢出、堆溢出、整型溢出。

（4）恶意代码

恶意代码是指攻击者使计算机按照自己的恶意目标执行的指令集。恶意代码按照其执行方式、传播方式和对攻击目标的影响分为病毒、蠕虫、木马、后门、僵尸程序、内核套件（RootKit）。

病毒，能够自我复制的代码，通过人工干预的方式将自身嵌套入其他程序。

蠕虫，与病毒类似，能够进行自我复制，不同的是能够按照运行模式自主运行，不需要将自身嵌入其他宿主程序中，可以主动扫描和攻击网络服务的漏洞。

木马，伪装性恶意程序，以可用正常软件为壳，隐藏其恶意目的的恶意代码，有时与后门工具结合伪装成善意的软件，诱导用户安装获取访问权限，诱使用户提供信息。

后门，一种能够绕开正常安全控制机制，为攻击者提供访问主机的恶意代码。攻击者能够通过使用后门程序对目标主机进行完全控制，被控制的主机俗称"肉鸡"。

僵尸网络，攻击者出于恶意目的，传播僵尸程序控制大量主机，通过控制信道控制僵尸主机形成僵尸网络。僵尸网络区别于其他攻击方式的基本特征是一对多的命令与控制机制。

内核套件，是在用户态下通过替换或修改系统关键可执行文件，或者在内核态通过控制操作系统内核，用以获取并保持最高控制权的一类恶意代码，分为用户态 Rootkit 和内核态 Rootkit 两种。

3. 网络保护技术

从攻击时间节点角度，网络防护分为攻击前的防护、攻击中的防护、攻击后的防护。

攻击前的防护，主要利用防火墙技术，隔断内部网和外部网的信息传输，对出入防火墙的流量建立安全审查策略，实现外部进入内部网络流量监控的良好效果。此外，还可以使用扫描漏洞技术，实时探测网络节点的漏洞，使用动态登录口令，设定邮件过滤服务器，使用 VPN 技术等事前防护技术措施。

攻击中的防护，入侵检测技术是主动防御，自动检测包括内部和外部之间任何传输形式的入侵，有效保护安全的网络数据运行。

攻击后的防护，主要体现在两个方面，一是备份恢复，二是寻迹问责。网络中重要的不一定是主机服务器等硬件设备，而可能是存储于其中的数据信息，若存在入侵或者突发事件，事后的核心可能是恢复原有数据，即利用技术、管理手段以及相关资源确保关键数据能够在突发灾难后及时恢复和重新运行。攻击后的防护涉及的技术主要有容灾备份技术、远程镜像技术、计算机取证与鉴定技术等。容灾备份系统是对于关键部门、企事业所必须具备的技术装备，关键技术包括数据存储技术，如 DAS、NAS、SAN；数据容灾技术，如 RAID、快照技术。远程镜像技术，有基于磁盘系统的数据复制技术、基于操作系统的数据复制技术以及专门针对数据库的远程复制技术。计算机取证与鉴定技术主要解决寻迹问责问题。当发生网络入侵事件，特别是造成恶性、严重、影响重大的后果的案件时，应当在攻击后通过法律和技术的手段追查入侵者，挖掘入侵证据，追究其法律责任。计算机取证相关技术涉及范围较广，包括数据固定技术、数据保全技术、数据检索技术、数据恢复技术等。

1.2.2 网络安全攻防实验

实验 ARP 欺骗和中间人攻击

1. 实验背景

在一起知识产权诉讼案件中，嫌疑人利用黑客技术监听局域网其他用户的上网行为。要求利用教师提供的实验环境，模拟嫌疑人实施 ARP 欺骗和中间人攻击的操作过程。

2. 实验目的

（1）深刻了解 TCP/IP 存在的缺陷，理解 ARP 原理。

（2）模拟获取局域网内其他用户上网浏览痕迹和访问账户密码。

3. 实验要求

（1）通过模拟实验，扫描局域网内活动的主机并记录结果。

提示：使用 fping 扫描，配置流量转发，使用 arpspoof 进行 ARP 欺骗。

（2）使用 driftnet 工具获取被监控主机的浏览照片记录，并存储在本地。

（3）使用 ettercap 工具获取被监控主机网页登录时的账户密码，并记录。

以下是一个参考性操作实例。

① 获取网络地址信息

通过 ifconfig（Linux 系统）和 ipconfig（Windows 系统）命令查看攻击端和目标端的 IP 地址和网关，如图 1-2 所示。

图 1-2　网络配置信息

例如，本模拟案例中攻击端（虚拟机 Kali）IP 地址为 192.168.0.123，网卡为 eth0；目标端（本地 Windows7）IP 地址为 192.168.0.110，网关为 192.168.0.1。

② 扫描局域网

扫描局域网内部存在哪些可 ping 主机。命令为 fping -asg 网络地址\子网掩码，本模拟案例为 fping -asg 192.168.0.0/24，如图 1-3 所示。

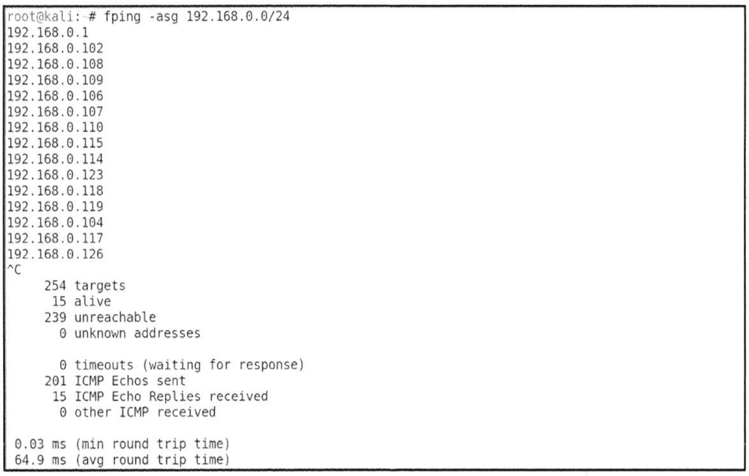

图 1-3　可 ping 主机扫描

在 Kali 的局域网中存在 15 个活动主机,其中,192.168.0.1 是网关地址,192.168.0.110 是本模拟实验的目标端。

可以使用 nmap 工具探测局域网的活动主机。在 Kali 终端输入 nmap -n -sn 192.168.0.0/24,如图 1-4 所示。

图 1-4　nmap 扫描

③ 转发网络流量

在 Kali 终端中使用 arpspoof 工具,在未进行 ARP 攻击前,目标端可以上网,如图 1-5 所示。

图 1-5　转发网络流量 1

在终端输入 arpspoof -i 网卡 -t 网关和目标 ip。本模拟实验中输入 arpspoof -i eth0 -t 192.168.0.110 192.168.0.1。结果显示,目标端无法联网,也无法访问外部网址,如图 1-6 和图 1-7 所示。

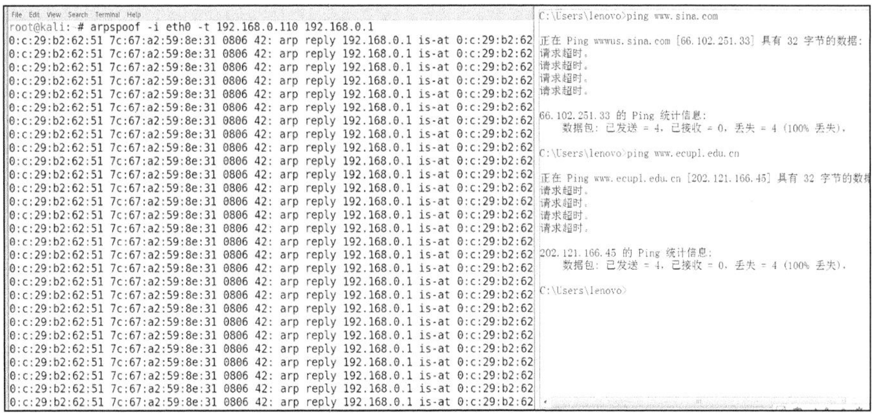

图1-6 转发网络流量2

图1-7 转发网络流量3

④ 配置流量转发

出现上述问题是因为没有配置 ARP 欺骗中的流量控制转发配置。下面设置流量转发，如图1-8 所示。在 Kali 终端输入 echo 1 >/proc/sys/net/ipv4/ip_forward（默认状态下系统是不进行流量转发的，其值为 0，所以需要将转发状态设置为 1，成为开启状态）。

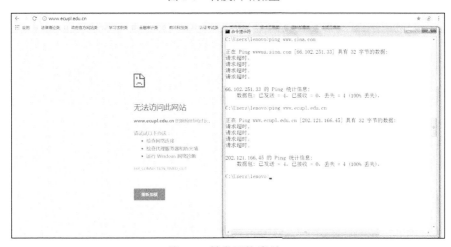

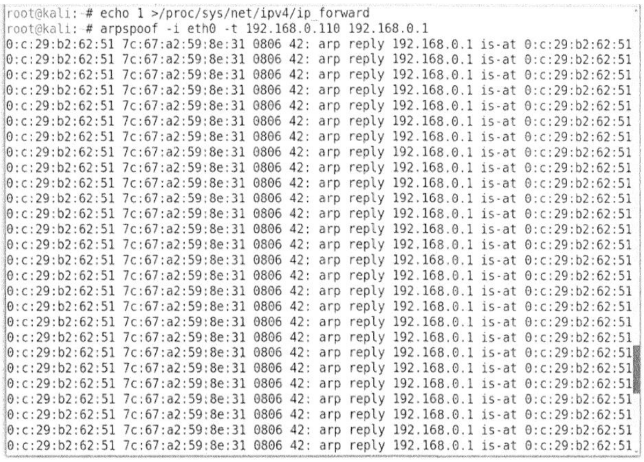

图1-8 配置流量转发

⑤ 实施 ARP 欺骗

此时再进行 ARP 欺骗，流量可以通过攻击端网卡转发出去，实现 ARP 欺骗。在终端输入 arpspoof -i eth0 -t 192.168.1.110 192.168.0.1，结果如图 1-9 和图 1-10 所示。

图 1-9　ARP 欺骗 1

图 1-10　ARP 欺骗 2

IP 流量已经转发，目标端可以上网。

⑥ 实施中间人监听

接下来，进行中间人监听，使用 driftnet 工具。在 kali 终端输入 driftnet -i eth0，结果如图 1-11 和图 1-12 所示。

图 1-11　中间人监听 1

图 1-12　中间人监听 2

⑦ 实施中间人攻击

进行 ARP 中间人攻击，在 Kali 终端输入 ettercap -Tq -i eth0，可以获取未加密网站的用户名和密码。

4．实验器材和环境

（1）driftnet。

（2）ettercap。

（3）Kali 操作系统。

5．实验思考

（1）有没有其他局域网扫描工具，请列举。

（2）哪些网站使用 ettercap 无法获取密码？请阐述原因。

1.3　加密解密技术

随着网络信息传输的日趋复杂，数据信息保密和身份认证的重要性不言而喻。密码技术是对电子数据信息安全保护的重要方法。保密通信是实现数据安全交换的主要方式，是指通信双方按照约定的方法将传输内容通过特定符号的转换，使原文变换为第三方无法识别的形式。在网络中，信息传输采用密码技术将原本信息进行变换，再将变换后的信息进行传输，即使传输过程中被截获或窃听，违法获取者也不能读懂信息内容，从而保证信息传输的安全。信息解密是信息加密的逆变换。当下，计算机加密和解密技术是有效解决网络威胁的必要手段之一。

1.3.1　加密解密技术基础知识

1．加密解密技术

（1）基础原理

加密可以用于保护终端安全和网络安全，加密算法是加密技术的基础部分。解密是加密的逆过程，针对不同的加密形式，需要采取不同的解密方法。加密是将明文变成密文的过程，而解密则是密文变成明文的过程。现有的成熟算法有很多强度比较高的，如 RSA。

在加密解密技术应用中离不开散列函数（Hash）算法。Hash 算法是一种将任意长度的消息压缩成为一种固定长度（消息摘要）的函数，此加密过程不可逆。Hash 算法常用于数字签名、完整性校验，常见散列算法有 MD5、N-Hash、SHA 等。MD5 消息摘要算法（Message Digest）对输入的任意长度的消息进行运算，产生一个 128 bit 的消息摘要，其基本原理是进行数据填充，填充消息使其长度与 448mod512 同余，填充后的消息长度比 512 的倍数仅小 64 bit，即使消息本身长度已经满足上述长度要求，仍需填充。填充方法是附一个 1 在消息后面，然后用 0 进行填充，直到消息的长度与 448mod512 同余，至少填 1 bit，至多 512 bit。在填充数据后，附上 64 bit 的消息长度，如果填充前消息的长度大于 2^{64}，则使用低 64 bit，使最终消息长度正好是 512 的整数倍。添加长度后，进行初始化变量，用 4 个变量（A、B、C、D）计算消息摘要，4 个变量分别是 32 的寄存器，这些寄存器以下面的十六进制数值初始化，A=01234567h，B=89abcdefh，C=fedcba98h，D=76543210h。初始化变量之后，进行数据处理，以 512 bit 分组作为处理单位消息，将单位消息的 16 个 32 bit 进行 4 轮变换。数据处理后，当所有的 512 bit 分组运算完毕，以 ADCD 的级联将被输出为 MD5 散列的结果。SHA 算法（Secure Hash Algorithm）有 SHA-1、SHA-256、SHA384 和 SHA-512 几种。SHA-1 基本原理与 MD5 大致相同，消息分组和填充方式相同，但使用了不同逻辑函数进行变化操作。

对称加密算法使用加密密钥和解密密钥，加密安全依赖于密钥的安全性。常见的分组加密算法有 DES（Data Encryption Standard）、IEDA（International Data Encryption Algorithm）、AES（Advance Encryption Standard）。以 AES 为例，AES 算法在加密过程中输入分组、输出分组以及状态数组的长度都是 128 bit，密钥的长度为 128 bit、192 bit 或 256 bit。加密或者解密函数所执行的变换轮数取决于密钥的长度，轮函数有 4 个部分组成。先将输入复制到状态数组，进行状态数组变化，形成最终的状态数复制到输出即最后密文。解密过程则是加密算法的逆过程，解密中轮函数是加密过程中轮函数的反操作。

与对称加密算法相比，公开密钥加密算法的差异在于加密和解密使用不同密钥。加密使用的是公钥，而解密使用的是私钥，任何人都可以使用密钥分配者所分发的公钥对信息进行加密，而只有私钥的所有者才可以解密。常见的公开密钥加密算法有 RSA 算法、ElGamal 公钥算法、DSA 数字签名算法。

（2）应用分类

根据加密解密应用的对象不同，可以分为文件加密、软件加密、网络加密等。

文件加密是在操作系统层面对存储介质中的数据进行加密保护的方式。文件加密形式主要有以下两类：一类为系统自带的文件加密，如 Windows 系统自带的 BitLocker 工具；另一类是采用加密算法实现的商业化加密软件。文件加密是现今信息安全防护的主力军，从加密方式看，主要有应用层加密、磁盘加密、驱动级加密等。应用层加密因为对应用程序的依赖性比较强，存在诸多兼容性和二次开发的问题，逐步被各信息安全厂商所淘汰。磁盘加密是对数据环境加密，而非数据，数据在操作系统上仍是以明文形式存储的。例如，全盘加密技术则是对磁盘进行全盘加密。磁盘加密的缺点是加密时间周期较长，与操作系统安全息息相关，如果操作系统本身存在问题，则数据的安全性和完整性受到极大威胁。驱动级技术采用进程+后缀的方式进行安全防护，与磁盘加密不同，驱动级技术加密是对数据本身进行保护，采用透明加解密技术，对数据进行强制加密，不改变用户原有的使用习惯；此技术对数据自身加密，不管是脱离操作系统，还是非法脱离安全环境，用户数据自身都是安全的，对环境的依赖性比较小。

软件加密主要是为了保护计算机软件的使用版权，防止软件被盗版而采取的防护手段。由于目前我国软件保护法律还不完善，人们知识产权保护意识较为淡薄，软件开发者为保护自己利益，防范软件被破解盗版，常采取软件加密的方法进行保护。软件加密方法分为两大类：加密狗（Dongle）和钥匙盘。加密狗是当下流行的一种加密形式，操作方式是将加密狗接入计算机并行接口上，软件运行时通过并行接口写入检验数据，通过判断从接口传回的密码数据正确与否检查加密狗是否存在。钥匙盘方式是通过 BIOS 的 INT12 中断对软盘格式化一些特殊磁道，或者在特殊磁道写入一定信息，软件运行时校验这些信息。

网络加密主要是为了保护网络信息传输中数据的安全性、完整性以及可控性而采取的保护手段。在保障网络信息安全中，密码技术是信息安全的核心和关键技术，数据加密技术可以提供数据传输的安全性，保证传输数据的完整性，数据加密的过程就是通过加密系统将原始的数据（明文），按照加密算法变换成与明文完全不同的其他数据内容（密文）的过程。数据加密技术主要分为数据传输加密和数据存储加密，数据传输加密主要对传输中的数据流进行加密，常用的有链路加密、节点加密和端到端加密 3 种方式。链路加密是传输数据仅在数据链路层进行加密，不考虑信号源和信宿，用于保护通信节点间的数据，接收方是传送路径上的各台节点机，信息在每台节点机内都要被解密和再加密，直至到达目的地。节点加密是在节点处采用一个与节点机相连接的密码装置，密文在该装置中被解密并重新加密，明文不通过节点机。端到端加密是数据在发送端的应用层完成加密，到达目标端后在应用层被解密，中间节点不以明文形式出现。

2. 软件破解与口令破解

（1）破解软件及其分类

破解软件过程中虽不一定涉及前述的单向加密、对称加密和公开密钥加密。但从对立性和实用性角度来看，破解软件是较为实际的解密应用，主要有针对序列号方式解密、针对警告（Nag）窗口的解密、针对时间限制解密、针对菜单功能限制解密、针对 KeyFile 解密、针对网络验证解密。

破解序列号。序列号又称为注册码，软件公司根据用户信息预先写好的计算注册码程序算出序列号，以电子邮件或者传真等形式发给用户，其中，二者之间关系是验证用户名和序列号之间的数学映射关系。以用户等信息作为自变量，通过某一函数变换后得到注册码，通过注册码验证用户名的正确性，通过对等函数检查注册码。同时采用用户名和序列号作为自变量进行等值校验。破解序列号通常有两种方法：一是通过跟踪输入注册码的判断条件，注册码输入过程中，软件需要调用一些标准 API 将输入框中的验证码复制到缓冲区，利用调试器提供的针对 API 设置断点的功能，可能找到判断注册码的地方，从而发现验证码；二是跟踪程序启动时对注册码的判断，程序在启动时一般会读取注册码并判断注册码的真伪，此时注册码可能存于注册表、INI 文件或其他一般文件中，可以通过使用不同的 API 断点和相应调用函数获取注册码。

破解警告窗口。Nag 窗口是软件设计者不断提供用户购买软件正式版本的警示窗口。破解警告窗口主要有以下方法：修改程序资源、静态分析和动态分析。修改程序资源，将可执行文件中警告窗口的属性改为透明、不可见，变相地去除警告窗口。若是完全去除 Nag，需要分析创建此窗口的代码，设置跳过。

破解时间限制。有些软件通过限制每次运行多长时间或者时间限制段进行保护，如 30 天试用期。这些程序会内置计时器统计程序运行时间，因此可以拆解时间限制器，跳过 SetTimer 函数，不产生返回时间，从而破解时间限制。

破解菜单功能限制。这类软件一般是试用版，某些功能按键是无法使用的，有些 Demo 版与正式版软件是代码分离的，有些软件则是统一一个文件，没有注册时只能使用试用部分功能。可以通过修改 EnableMenu 禁止菜单项，实现破解。

破解 KeyFile 保护。KeyFile 是一个注册文件，可以是纯文本文件或是二进制文件，内容是一些加密过或者未加密的数据，其中含有用户名、注册码等信息。该文件一般存放在安装目录或者系统目录下，软件每次启动，需要读取其中数据，校验是否为正确的注册文件。可以通过使用 FileMon 等监视软件寻找 KeyFile 文件，然后伪造 KeyFile 进行破解。

破解网络验证。网络验证是目前较为流行的一种保护技术，拆解思路是拦截服务器返回的数据包，分析程序是如何处理数据包的，解除网络验证。

（2）口令与密文破解

从算法加密角度来看，对口令或加密密文信息进行破解，常见的破解方法有密钥空间攻击、字典攻击、查表攻击、解码攻击、重置攻击等。

密钥空间攻击的基本思想是利用密钥空间中所有可能密钥依次测试，直到找到正确密钥或者解密出有意义明文为止。在唯密文攻击中，依次使用密钥空间中各种可能的密钥进行解密，直到出现有意义的明文。

字典攻击指攻击者搜索明文和密文对，将其放在字典中。当需要破解密文时，在字典中找到是否存在相应密文，如果有则可恢复出明文。

查表攻击采用选择明文攻击方法。对于已知明文，使用所有密钥进行加密，将密文和对应密钥放入表中，对于给定的密文可直接从表中找到密钥。

解码攻击，在计算机系统中，有些程序中用于加（解）密文件的密钥被一个可获得的密钥保护，并存储在文件的某个地方。而且每次程序都采用相同保护密钥且保护密钥可以获得，此时可以通过解码攻击方法直接获得密钥。

重置攻击，使用重置攻击的前提是一个加密文件将产生两个不同类型的密钥，一个密钥用于加密文件的密钥（口令），一个密钥直接加密文件内容。重置攻击经常使用一个已知口令产生的密钥来改写加密文件的密钥，而直接加密文件内容的密钥仍保留原来的密钥。

1.3.2 加密解密技术实验

实验一 Hashcat 破解密码

1. 实验背景

在 Kali 操作系统中，发现有其他系统用户，需要破解其密码。

2. 实验目的

理解字典攻击的基本模式，了解加密解密的基本原理。

3. 实验要求

（1）使用 Hashcat 破解 Kali 中 jose 用户的密码。

提示：安装 Hashcat 工具。

（2）破解 crack 文件中 SHA 密码。

提示（仅供参考）如下。

① 安装 Hashcat

cd /usr/local

mkdir Hashcat

cd Hashcat

wget https://Hashcat.net/files_legacy/Hashcat-2.00.7z

7z e Hashcat-2.00.7z

./Hashcat-cli32.bin -V

如果 Hashcat 网站无法连接，则可以在 samsclass 网站获取 Hashcat 的安装包。Hashcat 下载安装如图 1-13~图 1-15 所示。

图 1-13　Hashcat 下载安装 1

图 1-14　Hashcat 下载安装 2

图 1-15　Hashcat 下载安装 3

如果出现"No such file or directory"，Kali 是 64 bit 则输入.Hashcat -cli64.bin -V；32 bit 则输入.Hashcat -cli32.bin -V。

② 创建 test 用户

adduser test

new Unix password 设置为 password，如图 1-16 所示。

```
root@kali:/usr/local/Hashcat# adduser test
Adding user `test' ...
Adding new group `test' (1001) ...
Adding new user `test' (1001) with group `test' ...
Creating home directory `/home/test' ...
Copying files from `/etc/skel' ...
Enter new UNIX password:
Retype new UNIX password:
passwd: password updated successfully
Changing the user information for test
Enter the new value, or press ENTER for the default
        Full Name []:
        Room Number []:
        Work Phone []:
        Home Phone []:
        Other []:
Is the information correct? [Y/n] Y
root@kali:/usr/local/Hashcat#
```

图 1-16　创建用户

查看用户名和加密后的密码，如图 1-17 所示。

```
root@kali:/usr/local/Hashcat# tail /etc/shadow
colord:*:17479:0:99999:7:::
saned:*:17479:0:99999:7:::
speech-dispatcher:!:17479:0:99999:7:::
pulse:*:17479:0:99999:7:::
Debian-gdm:*:17479:0:99999:7:::
king-phisher:*:17479:0:99999:7:::
dradis:*:17479:0:99999:7:::
beef-xss:*:17479:0:99999:7:::
jose:$6$l.2jjDT.$54K55oPFsqguv5cuc/gGI8gw.8lGVdGE0CXibQlQvK9p4OJVh2Y96IPCtfjwELYE.KlPMOPlioPN7lwL50Nd5.:17605:0:99999:7:::
test:$6$yHmfXCwq$ovWCUmD4mcQwBL3qMH/FTdqimuBgRRazYRu6qNU7fBpJFFwQ/sgKhFbdOInFI03UBuTk1t10hFsvv70z0SKx70:17605:0:99999:7:::
root@kali:/usr/local/Hashcat#
```

图 1-17　查看加密的口令

显示用户名为 test，6 表示第 6 类型的散列密码，混淆数值为 1.2jjDT。

③ 查看 Hash 算法类型

Hash 加密算法在 /etc/login.defs 中，grep 其中 "ENCRYPT_METHOD"

grep -A 18 ENCRYPT_METHOD /etc/login.defs，如图 1-18 和图 1-19 所示。

```
root@kali:/usr/local/Hashcat# grep -A 18 ENCRYPT_METHOD /etc/login.defs
# This variable is deprecated. You should use ENCRYPT_METHOD.
#
#MD5_CRYPT_ENAB no

#
# If set to MD5 , MD5-based algorithm will be used for encrypting password
# If set to SHA256, SHA256-based algorithm will be used for encrypting password
# If set to SHA512, SHA512-based algorithm will be used for encrypting password
# If set to DES, DES-based algorithm will be used for encrypting password (default)
# Overrides the MD5_CRYPT_ENAB option
#
# Note: It is recommended to use a value consistent with
# the PAM modules configuration.
#
ENCRYPT_METHOD SHA512

#
# Only used if ENCRYPT_METHOD is set to SHA256 or SHA512.
#
# Define the number of SHA rounds.
# With a lot of rounds, it is more difficult to brute forcing the password.
# But note also that it more CPU resources will be needed to authenticate
# users.
#
# If not specified, the libc will choose the default number of rounds (5000).
# The values must be inside the 1000-999999999 range.
# If only one of the MIN or MAX values is set, then this value will be used.
# If MIN > MAX, the highest value will be used.
```

图 1-18　Hash 算法类型 1

```
#
# SHA_CRYPT_MIN_ROUNDS 5000
# SHA_CRYPT_MAX_ROUNDS 5000

################# OBSOLETED BY PAM ##############
#                                                #
# These options are now handled by PAM. Please   #
# edit the appropriate file in /etc/pam.d/ to    #
root@kali:/usr/local/Hashcat#
```

图 1-19　Hash 算法类型 2

④ 编写 Hash 文本

tail -n 1 /etc/shadow > crack1.Hash

nano crack1.Hash

注意：只保留用户名 test 之后的 Hash 文本，Ctrl+X——Y 保存，如图 1-20 所示。

图 1-20　Hash 文本编写

⑤ 下载字典

准备字典如图 1-21 所示。curl https://samsclass.info/123/proj10/500_passwords.txt > 500_passwords.txt

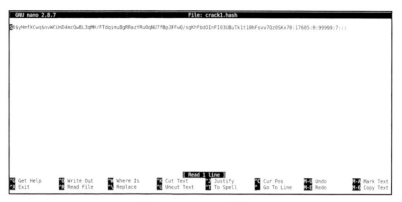

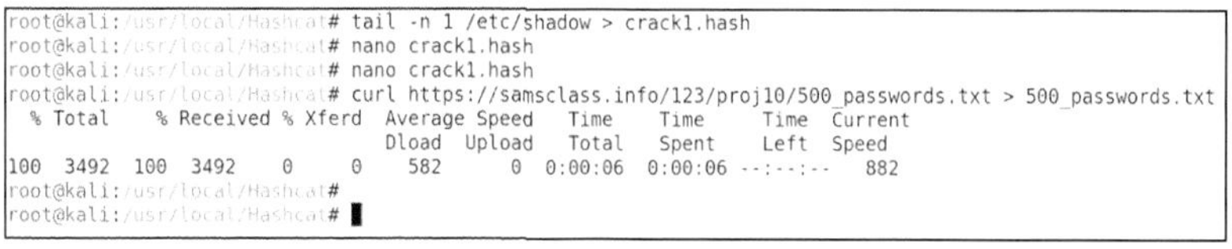

图 1-21　准备字典

⑥ 字典攻击

./Hashcat-cli32.bin -m 1800 -a 0 -o found1.txt --remove crack1.Hash 500_passwords.txt

字典攻击如图 1-22 所示。

⑦ 查看破解的密码

cat found1.txt

破解密码为 password，如图 1-23 所示。

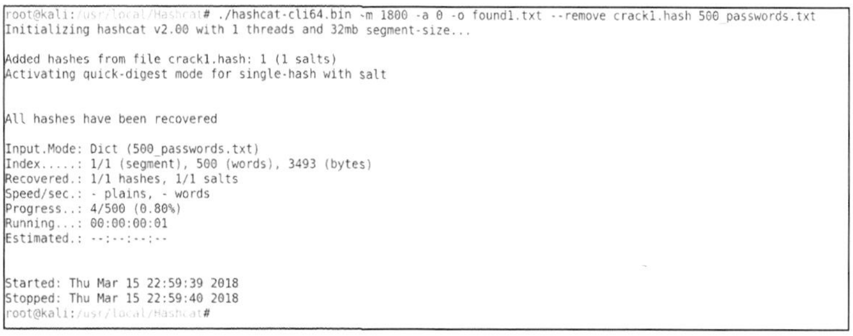

图 1-22　字典攻击

```
root@kali:/usr/local/Hashcat# cat found1.txt
$6$yHmfXCwq$ovWCUmD4mcQwBL3qMH/FTdqimuBgRRazYRu0qNU7fBpJFFwQ/sgKhFbdOInFI03UBuTk1t10hFsvv70z0SKx70:password
root@kali:/usr/local/Hashcat#
```

图 1-23　破解后密码查看

⑧ 测试其他的 Hash 加密值

如图 1-24~图 1-26 所示。

curl https://samsclass.info/123/proj10/crack2.Hash > crack2.Hash

cat crack2.Hash

```
root@kali:/usr/local/Hashcat# curl https://samsclass.info/123/proj10/crack2.hash > crack2.hash
  % Total    % Received % Xferd  Average Speed   Time    Time     Time  Current
                                 Dload  Upload   Total   Spent    Left  Speed
100   396  100   396    0     0    396      0  0:00:01  0:00:01 --:--:--   396
root@kali:/usr/local/Hashcat# cat crack2.hash
$6$NShHCRTL$lAe9dI1rtpAXQkiMPqncpCQ69gE7Y25TgKRDvtfIOdLVTlG4cMAp9LQE9eEZuboS4tO6ippBnOIFE8zgqOvGP0
$6$ssMb25ys$yuyoQKJaaGeRVhwsklDAvWnJLcgZxiTX7mrxH.8xCslnGcCbB3S0gLic3qly0GWCZImFI3KW29p1Ht7ny9Jwo/
$6$sH2VWpHm$cEvtk3IfffFiLT73amGGv7/6j2LRWHQ7df4vjgoSu0SEt8QZDeDDYxCqlly.cU8/AfL/ulYmX/4ZQI.etA8fdV1
$6$E5s/79nO$HLNy0xElpbp7Dx4537KCsAlAER.wULMLLS1vzgmkVyp1ZK/fK/.td819Ea1RFhMBLfsQXvFM0HfMW3k3oF4ob.
root@kali:/usr/local/Hashcat#
```

图 1-24　其他破解 1

./Hashcat-cli32.bin -m 1800 -a 0 -o found2.txt --remove crack2.Hash 500_passwords.txt

cat found2.txt

```
root@kali:/usr/local/Hashcat# ./hashcat-cli64.bin -m 1800 -a 0 -o found2.txt --remove crack2.hash 500_passwords.txt
Initializing hashcat v2.00 with 1 threads and 32mb segment-size...

Added hashes from file crack2.hash: 4 (4 salts)

All hashes have been recovered

Input.Mode: Dict (500_passwords.txt)
Index.....: 1/1 (segment), 500 (words), 3493 (bytes)
Recovered.: 4/4 hashes, 4/4 salts
Speed/sec.: - plains, 166 words
Progress..: 500/500 (100.00%)
Running...: 00:00:00:03
Estimated.: --:--:--:--

Started: Thu Mar 15 23:10:38 2018
Stopped: Thu Mar 15 23:10:41 2018
root@kali:/usr/local/Hashcat#
```

图 1-25　其他破解 2

```
root@kali:/usr/local/Hashcat# cat found2.txt
$6$NShHCRTL$lAe9dI1rtpAXQkiMPqncpCQ69gE7Y25TgKRDvtfIOdLVTlG4cMAp9LQE9eEZuboS4tO6ippBnOIFE8zgqOvGP0:soccer
$6$ssMb25ys$yuyoQKJaaGeRVhwsklDAvWnJLcgZxiTX7mrxH.8xCslnGcCbB3S0gLic3qly0GWCZImFI3KW29p1Ht7ny9Jwo/:joshua
$6$sH2VWpHm$cEvtk3IfffFiLT73amGGv7/6j2LRWHQ7df4vjgoSu0SEt8QZDeDDYxCqlly.cU8/AfL/ulYmX/4ZQI.etA8fdV1:wizard
$6$E5s/79nO$HLNy0xElpbp7Dx4537KCsAlAER.wULMLLS1vzgmkVyp1ZK/fK/.td819Ea1RFhMBLfsQXvFM0HfMW3k3oF4ob.:phantom
root@kali:/usr/local/Hashcat#
```

图 1-26　其他破解 3

4．实验器材和环境

（1）Hashcat。

（2）txt 格式的字典文件。

（3）Kali 操作系统。

5．实验思考

（1）密码破解的难度与什么因素有关？

（2）怎样提高密码破解效率？

第2章

信息犯罪讨论分析

2.1 网络色情类案件

2.1.1 网络色情犯罪概述

1. 网络色情犯罪的概念

对于什么是网络色情犯罪,目前我国理论和实践上并无明确的规定。在我国《刑法》中,网络色情犯罪也不属于某类具体的犯罪,因而对其概念并无统一的规定。网络色情犯罪作为网络犯罪的一种具体表现,其危害性丝毫不亚于普通的色情犯罪。网络色情在网络空间中随处可见,偶然点开的链接中迸发出色情图片或新闻对于网络用户来说应该不陌生,利益驱动下利用计算机网络制作、复制、传播淫秽、色情物品的案件也十分突出。网络色情犯罪定罪难的原因也在于此,难以对其犯罪形式加以统一概括或做出详尽的列举。

根据我国《刑法》、2010年2月4日起实施的《最高人民法院、最高人民检察院关于办理利用互联网、移动通讯终端、声讯台制作、复制、出版、贩卖、传播淫秽电子信息刑事案件具体应用法律若干问题的解释(二)》(本节以下简称《解释(二)》)以及中国互联网协会和互联网新闻信息服务工作委员会联合颁布的《互联网禁止传播淫秽、色情等不良信息自律规范》的相关规定,可将网络色情犯罪理解为以牟利为目的,利用信息网络制作、复制、贩卖、传播淫秽色情信息或者虽不以牟利为目的,但利用信息网络传播淫秽色情信息达到情节严重的行为,或者利用信息网络引诱、组织、介绍卖淫等犯罪行为。

2. 网络色情犯罪涉及的罪名

(1)制作、复制、出版、贩卖、传播淫秽物品牟利罪

我国《刑法》第三百六十三条第一款明确规定了制作、复制、出版、贩卖、传播淫秽物品牟利罪。当行为人利用计算机网络实施此类犯罪时,要求行为人主观具有牟利的目的,利用计算机网络实施制作、复制、出版、贩卖、传播淫秽物品的行为,并达到法律规定的定罪量刑的标准。

利用互联网进行制作、复制、出版、贩卖、传播淫秽电子信息,从客观方面来说,其中

的"制作"是指通过互联网使具有创作性的导致淫秽物品产生并可见于世的行为;"复制"是指利用计算机技术将原有的淫秽物品翻拍、翻录、数字化形式复制等形成一份或多份的行为;"出版"是指将淫秽物品编辑加工后向公众发行的行为;"贩卖"是指利用互联网平台对淫秽物品进行买卖的行为;"传播"是指在互联网上建立淫秽网站、网页或利用其他媒介等,通过赠予、出租等方式向不特定多数人散布淫秽信息的行为。实施上述行为之一的,即可以成立此罪,同时实施上述行为的,也仅认定一罪,不实行数罪并罚。此类网络色情犯罪在现实生活中主要有以下表现形式:创建网络聊天室和收费性质的色情论坛、在互联网上发布色情游戏、通过互联网向他人有偿提供淫秽色情图片。

（2）传播淫秽物品罪

利用计算机网络进行传播淫秽物品罪是指行为人不以牟利为目的,利用互联网或者移动通信终端传播淫秽电子信息并达到法律规定的定罪量刑的标准,该行为以传播淫秽物品罪定罪处罚。另外,《解释（二）》第三条规定:"利用互联网建立主要用于传播淫秽电子信息的群组,成员达三十人以上或者造成严重后果的,对建立者、管理者和主要传播者,依照《刑法》第三百六十四条第一款的规定,以传播淫秽物品罪定罪处罚。"此类网络色情犯罪客观方面有以下 3 种形式:一是在互联网上建立淫秽网站、网页,其中,网站、网页上以淫秽书刊、影片、音箱、图片为主;二是在互联网上提供淫秽站点链接服务,行为人建立的网站网页内容虽然不含淫秽电子信息,但是提供链接服务;三是以制作、复制、刊载、发送邮件等形式散布淫秽书刊、影片、音像、图片。例如,通过电子邮件等方式向不特定的人免费发送淫秽色情信息,向免费的网站会员发送淫秽色情信息,向网络空间上传或转载淫秽色情信息等。

（3）组织播放淫秽音像制品罪

《刑法》第三百六十四条第二、三、四款规定了组织播放淫秽音像制品罪,相应的司法解释关于追诉的标准是组织播放十五至三十场次以上或者造成恶劣社会影响。本罪主观方面不以牟利为目的,否则构成传播淫秽物品牟利罪,客观方面表现为组织播放淫秽音像制品的行为,"组织播放"是指召集多人或多次播放淫秽音像制品的行为,"淫秽音像制品"主要包括淫秽的电影、录像、幻灯片、录音带等。

当行为人利用网络平台等公共场所组织播放淫秽视频时,可构成该罪,可以依照具体的情况定罪处罚。例如,在论坛、网络聊天室等公开场所组织播放淫秽的视频、音频文件。

（4）组织淫秽表演罪

《刑法》第三百六十五条规定:"组织进行淫秽表演的,处三年以下有期徒刑、拘役或者管制,并处罚金;情节严重的,处三年以上十年以下有期徒刑,并处罚金。""裸聊"是随着互联网技术的发展而增加的一种网络色情活动。"裸聊"即指聊天者将身体裸露在摄像头下,与聊天对象实时进行性交流的聊天方式。通常是点对点式或在非特定时间段设置密码的某些视频聊天室内进行,具有较强的隐蔽性。[1]利用网络虚拟空间组织网民观看淫秽表演的行为人,尽管主观故意中不包括以牟利为目的,仍可以以组织淫秽表演罪定罪处罚。目前没有司法解释对该罪规定的"情节严重的"如何认定,根据司法判例情

---

[1] 张树启,《大学生网络安全教育案例》,九州出版社,2014,第 235 页。

况来看,"情节严重"主要有以暴力、胁迫或者其他手段强迫他人进行淫秽表演;多次组织淫秽表演;组织未成年人参与或者观看淫秽表演;观看淫秽表演人数多、表演时间长,造成社会恶劣影响等。此外,《最高人民检察院、公安部关于公安机关管辖的刑事案件立案追诉标准的规定(一)》第八十六条规定了组织淫秽表演罪的立案标准有以下 4 种情形:一是组织表演者进行裸体表演的;二是组织表演者利用性器官进行诲淫性表演的;三是组织表演者半裸体或者变相裸体表演并通过语言、动作具体描绘性行为的;四是其他组织进行淫秽表演应予追究刑事责任的情形。

(5) 组织、强迫、引诱、容留、介绍卖淫罪

组织、强迫、引诱、容留、介绍卖淫罪在我国《刑法》中是一个类罪名。我国《刑法》第三百五十八条和第三百五十九条分别对组织卖淫罪、强迫卖淫罪和引诱、容留、介绍卖淫罪作了具体规定。随着网络技术的发展,一些不法分子利用计算机网络实施这类犯罪行为,色情网站的管理者除了在网站上发布大量的淫秽色情视频、音频文件以及淫秽图片、小说等色情信息,还通过招聘大量的卖淫小姐,将她们的信息提供给网络上的嫖娼者,以此来获取不法利益。

(6) 聚众淫乱罪

根据法律的规定,聚众淫乱罪,是指聚集众人进行集体淫乱活动的行为,具体而言,是指纠集三人以上(不论男女)群奸群宿或者进行其他淫乱活动。而且,参与者必须是自愿的。群体式的网络"裸聊"存在于聊天室中,成员做出各种表达色情内容的淫秽动作。在聊天室中对于召集、唆使、首倡进行网络"裸聊"的人和多次参与的成员,可以以聚众淫乱罪定罪处罚,其他偶尔参加的,依据《治安管理处罚法》的规定,追究行政责任,不以犯罪论处。如果在聊天室内引诱未成年人参加淫乱活动,不论是组织者还是多次参与者,都构成引诱未成年人聚众淫乱罪,并应从重处罚。

3. 淫秽电子信息的界定

《解释》和《解释(二)》将淫秽电子信息直接视为刑法意义上的淫秽物品具有一定的合理性,但是对于如何准确界定淫秽电子信息的本质,法律及司法解释并没有对此进行详细的说明。因此,正确界定清楚淫秽电子信息的本质是网络色情类犯罪案件在法律适用上的前提条件。司法解释中的淫秽电子信息是"物"而不是"人",是以电磁等形式存储固定下来的可独立存在的电子对象。首先,《刑法》第三百六十三条和第三百六十四条规定的传播淫秽物品牟利罪、传播淫秽物品罪和组织播放淫秽音像制品罪与《刑法》第三百六十五条规定的组织淫秽表演罪把"淫秽物品"和"淫秽表演"严格区分开来,前者的载体是物,后者的载体是人。由于司法解释必须严守罪刑法定原则,《解释》和《解释(二)》规定的"淫秽电子信息"必属于包含或者产生淫秽信息的电子记录;其次,《刑法》规定的"淫秽物品"是独立存在的客观实体,那么司法解释规定的"淫秽电子信息"也应该是以某种电磁等形式存储固定下来的可独立存在的电子对象,两者都包含产生淫秽信息的源发物,而不是传播淫秽信息的电波、声波或电磁信号。综上,界定清楚淫秽电子信息将有助于对传播淫秽物品牟利罪、传播淫秽物品罪、组织播放淫秽音像制品罪及组织淫秽表演罪的理解和相关案件的定罪处罚。

2.1.2 网络色情类案例分析

訾某组织网络"裸聊"案

（1）案情简介[1]

訾某，女，37岁。自2010年创业失败后，整日在家沉迷于网络聊天。无意中发现了通过组织女性进行网络"裸聊"来赚取钱财的"商机"。于是，她以高额工资为诱惑，诱使3名女性朋友加入自己的"裸聊事业"，不久，其中一名女性朋友又将自己的4名室友带入其中。訾某对这7名女性进行了统一的培训，并给她们每人开通一个新的QQ号码。打着"一对一VIP服务"的旗号，通过论坛广告、网站广告等一系列手段宣传自己的"团队"。很快就有网友向这7名女孩申请加QQ，依据不同的需求支付不同的价款以后，开始进行视频"裸聊"。随后，訾某根据7个女孩待客的次数进行工资的发配。经过一段时间的"经营"之后，该团伙的"消费者"遍布全国17个省、直辖市和自治区。最终，訾某的生意被人举报，事件由此公之于众。

（2）案例讨论

传播淫秽物品牟利罪中的"物品"必须具有一定表现形式，如可读、可视或可听，并且具有一定的转载或传播功能，同时刑法意义上的淫秽物品应具备一定的物质载体，正是由于这些载体才使淫秽物品可以被反复地观看。本案中的焦点之一在于，网络"裸聊"的表演者在计算机一端的淫秽表演行为需要通过视频功能以电子信息的形式传递给计算机另一端的观看者，其中用来传播即时淫秽内容的视频流，是否属于淫秽物品？

组织淫秽表演罪的客观行为表现为组织行为和淫秽表演行为，其中的淫秽表演行为需要具备四大特征，即动态性、多样性、淫秽性、即时性或当场性，本案的焦点之一在于网络"裸聊"表演场所的虚拟性是否符合组织淫秽表演需要具备"当场性"？

2.2 网络黑客类案件

2.2.1 网络黑客犯罪概述

1. 网络黑客的概念

美国《发现》杂志曾经对黑客下了5种定义：（1）研究计算机程式并以此增长自身技巧的人；（2）对编程有无穷兴趣和热忱的人；（3）能快速编程的人；（4）擅长某专门程序专家；（5）恶意闯入他人计算机或系统意图盗取敏感信息的人。对于这5种定义，前4种定义侧重黑客的技术层面，它们更符合早期黑客群体的自身定位，早期黑客都是技术天才，他们反权威却奉公守法，不屑于从事计算机系统的破坏活动，早期黑客并不认可上面第5种定义指代的那部分人，认为他们践踏了真正的黑客精神，并另外创造了一个名词作为他们的称呼，即"Cracker"（骇客）。今天，各国刑法真正打击的对象就是被黑客称为"骇客"的这批人，他们利用自己的技术恶意或非法侵入计算机系统，往往给用户带来惨重打击。我国政府部门对

---

[1] 王怡然，《网络"裸聊"的定性研究》，沈阳师范大学，2015。

黑客的定义是："泛指对计算机信息系统进行非授权访问的人员"。这里我们给黑客下这样一个定义：黑客是指利用计算机技术，非法侵入、干扰、破坏他人（国家机关、社会组织和个人）计算机信息系统，或者擅自操作、使用、窃取他人计算机信息资源，对电子信息交流安全具有程度不同的威胁性和危害性的人。

1991年我国便出台了《计算机软件保护条例》，但该条例仅涉及保护计算机软件知识产权。1994年国务院颁布的《计算机信息系统安全保护条例》才正式开始涉及对计算机信息系统安全进行保护。1997年《刑法》第二百八十五条、二百八十六条和第二百八十七条分别规定了非法侵入计算机信息系统罪，破坏计算机信息系统罪和利用计算机实施金融诈骗、盗窃、贪污、挪用公款、窃取国家秘密等犯罪行为。2000年12月28日全国人民代表大会常务委员会通过了《关于维护互联网安全的决定》，进一步为维护互联网安全进行了法律规制。随着互联网技术的不断发展，网络黑客计算机类犯罪愈来愈多，愈来愈复杂，此后，为适应网络犯罪的新形势新变化，在《刑法修正案（七）》新增设了非法获取计算机数据罪，非法控制计算机信息系统罪，提供侵入、非法控制计算机信息系统程序、工具罪这3个罪名；在《刑法修正案（九）》中增加了拒不履行信息网络安全管理义务罪、非法利用信息网络罪、帮助信息网络犯罪活动罪等罪名并将单位犯罪纳入刑事处罚中。2016年《网络安全法》出台，为我国有效应对网络安全威胁和风险、全方位保障网络安全提供了基本法律支撑。

2. 网络黑客常涉犯罪

（1）非法侵入计算机信息系统罪

《刑法》第二百八十五条第一款规定："违反国家规定，侵入国家事务、国防建设、尖端科学技术领域的计算机信息系统的，处三年以下有期徒刑或者拘役。"对于该法条的理解，有以下4点释义。第一，本条规定的"违反国家规定"，是指违反国家关于保护计算机安全的有关规定，目前主要是指违反《中华人民共和国计算机安全保护条例》的规定。该《条例》第四条规定："计算机信息系统的安全保护工作，重点维护国家事务、经济建设、国防建设、尖端科学技术等重要领域的计算机信息系统安全。"第二，本条规定的"侵入"，是指未取得国家有关主管部门合法授权或批准，通过计算机终端访问国家重要计算机信息系统或者进行数据截收的行为。在实践中，主要表现为行为人利用自己所掌握的计算机知识、技术，通过非法手段获取指令或者许可证明后，冒充合法使用者进入国家重要计算机信息系统。第三，侵入的行为在主观上表现为故意，即行为人明知侵入行为违反国家规定会产生危害结果，并且希望这种结果发生，过失进入国家重要的计算机信息系统的，不构成非法侵入计算机信息系统罪。第四，本条规定的"计算机信息系统"，是指由计算机及其相关的和配套的设备、设施（含网络）构成的，按照一定的应用目标和规则对信息进行采集、加工、存储、传输、检索等处理的系统。

（2）非法获取计算机信息系统数据、非法控制计算机信息系统罪

《刑法》第二百八十五条第二款规定："违反国家规定，侵入前款规定以外的计算机信息系统或者采用其他技术手段，获取该计算机信息系统中存储、处理或者传输的数据，或者对该计算机信息系统实施非法控制，情节严重的，处三年以下有期徒刑或者拘役，并处或者单处罚金；情节特别严重的，处三年以上七年以下有期徒刑，并处罚金。"关于此罪可以从以下3个方面进行认定：一是行为是否触犯了国家规定，如果没有触犯，或者行为人对普通计

算机系统中存储传输的数据具有处理或使用的权利，但未经过主管人批准，且仅利用数据作为工作使用，此行为不构成犯罪；二是行为的客观对象是否为普通计算机信息系统的数据，如果获取的是如前文所述的特定计算机信息系统（国家事务、国防建设、尖端科学技术领域）中的数据，那么有可能构成非法侵入计算机信息系统罪；三是对于该法条中的情节严重[1]和情节特别严重[2]如何理解，2011年实行的《最高人民法院最高人民检察院关于办理危害计算机信息系统安全刑事案件应用法律若干问题的解释》（本节以下简称《解释》）第一条对此做出详细解释，有利于该罪的认定和量刑判断。

（3）提供侵入、非法控制计算机信息系统程序、工具罪

《刑法》第二百八十五条第三款规定："提供专门用于侵入、非法控制计算机信息系统的程序、工具，或者明知他人实施侵入、非法控制计算机信息系统的违法犯罪行为而为其提供程序、工具，情节严重的，依照前款的规定处罚。"对于该法条的理解，有以下两点释义：第一，如何认定专门的程序、工具，《解释》第二条规定"具有避开或者突破计算机信息系统安全保护措施，未经授权或者超越授权获取计算机信息系统数据的功能或对计算机信息系统实施控制的功能"的程序、工具属于专门用于侵入、非法控制计算机信息系统的程序、工具；第二，行为是否达到"情节严重"[3]是划清本罪与非罪行为的界限，《解释》第三条对此做出6种情形的规定。该法条设立的目的是对提供专门用于入侵、非法控制计算机系统的程序、工具的行为加以约束，打击黑客培训、病毒制作、加工及贩卖、窃取信息等犯罪行为，从法律层面切断网络灰色产业链。此外，该法条将犯罪的"帮助行为"和"前行为"正犯化，扩展了刑法打击的范围，增强刑法的威慑力。

（4）破坏计算机信息系统罪

《刑法》第二百八十六条规定了破坏计算机信息系统罪。本法条的第一款、第二款及第三款规定了该罪的客观行为表现，分别是破坏计算机信息系统功能——对计算机信息系统功能进行删除、修改、增加、干扰，造成计算机信息系统不能正常运行；破坏计算机信息系统中存储、

---

[1] 《最高人民法院最高人民检察院关于办理危害计算机信息系统安全刑事案件应用法律若干问题的解释》(2011)第一条第一款规定有以下情形之一的，应当认定为"情节严重"：
（一）获取支付结算、证券交易、期货交易等网络金融服务的身份认证信息十组以上的；
（二）获取第（一）项以外的身份认证信息五百组以上的；
（三）非法控制计算机信息系统二十台以上的；
（四）违法所得五千元以上或者造成经济损失一万元以上的；
（五）其他情节严重的情形。

[2] 《最高人民法院最高人民检察院关于办理危害计算机信息系统安全刑事案件应用法律若干问题的解释》(2011)第一条第二款规定有以下情形之一的，应当认定为"情节特别严重"：
（一）数量或者数额达到前款第（一）项至第（四）项规定标准五倍以上的；
（二）其他情节特别严重的情形。

[3] 《最高人民法院最高人民检察院关于办理危害计算机信息系统安全刑事案件应用法律若干问题的解释》(2011)第三条规定有以下情形之一的，应当认定为"情节严重"：
（一）提供能够用于非法获取支付结算、证券交易、期货交易等网络金融服务身份认证信息的专门性程序、工具五人次以上的；
（二）提供第（一）项以外的专门用于侵入、非法控制计算机信息系统的程序、工具二十人次以上的；
（三）明知他人实施非法获取支付结算、证券交易、期货交易等网络金融服务身份认证信息的违法犯罪行为而为其提供程序、工具五人次以上的；
（四）明知他人实施第（三）项以外的侵入、非法控制计算机信息系统的违法犯罪行为而为其提供程序、工具二十人次以上的；
（五）违法所得五千元以上或者造成经济损失一万元以上的；
（六）其他情节严重的情形。

处理或传输的数据和应用程序——通过输入删除、修改、增加的操作指令而对计算机信息系统中存储、处理或者传输的数据和应用程序进行破坏的行为；故意制作、传播计算机病毒等破坏性程序，影响计算机系统正常运行。该罪的破坏行为必须达到严重后果，如果没有造成危害后果或没有达到后果严重的程度，即使实施了破坏计算机信息系统的行为，也不构成本罪。

（5）侵犯公民个人信息罪

侵犯公民个人信息罪就是非法获取公民个人信息罪，是指通过窃取或者以其他方法非法获取公民个人信息，情节严重的行为。《刑法》第二百五十三条之一规定的"公民个人信息"，是指以电子或者其他方式记录的能够单独或者与其他信息结合识别特定自然人身份或者反映特定自然人活动情况的各种信息，包括姓名、身份证件号码、通信联系方式、住址、账号密码、财产状况、行踪轨迹等。网络黑客通过网络攻击、破解网站漏洞等手段肆意窃取公民信息，也十分猖獗。此类犯罪作案手段技术含量高，能够远程实施，在取证上造成一定困难，对于维护公民信息安全增加了一定难度。备受关注的"徐玉玉案"，即因黑客非法入侵山东高校招生考试信息平台网站，窃取考生信息后出售，致"精准诈骗"得以实施，最终酿成徐玉玉受骗后死亡的悲剧。

（6）金融诈骗、盗窃、贪污、挪用公款、窃取国家秘密等犯罪

《刑法》第二百八十七条规定："利用计算机实施金融诈骗盗窃、挪用公款、窃取国家秘密或者其他犯罪的，依照本法有关规定定罪处罚。"对于该法条的理解，有以下几点释义：第一，本条规定的"利用计算机实施金融诈骗、盗窃、贪污、挪用公款、窃取国家秘密或者其他犯罪"，是指犯罪分子以计算机为犯罪工具和手段，直接或者通过他人向计算机输入非法指令，进行金融诈骗、盗窃、贪污、挪用公款、窃取国家秘密等犯罪活动。这里规定的"其他犯罪"，是指利用计算机实施的金融诈骗、盗窃、贪污、挪用公款、窃取国家秘密犯罪以外的犯罪，常见的有侵占、挪用公司资金、间谍、侮辱、诽谤、窃取商业秘密、制作、传播淫秽物品等犯罪；第二，"依照本法有关规定定罪处罚"，对于利用计算机实施金融诈骗、盗窃、贪污、挪用公款、窃取国家秘密或者其他犯罪的，应当依照本法有关金融诈骗犯罪、盗窃犯罪、贪污犯罪、挪用公款犯罪、非法获取国家秘密罪的规定以及其他犯罪的规定处罚，具体实施什么犯罪行为，就以该罪定罪处刑，如行为人利用计算机进行诈骗犯罪的，应当依照本法第二百六十六条的规定，以诈骗罪定罪处刑。

2.2.2　网络黑客类案例分析

1. 李骏杰非法经营罪与破坏计算机信息系统罪争议案

（1）案情简介[1]

被告人李骏杰单独或伙同"张学林"（另案处理）等通过QQ聊天工具联系需要修改中差评的淘宝卖家，并从被告人黄某等处购买需要修改的淘宝买家个人信息（其中从被告人黄某处购买公民个人信息330余条），冒用淘宝买家身份骗取淘宝账号密码重置后，非法登录淘宝评价系统从而删除、修改淘宝买家的中差评347个，从中获利9万余元。

（2）案例讨论

① 如何定性冒用购物网站买家身份进入网站内部评价系统删改购物评价的行为？

---

[1] 《李骏杰破坏计算机信息系统罪，胡某出售、非法提供公民个人信息罪等一审刑事判决书》，浙江省杭州市滨江区人民法院，（2014）杭滨刑初字第106号。

② 本案的焦点在于李骏杰的行为是构成"两高"《关于办理利用信息网络实施诽谤等刑事案件适用法律若干问题的解释》第七条[1]规定的非法经营罪还是《刑法》第二百八十六条规定的破坏计算机信息系统罪？

2. 童莉、蔡少英盗窃案与破坏计算机信息系统争议案

（1）案情简介[2]

童莉、蔡少英被长汀县公安局交通警察大队聘为协管员。两人因工作需要掌握车辆违章行政处罚的程序及相关工作流程。童莉、蔡少英预谋通过盗用长汀县交警大队干警及财务人员的银行对账用户名、密码的方式进入龙岩市公安局道路交通违法信息管理系统。两人利用该系统对电子监控的车辆违章行为进行虚假处罚后，在未打印、送达《行政处罚决定书》和被处罚人未实际缴纳罚款的情况下，编造收款票据号码，核销网上罚款（造成罚款已缴纳的假象，系统校验通过后，写入本地违法数据库，并通过接口函数更新网上公布的违法数据），使被处罚人在网上查询时显示违章记录已被清除，以此收取违章人员给付的处理费。蔡少英通过邹明富（另案处理）等向他人收集机动车交通违章信息，谎称可以按罚款金额的60%左右收费，对违章行为进行内部处理且不扣分。童莉则根据蔡少英提供的交通违章信息，在长汀县交警大队配发给其使用的计算机上，采用上述方式非法处理违章车辆37辆、违章信息738条（实际应缴纳的罚款金额为77530元）。童莉、蔡少英非法获利25000余元。案发后，童莉、蔡少英主动向长汀县公安局投案，并分别退赃7500元、15000元。

（2）案例讨论

公安交通管理部门协管员非法侵入道路交通违法信息管理系统，清除车辆违章信息，收取违章人员钱财的行为，如何定性？以下4种意见你赞同哪一个？并说明自己的理由。

第1种意见：两被告人的行为构成盗窃罪，理由是：交通违章罚款属于国家财产，两被告人以非法占有为目的，采用秘密手段，窃取交通违章罚款，符合盗窃罪的构成要件。

第2种意见：两被告人的行为构成诈骗罪，理由是：两被告人明知其非法行为不会生效，违章车辆所有人、管理人或者驾驶人（以下简称违章人员）仍必须接受处罚，但出于非法占有的目的，制造假象，对违章人员谎称以少罚款、不扣分的方式处理违章信息，骗取违章人员的信任，使违章人员自愿交付财物，数额较大，符合诈骗罪的构成要件。

第3种意见：两被告人的目的行为构成诈骗罪或者盗窃罪，手段行为构成破坏计算机信息系统罪，应当按照牵连犯的处断原则，择一重罪处罚。

第4种意见：被告人童莉违反国家规定，非法进入交警部门道路交通违法信息管理系统，

---

[1] 《最高人民法院最高人民检察院关于办理利用信息网络实施诽谤等刑事案件适用法律若干问题的解释》（2013）第七条规定：违反国家规定，以营利为目的，通过信息网络有偿提供删除信息服务，或者明知是虚假信息，通过信息网络有偿提供发布信息等服务，扰乱市场秩序，具有下列情形之一的，属于非法经营行为"情节严重"，依照《刑法》第二百二十五条第（四）项的规定，以非法经营罪定罪处罚：

（一）个人非法经营数额在五万元以上，或者违法所得数额在二万元以上的；

（二）单位非法经营数额在十五万元以上，或者违法所得数额在五万元以上的。

实施前款规定的行为，数额达到前款规定的数额五倍以上的，应当认定为《刑法》第二百二十五条规定的"情节特别严重"。

[2] 童莉、蔡少英破坏计算机信息系统案，司法案例研究网。

非法删除、修改计算机系统中存储的交通违章信息，收取违章人员的"好处费"，应当认定为破坏计算机信息系统数据，其行为构成破坏计算机信息系统罪。被告人蔡少英与童莉共同商议采取上述手段牟利，按照共同犯罪处理。

2.3 网络诽谤类案件

2.3.1 网络诽谤犯罪概述

1. 网络诽谤的概念

网络诽谤是指利用互联网等现代化手段来传播、捏造、散布虚假事实，损害他人名誉的行为。随着信息技术的快速发展，以信息网络作为工具的违法犯罪活动愈来愈多，其中，利用互联网进行造谣诽谤的违法行为引起大家的关注。有在互联网上捏造事实恶意诽谤他人，损害他人名誉的；有利用社会热点问题在互联网上发文炮制谣言，迷惑民众，造成严重社会秩序混乱的；有以在互联网散布负面消息为理由索取被害者的钱财等。更应关注的是，网上出现的"网络公关公司""网络推手""策划营销组织"违反国家规定，以营利为目的，专门从事炒作、造谣、删帖等行为，严重影响互联网秩序的稳定和安全。因此，网络诽谤这一新型行为日益受到人们关注。

我国《刑法》第二百四十六条第一款规定："以暴力或者其他方法公然侮辱他人或者捏造事实诽谤他人，情节严重的，处三年以下有期徒刑、拘役、管制或者剥夺政治权利。"第二款规定："前款罪，告诉的才处理，但是危害社会秩序和国家利益的除外。"为了进一步规范互联网秩序，加强互联网的管理，我国相继通过《计算机信息网络国际联网安全保护管理办法》《互联网信息服务管理办法》《全国人民代表大会常务委员会关于维护互联网安全的决定》。但法律的真实含义随着社会生活事实的变化而变化。[1]2013年9月6日最高人民法院、最高人民检察院发布了《关于办理利用信息网络实施诽谤等刑事案件适用法律若干问题的解释》（本节以下简称《解释》），对网络诽谤的相关问题做出详细解释。

2. 《解释》对网络诽谤行为的规定

（1）界定网络诽谤行为

诽谤罪是指故意捏造散布某种虚构的事实，足以损害他人人格、破坏他人名誉，情节严重的行为。[2]由于网络诽谤与传统的诽谤行为相比有不同的特点，在行为认定上也有相异之处。《解释》第一条规定：具有下列情形之一的，应当认定为《刑法》第二百四十六第一款规定的"捏造事实诽谤他人"：捏造损害他人名誉的事实，在信息网络上散布，或者组织、指使人员在信息网络上散布的；将信息网络上涉及他人的原始信息内容篡改为损害他人名誉的事实，在信息网络上散布，或者组织、指使人员在信息网络上散布的；明知是捏造的损害他人名誉的事实，在信息网络上散布，情节恶劣的，以"捏造事实诽谤他人"论。根据《解释》，可知网络诽谤有3类行为。

---

[1] [德]亚图·考夫曼，《类推与事务本质——兼论类型理论》，吴从译，台北学林文化事业有限公司1999年版，第89页。
[2] 刘宪权，《中国刑法学》，上海人民出版社第二版，第279页。

第一类为"捏造损害他人名誉的事实，在信息网络上散布，或者组织、指使人员在信息网络上散布的"网络诽谤行为。目前网络推手、网络水军的诽谤行为呈现集团化趋势。不法分子为了诽谤他人，专门雇佣网络水军进行疯狂发帖和转发，给受害人人格和名誉造成巨大损害，而且影响很难消除。该条司法解释有利于打击集团化的网络诽谤行为。[1]

第二类为"将信息网络上涉及他人的原始信息内容篡改为损害他人名誉的事实，在信息网络上散布，或者组织、指使人员在信息网络上散布的"行为。该司法解释把"篡改原始信息并损害他人名誉的行为"纳入"捏造事实诽谤他人"的范围中。网民作为当今时代网络言论的制造者和传播者，恶意地散布虚假的消息，很有可能触碰刑法的界线。

第三类为"明知是捏造的损害他人名誉的事实，在信息网络上散布，情节恶劣的，也以'捏造事实诽谤他人'论"的行为。该司法解释的规定对网民的"明知+散布"的行为进行了法律规制，从而避免了转发的网民以"没有捏造的行为"作为辩护，明确了转发者的法律责任认定问题。

（2）界定网络诽谤行为的"情节严重"

《解释》第二条：利用信息网络诽谤他人，具有下列情形之一的，应当认定为《刑法》第二百四十六条第一款规定的"情节严重"：同一诽谤信息实际被点击、浏览次数达到五千次以上，或者被转发次数达到五百次以上的；造成被害人或者其近亲属精神失常、自残、自杀等严重后果的；二年内曾因诽谤受过行政处罚，又诽谤他人的；其他情节严重的情形。该条解释根据诽谤信息被点击、浏览和转发的次数来认定情节严重具有一定的理论和事实基础：以微博为代表的自媒体的迅速发展，当一条诽谤信息发布后，在短时间内会被迅速地传播，然后被广为人知。此外，根据显示的具体被点击浏览、浏览和转发数判定"情节严重"具有实际可操作性。

（3）界定网络诽谤"严重危害社会秩序和国家利益"

《刑法》第二百四十六条第二款规定诽谤罪属于告诉的才处理，但是危害社会秩序和国家利益的除外。《解释》第三条列举了"严重危害社会秩序和国家利益"的7种情形：引发群体性事件的；引发公共秩序混乱的；引发民族、宗教冲突的；诽谤多人，造成恶劣社会影响的；损害国家形象，严重危害国家利益的；造成恶劣国际影响的；其他情形。该条解释不仅尊重当事人的权利意志，同时能够打击严重危害社会秩序和国家利益的诽谤犯罪。

3. 网络诽谤常涉的犯罪

对于网络诽谤常涉的犯罪，上述对诽谤罪有详细的解释，接下来对其他几类常涉的犯罪进行介绍。

（1）寻衅滋事罪定罪

《解释》第五条第一款："利用信息网络辱骂、恐吓他人，情节恶劣，破坏社会秩序的，依照《刑法》第二百九十三条第一款第（二）项[2]的规定，以寻衅滋事罪定罪处罚。"《解释》

---

[1] 崔惠玲，《网络诽谤之我见——以两高诽谤司法解释为视角》，南京师范大学，2014。
[2] 《刑法》第二百九十三条规定：有下列寻衅滋事行为之一，破坏社会秩序的，处五年以下有期徒刑、拘役或者管制：
（一）随意殴打他人，情节恶劣的；
（二）追逐、拦截、辱骂他人，情节恶劣的；
（三）强拿硬要或者任意损毁、占用公私财物，情节严重的；
（四）在公共场所起哄闹事，造成公共场所秩序严重混乱的。

第五条第二款:"编造虚假信息,或者明知是编造的虚假信息,在信息网络上散布,或者组织、指使人员在信息网络上散布,起哄闹事,造成公共秩序严重混乱的,依照《刑法》第二百九十三条第一款第(四)项的规定,以寻衅滋事罪定罪处罚。"互联网络与现实生活已融为一体,网络安全秩序也是社会公共秩序的主要组成部分,法律将利用互联网平台恶意编造、虚假散布、起哄闹事,造成社会秩序严重混乱且具有一定社会危害性的网络诽谤以寻衅滋事罪定罪处罚,符合法律规定的精神。

(2)敲诈勒索罪定罪

《解释》第六条:"以在信息网络上发布、删除等方式处理网络信息为由,威胁、要挟他人,索取公私财物,数额较大,或者多次实施上述行为的,依照《刑法》第二百七十四条的规定,以敲诈勒索罪定罪处罚。"行为人主要通过"发帖"或"删帖"手段达到目的,即以准备发布负面消息为由敲诈勒索被害人钱财或行为人先在互联网上发布负面消息,再以"删除"负面消息为由敲诈勒索被害人钱财,这些行为符合"敲诈勒索罪"的构成要件。

(3)非法经营罪

《解释》第七条:"违反国家规定,以营利为目的,通过信息网络有偿提供删除信息服务,或者明知是虚假信息,通过信息网络有偿提供发布信息等服务,扰乱市场秩序,具有下列情形之一的,属于非法经营行为'情节严重',依照《刑法》第二百二十五条第(四)项[1]的规定,以非法经营罪定罪处罚:(一)个人非法经营数额在五万元以上,或者违法所得数额在二万元以上的;(二)单位非法经营数额在十五万元以上,或者违法所得数额在五万元以上的。对于通过信息网络有偿提供删除信息服务的行为,并不要求行为人明知所删除的信息为虚假的。国家依法保护信息网络用户正常的、合法的言论和信息交流活动,这属于信息网络服务基本市场管理秩序的重要组成部分。

(4)损害商业信誉、商品声誉罪、煽动暴力抗拒法律实施罪、编造、故意传播虚假恐怖信息罪

《解释》第九条:"利用信息网络实施诽谤、寻衅滋事、敲诈勒索、非法经营犯罪,同时又构成《刑法》第二百二十一条规定的损害商业信誉、商品声誉罪,第二百七十八条规定的煽动暴力抗拒法律实施罪,第二百九十一条之一规定的编造、故意传播虚假恐怖信息罪等犯罪的,依照处罚较重的规定定罪处罚。"因此,网络诽谤的行为同时触犯多个法律时,存在法条竞合的情形,依据处罚较重的规定定罪处罚。

2.3.2 网络诽谤类案例分析

王帅帖案

(1)案情简介

2009年2月12日,河南灵宝青年王帅以《河南灵宝老农的抗旱绝招》为题发帖,将被征土地上让羊吃麦苗等图片发布到网上,并说明"这个帖子至少价值3000万人民币,如果你们能顶10万帖,那么就有一群县级干部要下台……"灵宝市公安局于3月6日在上海将王帅以涉嫌诽谤抓捕。后因证据不足,于3月13日,将被关了8天的王帅取保候审。4月

---

[1] 《刑法》第二百二十五条第(四)项:其他严重扰乱市场秩序的非法经营行为。

15 日，灵宝市公安局解除对王帅的取保候审、撤销案件，派专人赴上海当面向王帅本人道歉，并对相关负责人予以追究。

（2）案例讨论

诽谤罪的犯罪客体是什么？社会秩序和国家利益属于诽谤罪的犯罪客体吗？

2.4 网络知识产权类案件

2.4.1 网络知识产权犯罪概述

1. 网络知识产权犯罪的概念

《刑法》第二百八十七条规定："利用计算机实施金融诈骗、盗窃、贪污、挪用公款、窃取国家秘密或者其他犯罪的，依照本法有关规定定罪处罚。"《关于维护互联网安全的决定》第三条规定："为了维护社会主义市场经济秩序和社会管理秩序，对有下列行为之一，构成犯罪的，依照《刑法》有关规定追究刑事责任：……（三）利用互联网侵犯他人知识产权"。因此可以初步界定网络知识产权犯罪是指利用互联网实施的侵犯知识产权犯罪。"互联网+"的到来为网络知识产权的发展带来了新的机遇和挑战。信息网络技术的发展使侵犯知识产权类的犯罪不再依托于物质载体，具有形式更加多样化、犯罪成本低廉以及损害不可控等特点。

网络知识产权犯罪并不是一类独立罪名，而是以计算机信息网络为手段实施的网络犯罪和侵犯知识产权犯罪的一种交叉犯罪形态。它是指利用互联网实施的侵犯知识产权且情节严重的行为，既包括以互联网为工具实施的侵害他人知识产权的行为，也包括以承载知识产权的网络为攻击目标的犯罪活动。

2. 我国对网络知识产权犯罪的法律规制的缺失

针对网络知识产权犯罪，我国《刑法》对此并没有专门的规定，相关的法律仅在《刑法》分则破坏社会主义市场经济秩序罪一章第 7 节侵犯知识产权罪中体现。《商标法》《专利法》等基本没有规定侵犯网络知识产权犯罪的刑事责任条款。由于网络知识产权犯罪与传统的侵犯知识产权罪相比有其新的特点，因此目前的立法情形不能对网络知识产权给予充分的保护，尽管 2004 年通过的《最高人民法院、最高人民检察院关于办理侵犯知识产权刑事案件具体应用法律若干问题的解释》（本节以下简称《解释》）提及网络知识产权，但仍然无法应对如今迅速增长的网络知识产权犯罪。

3. 网络知识产权犯罪类型

我国《刑法》规定了 7 种侵犯知识产权犯罪，分别是假冒注册商标罪、销售假冒注册商标的商品罪、非法制造或者销售非法制造注册商标标识罪、侵犯著作权罪、销售侵权复制品罪、假冒专利罪、侵犯商业秘密罪。当前，虽然我国刑法对网络知识产权犯罪并没有相关法律条文的规制，但从学理和司法实践中，可以归纳总结出此类犯罪案件大致有两种类型：一种是利用互联网实施的传统犯罪，如网络销售侵权商品及其复制品、网络侵犯商业秘密、网络侵犯著作权等犯罪案件；另一种是新型的犯罪，包括架设侵权网络应用服务、侵犯软件专利权等。

（1）利用网络侵犯著作权犯罪

利用网络侵犯著作权犯罪是指以营利为目的，违反相关的法律法规，未经许可利用互联网对享有著作权的文字作品、图片作品、音像作品以及计算机软件等进行非法复制、发行、传播，违法所得数额较大或者有其他严重情节的行为。《刑法》第二百一十七条侵犯的著作权情形有以下4类：未经著作权人许可，复制发行其文字作品、音乐、电影、电视、录像作品、计算机软件及其他作品的；出版他人享有专有出版权图书的；未经录音录像制作者许可，复制发行其制作的录音录像的；制作、出售假冒他人署名的美术作品的。此外，主观上还需要以营利为目的，并达到一定的数额标准才能构成侵犯著作权罪。界定网络侵权著作权犯罪主要在于如何认定复制和发行行为。关于复制行为：著作权以纸张、磁带、磁盘、光盘等为物质载体能够被理解，但在网络虚拟环境下的对作品"能够被固定在有形的载体上"就难以理解，从计算机原理的角度看，互联网上的文件和信息是以数据流的形式写到万维网服务器的硬盘驱动器上，然后以二进制 0 和 1 的形式固定在计算机的硬盘上，这种固定的结果能够被互联网上其他用户通过网络进行阅读，或者是采用打印、下载到主机硬盘、用软件复制的方式，著作权法上所指的复制就是上述过程。[1] 关于发行行为：《著作权法》《解释》及 2007 年通过的《关于办理侵犯知识产权刑事案件具体应用法律若干问题的解释（二）》（下称《解释（二）》、《著作权法实施条例》等对"发行"行为的规定主要有以下几种形式：出租、出售、赠予、广告征订、批发、零售和展销。在网络环境下，发行行为产生了新的方式，如把传统作品或音像制品上传至网络，以收费或免费的形式，通过网络向大众传播，此种网络行为实质上通过出卖、赠予等方式向公众提供作品，所以也属于发行行为。[2] 因此，如果行为人未经著作权人许可，以营利为目的，通过计算机信息系统实施《刑法》第二百一十七条规定的情形，数额达到一定标准或情节严重的，构成侵犯著作权罪，需要承担一定的刑事责任。

（2）利用网络销售侵权复制品犯罪

《刑法》第二百一十八条规定了销售侵权复制品罪：即以营利为目的，销售明知是侵犯他人著作权、专有出版权的文字作品、音乐、电视、录像、计算机软件、图书及其他作品以及假冒他人署名的美术作品，违法所得数额巨大[3]的行为。网络销售侵权复制品犯罪主要体现是利用互联网工具销售侵权复制品的行为，属于销售侵权复制品罪的范畴，应当按照销售侵权复制品犯罪的构成要件分析是否构成犯罪。判断是否是网络销售侵权复制品犯罪，主要可从4个方面进行衡量：一是看行为人是否明知销售的商品属于侵权复制品，"明知"包括"明知可能"和"明知必然"，排除主观过失、重大过失的情形；二是看行为人销售的对象是否属于《刑法》第二百一十七条规定的内容，若不属于则不构成此罪；三是看行为人销售的违法所得数额，若数额没有达到"巨大"的标准，则不构成犯罪；四是看行为人销售侵权复制品的途径，互联网的普遍使用拓宽了犯罪的途径，但犯罪工具并不是该罪的必要构成要件。

（3）利用网络侵犯商标权犯罪

利用网络侵犯商标权犯罪是指未经权利人同意，利用网络侵犯他人商标权或国家商标权管理制度，情节严重的行为，主要涉及以下罪名：假冒注册商标罪、销售假冒注册商品的商

---

[1] 赵维哲，《网络知识产权保护问题研究》，河北师范大学，2010.
[2] 张先力，《网络侵犯著作权构成犯罪问题初探》.
[3] 《最高人民法院、最高人民检察院关于办理侵犯知识产权刑事案件具体应用法律若干问题的解释》（2004）第六条：违违法所得数额在 10 万元以上的属于巨大。

品罪和非法制造、销售非法制造的注册商标标识罪。非法制造注册商标标识通常与人身活动联系紧密，通常较难在互联网中实施，但因为其他如销售环节可能利用互联网事实，也可能构成非法制造、销售非法制造的注册商标标识罪。[1]

（4）利用网络侵犯专利犯罪

利用网络侵犯专利犯罪是指未经权利人允许，利用互联网，侵犯他人专利权和国家专利权管理制度，情节严重的行为。主要涉及一个法定罪名：假冒专利罪。其突出表现是利用互联网假冒专利，如在互联网中使用他人的专利号。

（5）利用网络侵犯商业秘密犯罪

利用互联网侵犯商业秘密犯罪是指利用互联网，侵犯他人商业秘密或国家商业秘密管理制度，且情节严重的行为。《刑法》第二百一十九条规定了侵犯商业秘密的行为有以下4类：以盗窃、利诱、胁迫或者其他不正当手段获取权利人商业秘密的；披露、使用或者允许他人使用以前项手段获取权利人商业秘密的；违反约定或者违反权利人有关保守商业秘密的要求，披露、使用或者允许他人使用其所掌握的商业秘密的；明知或者应知前款所列行为，获取、使用或者披露他人商业秘密的，以侵犯商业秘密论。此外，侵犯商业秘密行为给商业秘密的权利人造成重大损失的[2]，则构成侵犯商业秘密罪。

2.4.2 网络知识产权类案例分析

1. 伍云华网络游戏私服侵犯著作权罪案

（1）案情简介[3]

上海盛大网络发展有限公司代理了韩国 WeMade 公司《热血传奇》网络游戏。

2013年3月起，伍云华以营利为目的，未经盛大公司许可，从网络上非法获取《热血传奇》游戏源代码后在浙江丽水、广东东莞等分别租用服务器，并通过网站发布广告招揽客户，以将游戏登录器绑定网站的方式，私自架设服务器端，非法运营该私服游戏。同时，伍云华通过支付平台，绑定其个人的财付通账户，收取游戏玩家充值款共计人民币16万余元。[4]

（2）案例讨论

私服是指未经网络游戏软件著作权人或其网络游戏软件运营上的授权，通过非法途径获得网络游戏软件的服务端安装程序或其源程序后，私自架设网络游戏服务器的行为。主要牵涉两个行为：一是"私服"软件提供者复制、修改网络游戏服务器端软件，并向他人提供的行为；二是"私服"运营商利用侵权的网络游戏服务器端软件，在一定范围内运行、经营网络游戏并获利的行为。对于私服的行为，有人认为应当按照非法经营罪处理，有人认为私服是对他人合法出版的互联网作品享有的著作权的侵害，其本质是一种"复制发行"的行为，应当按照侵犯著作权罪处理。本案中的焦点在于如何认定伍云华私自架设服务器端的行为，是构成非法经营罪还是侵犯著作权罪？说说你的观点。

---

[1] 管瑞哲，《网络知识产权犯罪研究》[D]，华东政法大学.
[2] 《最高人民法院、最高人民检察院关于办理侵犯知识产权刑事案件具体应用法律若干问题的解释》，2004.
[3] 《2013年最高人民法院发布2012年中国法院知识产权司法保护十大案件之案件十》，2013.
[4] 私设游戏私服牟利 侵犯著作权获拘役，法律法规网.

2. 快播案

（1）案情简介

2014年5月，深圳市场监督管理局在快播实施侵犯他人信息网络传播权的违法行为非法经营额8671.6万元的基础上对快播公司拟处罚2.6亿元。之后，2016年全国瞩目的快播案虽然因其传播的"淫秽物品"，被"涉黄"的外衣吸引了大众的关注，但其背后的P2P技术是本案需要讨论的问题。快播公司基于P2P技术，将视频种子转换成在线观看的方式，汇集并激活大量影视资源。用户通过该软件可以在网上搜索其想要的文件名称，只要互联网上安装了快播软件的用户搜索到目标文件，快播软件就可以从目标用户的"共享区"中自动下载该文件，同时下载的用户自动也会向其他用户提供该文件的种子下载，而整个过程用户除了上传、下载所需的流量费用外，不必支付其他费用，不管其所下载的文件是否受著作权法保护。[1]

（2）案例讨论

① 快播案中行为人利用技术汇集淫秽影片并向公众播放的行为构成传播淫秽物品牟利罪并无争议，但是对于受深圳市监管局行政处罚的侵犯著作权的行为是否符合我国《刑法》第二百一十七条的侵犯著作权罪，是本案的焦点之一。说说你们的看法。

② 一名用户如果愿意与他人分享电影、音乐或软件等文件，可以将这些文件复制至P2P软件在硬盘上划定的"共享目录"中。只要这名用户打开计算机、保持联网状态并运行P2P软件，其他任何同样使用P2P软件的用户就可以通过输入关键词搜索到这名用户硬盘"共享目录"之中的文件，并可以将其下载到自己的计算机中。如果这名用户上传的是侵权作品，那么行为人是否只有在以营利为目的的情况下才能构成侵犯著作权罪？

---

[1] 黄伟凌，《P2P网络服务商侵犯著作权刑事责任研究》[D]，北京外国语大学，2016年.

第 3 章

计算机取证基础实验

3.1 X-ways Forensics 取证

3.1.1 X-ways Forensics 基础知识

X-ways Forensics 是由德国 X-ways 出品的一个法证分析软件,它事实上是 WinHex 的法证授权版本,具有跟 Winhex 相同的界面和含 Winhex 所有功能外的更多功能,并增加了文件预览等实用功能且限制了对磁盘的写入操作。X-ways Forensics 是用于计算机取证的综合取证、分析软件,可在 Windows XP/2003/Vista/2008/7/8/8.1/10 及 WinPE/FE 操作系统下运行,有 32 位和 64 位版。

1. X-ways Forensics 介绍

(1) X-ways 基本功能

①磁盘复制与镜像,对存储介质进行数据获取及备份。

②支持多种文件系统,如 FAT12/16/32、exFAT、NTFS、Ext2/3/4、HFS、HFS+/HFSJ/HFSX、ReiserFS、Reiser4、XFS、Next3、CDFS、ISO9660、Joliet、UDF 等。

③浏览文件。可显示所选驱动器下所有文件列表。

④分析 Windows 系统的各种痕迹数据。例如,各类浏览器上网痕迹数据分析、电子邮件客户端数据分析、回收站删除数据解析、Windows Prefetch 预读文件解析、Windows 事件日志分析等。

⑤搜索关键词。对关键词进行搜索可找到相关文件。

⑥过滤文件。例如,对文件名进行过滤,可查找所有相同类型的文件。

⑦生成取证报告。

(2) X-ways Forensics 的使用

在使用 X-ways 预览、制作副本之前,需要将预览或者制作副本的硬件介质接入装有 X-ways 软件的计算机设备上。如果调查计算机本身没有保护接口,那么在挂载被检测的硬件介质时,应该在调查机器与硬件介质之间接入写保护设备,保证调查机器的操作系统不能修改被检测的硬件介质中的文件或数据。

连接好硬件介质后，打开 X-ways 软件，如图 3-1 所示。

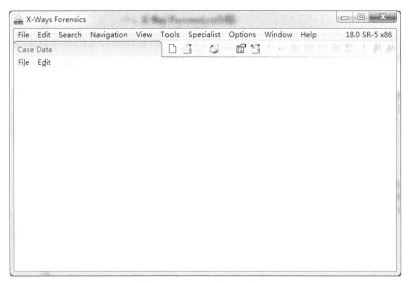

图 3-1　X-ways 打开时界面

当需要创建案例时，选择 File，新建一个案例，如图 3-2 所示。

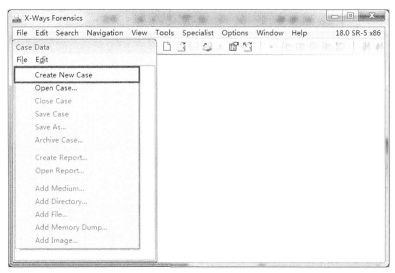

图 3-2　创建新案例

接下来，在案件数据对话框中填写案例信息，可输入案件名称、案件描述、调查员、机构地址等辅助信息。其中，案件名称使用英文或数字，否则案件日志和报告中无法出现屏幕快照图片，如图 3-3 所示。

注意：为保障数据分析中显示的时间正确，需在显示时区中设置正确的时区信息。

案件创建后，需要添加所需分析的目标。可以添加物理存储设备，如磁盘、光盘、USB 移动存储设备等，也可以添加 E01 镜像、DD 磁盘镜像，以及 X-ways 自有的证据文件格式。

下面以添加 E01 镜像文件为例，如图 3-4 和图 3-5 所示。

图 3-3　案例信息

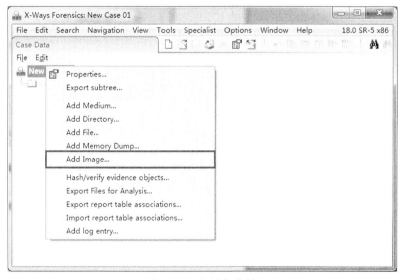

图 3-4　添加镜像菜单

图 3-5　添加镜像文件

镜像添加结束后，可看到镜像的基本信息，如分区、文件系统等，如图 3-6 所示。

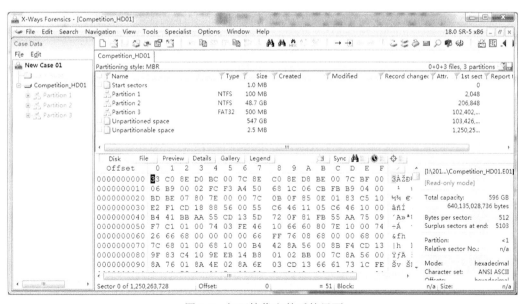

图 3-6　打开镜像文件后的界面

打开后，可查看各个分区的文件，如图 3-7 所示。

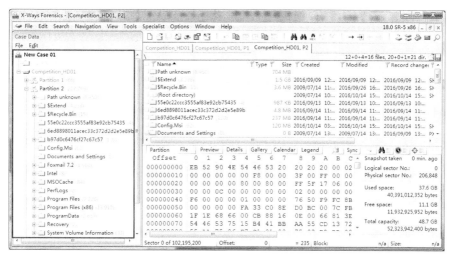

图 3-7　第二分区文件目录

2. X-ways Forensics 文件过滤

在 X-ways Forensics 中，可方便地对各种类型的数据文件进行过滤操作。当使用某过滤条件时，只需单击文件名称左侧的漏斗，输入过滤条件，单击激活即可显示过滤结果。文件名过滤支持多语种字符。如需取消某过滤条件，单击禁用即可。下面简单介绍几种过滤形式。

（1）按文件名称过滤

可以使用通配符，针对特定文件名称进行过滤。如搜索"*.doc，*.htm，*.tmp"等。使用通配符时，不能出现两个*。此种过滤方式适用于对文件名及单一文件类型过滤。速度快，准确率高。

例如，如果需要查找文件内容包含"W87Dk08"的 tmp 文件，可首先过滤出*.tmp 文档，然后全选、标记，并在标记文件中搜索关键词"W87Dk08"即可。具体操作及结果如图 3-8 和图 3-9 所示。

图 3-8　按文件名称过滤

图 3-9　按文件名称过滤结果

（2）按文件类型过滤

可按照设定的文件分类，对不同类型的文件进行过滤。通过此过滤方式，可以容易地将办公文档、图形图像、压缩文件，以及各种重要数据（如注册表文件、互联网历史记录、回收站文件、打印池、Windows 交换文件、日志等）快速过滤出来。

使用方法：选择相应文件类型，单击激活。过滤前，应在磁盘快照中选择依据文件签名校验文件真实类型，才能够判断出文件的真实类型，如图 3-10 所示。

图 3-10　按文件类型过滤

例如，过滤图片文件，选择 Picture，再选择图片格式.jpg，即可过滤出.jpg 图片。过滤结果如图 3-11 所示。

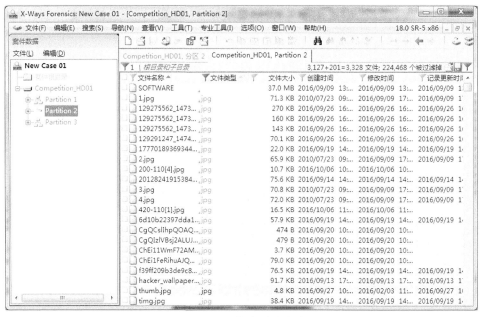

图 3-11　按文件类型过滤结果

（3）按文件大小过滤

根据文件的实际大小过滤，不包含残留区数据。两个选项同时使用，用于设定一定容量大小之间的文件。如图 3-12 所示，可过滤文件大小在 3~100 MB 之间的文件。

图 3-12　过滤条件

过滤结果如图 3-13 所示。

（4）按文件时间进行过滤

创建时间：当前磁盘中文件和目录的创建时间。

修改时间：当前磁盘中文件和目录最后修改的时间。

访问时间：当前磁盘中文件和目录最后读取或访问的时间。

记录更新时间：NTFS 或 Linux 文件系统中，文件和目录的最后修改时间。这是包含于文件元数据中的文件系统数据结构。

删除时间：Linux 系统下文件和目录的删除时间。

例如，按文件记录更新时间进行过滤，具体操作及结果如图 3-14 和图 3-15 所示。

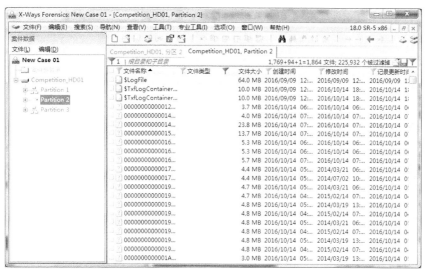

图 3-13 按文件大小过滤结果

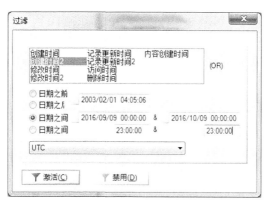

图 3-14 过滤时间条件设置

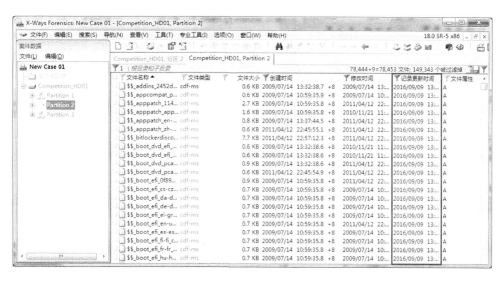

图 3-15 按记录更新时间过滤结果

（5）按文件属性进行过滤

文件都有自己的属性，常见文件属性有 A=文档，H=隐含文件，S=系统文件，P=连接点，C=文件系统级压缩，e=压缩文件中的加密，e!=特定文件类型加密，E=文件系统级加密，e?=加密可能性较大，T=临时文件，O=文件处于脱机状态。以过滤加密文件为例，其操作及结果如图 3-16 和图 3-17 所示。

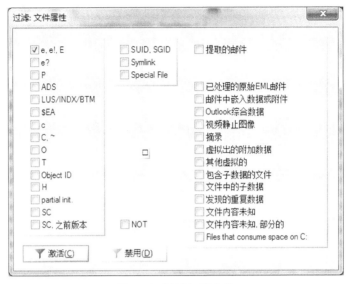

图 3-16　过滤加密文件

图 3-17　加密文件过滤结果

3．X-ways Forensics 文件搜索

（1）同步搜索

允许用户指定一个搜索关键词列表文件，每行设定一个搜索关键词。所发现的搜索关键词被保存在搜索列表中或位置管理器中。同步搜索能够以"物理搜索"和"逻辑搜索"两种方式进行。物理搜索通过扇区方式进行；逻辑搜索通过文件方式进行。相比而言，逻辑搜索功能更强大、更彻底，如图 3-18 所示。

将所有文件展开，或通过过滤选择所需搜索的文件。

① 在特定文件中搜索，需首先选择文件，并添加标记。之后，在标记数据中搜索。如在所有文件中搜索，无须选择文件，直接选择在所有数据中搜索。

② 单击同步搜索。

③ 输入关键词。每行一个关键词，支持空格。
④ 选择字符编码。
⑤ 选择搜索方式，搜索方式有物理搜索、逻辑搜索、在索引中搜索 3 种方式，可根据具体情况选择不同搜索方式。以搜索 SECURITY TESTING PURPOSES ONLY 为例，如图 3-19 和图 3-20 所示。

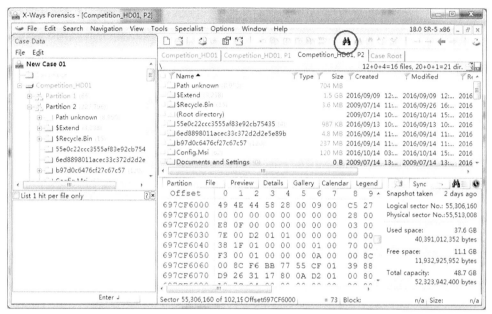

图 3-18　同步搜索

图 3-19　同步搜索设置

图 3-20　正在进行搜索

⑥ 搜索结束后，显示所有包含关键词的搜索结果。结果如图 3-21 所示。

图 3-21　同步搜索结果

本例中共有 4 个关键词，3 个搜索命中结果。双击每个关键词，可以查看该关键词的搜索结果。搜索结果保存在案例文件中。再次打开案例文件，搜索结果依然保存。通过 DEL 键，可以删除该关键词及搜索结果。

（2）文本搜索

如果只需要发现包含有关键词的文件，则可将"每个文件显示 1 个搜索结果"选中，以提高搜索速度。通过选定证据项中搜索，可以在当前案例中多个磁盘或镜像文件中进行搜索，如图 3-22 和图 3-23 所示。

图 3-22　文本搜索 1

图 3-23　文本搜索 2

搜索结果如图 3-24 所示。

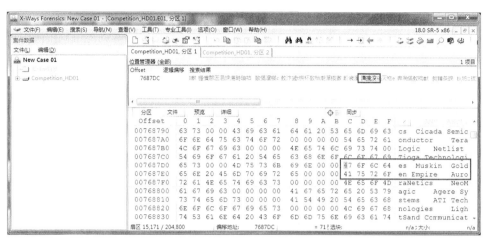

图 3-24　文本搜索结果

4．X-ways Forensics 生成报告

（1）添加至报告表

创建报告前，需选择所关注的文件，然后单击鼠标右键，添加至报告表。根据文件内容或类别，可新建报告表，命名为"关注的文档""xxx 地址""xxx 电子邮件"等。只有将文件添加至报告表后，这些文件才能被包含在报告中。

（2）创建报告，如图 3-25 所示。

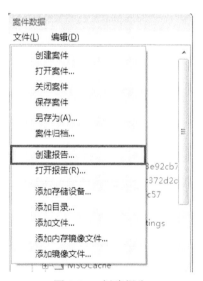

图 3-25　创建报告

（3）设置选项

输入报告头，封面信息，选用的徽章图像，所需包含的报告表，报告中包含的项目名称及内容。如果选择了包含操作记录日志，分析过程中的所有屏幕画面图片、所执行的命令及运行结果，都可包含在报告中，如图 3-26 所示。

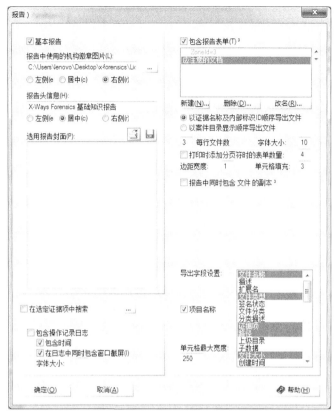

图 3-26　报告基本信息设置

（4）报告样例

生成的报告样例为 .html 格式，如图 3-27 所示。

图 3-27　报告样例

5. 重组 RAID 阵列或动态磁盘

虽然 RAID 包含多块硬盘，但在操作系统下是作为一个独立的大型存储设备出现。利用 RAID 技术于存储系统的好处主要有以下 3 种。

- 通过把多个磁盘组织在一起作为一个逻辑卷提供磁盘跨越功能。
- 通过把数据分成多个数据块（Block）并行写入/读出多个磁盘以提高访问磁盘的速度。
- 通过镜像或校验操作提供容错能力。

RAID 技术分为几种不同的等级，分别可以提供不同的速度、安全性和性价比。根据实际情况选择适当的 RAID 级别可以满足用户对存储系统可用性、性能和容量的要求。常用的 RAID 级别有以下几种：NRAID（NonRAID，无 RAID）、JBOD、RAID0、RAID1、RAID1+0、RAID3、RAID5 等。目前经常使用的是 RAID5 和 RAID(1+0)。

下面操作以 RAID5 左循环异步（条带大小为 8 K）为例。

（1）加载 RAID 镜像文件，如图 3-28 和图 3-29 所示。

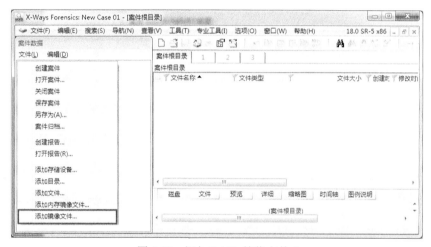

图 3-28　添加 RAID 镜像文件 1

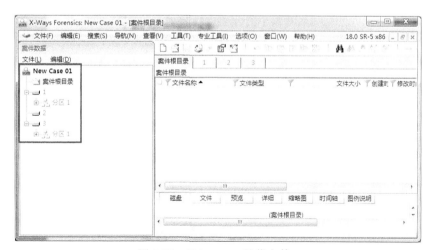

图 3-29　添加 RAID 镜像文件 2

（2）添加完成之后，选择菜单中"专业工具——重组 RAID"，如图 3-30 所示。

图 3-30 RAID 重组

（3）设置参数及 RAID 排列顺序，此处选择的是 RAID5 左循环异步，条带大小为 16 个扇区，如图 3-31 所示。

图 3-31 RAID 参数设置

（4）阵列顺序排列正确，可顺利显示分区，打开文件，如图 3-32 所示。

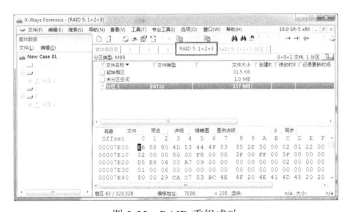

图 3-32 RAID 重组成功

3.1.2 X-ways Forensics 取证实验

1. 实验背景

有一起黑客入侵案件，对涉案嫌疑人计算机的整个硬盘进行了镜像，镜像文件名为 ImageFilePC.E01，其 MD5 值为 F8F80C8E757800CEB6D94ADC7BAE84FD。要求通过 X-ways Forensics 的实验操作，能进行简单取证，并熟悉使用 X-ways Forensics 调查案件时如何创建案例、如何搜索和查找证据、如何生成报告，熟悉其主要功能和使用方法。

2. 实验目的

（1）掌握 X-ways Forensics 工具的正确使用。
（2）熟悉 X-ways Forensics 分析数字证据的一般步骤。
（3）能独立对简单案件中的数字证据进行调查和取证。

3. 实验要求

（1）通过实验搜索和查找以下证据。

问题 1：查找名称为"code"的文件，查看其内容并计算 Hash 值。

（提示：code.txt 和 code.docx，存储于 D 盘）

问题 2：查找创建时间为 2018 年 1 月 12 日的 jpg 图片，其内容显示与手机有关。请搜索并计算相应的校验值。

（提示：设定检索范围）

（2）通过实验了解 X-ways Forensics 取证分析的一般过程。
（3）每人独立完成一份实验报告。

4. 实验器材和环境

（1）Windows 操作系统。
（2）X-ways Forensics 软件一套（注：自备）。
（3）提供的镜像文件一份（ImageFilePC.E01）。

5. 实验思考

（1）如何通过 X-ways Forensics 分析注册表中常见信息？
（2）如何通过 X-ways Forensics 按文件类型过滤证据？

3.2 EnCase 取证

3.2.1 EnCase 基础知识

1. EnCase 简介

EnCase 是美国 Guidance Software 公司研发的一种专业取证分析工具包。在美国法律执行部门和商业化组织的取证复制和分析工作方面有广泛的应用。EnCase 也是当前最流行的司法鉴定和证据调查分析软件之一。EnCase 软件由 C++语言编写，基于 GUI 界面，能调查 Windows、Macintosh、Linux、Unix 或 DOS 机器的硬盘，把硬盘中的文件镜像成只读的证据文件，这样可以防止调查人员修改数据而使其成为无效的证据。为了确定镜像数据与原始数据相同,EnCase 通过计算 CRC 校验码和 MD5 散列值进行比较,以确保数据的完整性。EnCase 对硬盘驱动镜像后会重新组织文件结构,采用 WindowsGUI 显示文件的内容,允许调查员使用多个工具完成多个任务。

在检查硬盘驱动设备时,EnCase 深入操作系统底层查看所有的数据,包括 fileslack、未分配的空间、虚拟内存和交换分区(存有被删除的文件和其他潜在的证据)的数据。在显示文件方面,EnCase 可以由多种标准(如时间戳或文件扩展名)排序。此外,EnCase 可以比较已知扩展名的文件签名,使调查人员能确定用户是否通过改变文件扩展名隐藏证据。对调查结果可以采用 html 或文本方式显示,并可打印出来。

EnCase 工具包主要功能包括恢复取证设备中被删除或丢失的文档,镜像复制取证设备中的文件,搜索关键词,过滤文件,生成取证报告等。

2. EnCase 取证分析操作方法

EnCase 能够分析几乎所有流行的文件系统,包括 NTFS、FAT32 和 EXT2,能够应用于多种操作平台组织机构。

EnCase 是一个图形用户界面工具,无须命令行运行。此外,EnCase 取证分析是通过创建案例的方式实现的。以下以 EnCase4.0 为例,介绍其主要功能,需要注意的是,其最新版本具有更丰富的功能,不同版本具体功能与操作方法需参考相关软件使用说明书。

(1)创建案例

运行 EnCase 后,取证分析的第一步是创建案例。单击工具栏的"NEW"按钮创建一个新的案例,如图 3-33 所示。

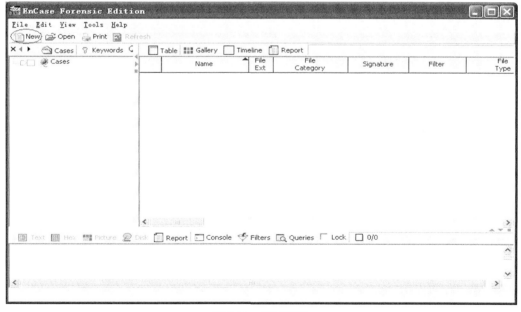

图 3-33 新建案例

系统桌面上会跳出一小页面,提醒为导出文档和暂存临时文件指定目录。此时,可以修改默认文件夹设置,为所创建的案例设置一个唯一的文件夹,以便把不同案例的数据分开,避免混淆,如图 3-34 所示。

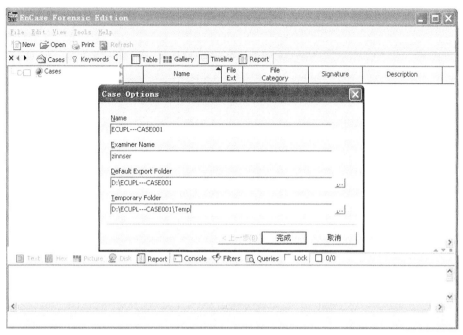

图 3-34 文件夹设置

案例创建后,通过使用工具栏上的"Save"按钮保存案例,如图 3-35 所示。

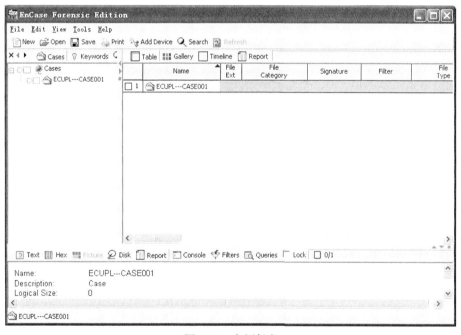

图 3-35 案例保存

(2)添加证据

保存案例后,开始向此案例添加证据。向 EnCase 添加证据的方式有多种,包括添加其他程序创建的镜像,以及直接添加物理介质(如硬盘、光盘以及软盘等)。添加物理设备比较简单,只要单击工具栏上的"Add"按钮。以添加取证对象——软盘 A 为例,如图 3-36 所示。

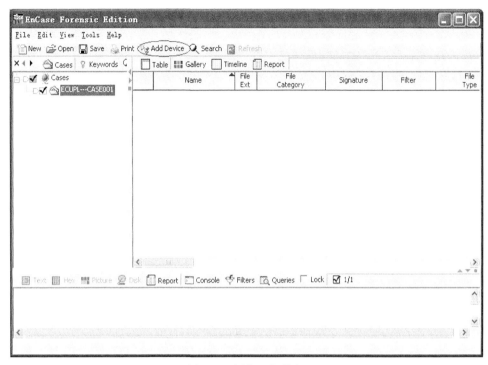

图 3-36　添加证据设备

选择 Local Drives,单击"下一步"按钮,如图 3-37 所示。

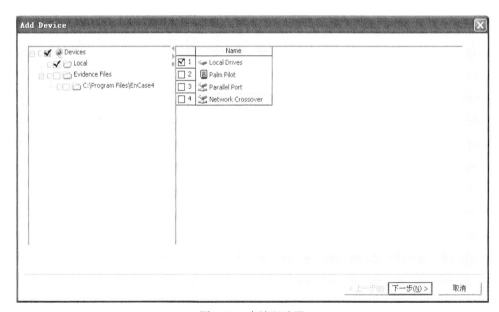

图 3-37　本地驱动器

选择需要增加的设备软盘 A,单击"下一步"按钮,如图 3-38 所示。

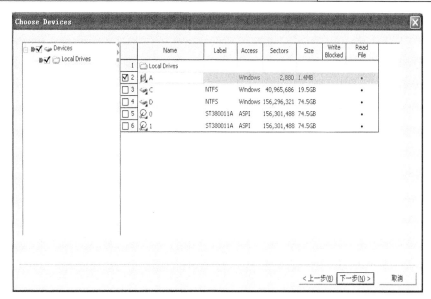

图 3-38 选择软盘 A

此时，页面会显示所添加软盘 A 的名称、大小等信息，如图 3-39 所示。

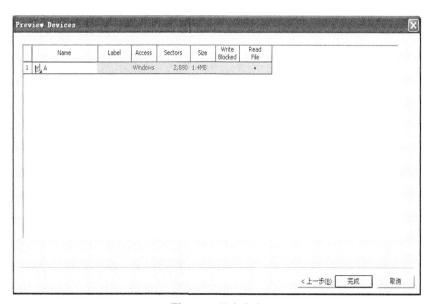

图 3-39 软盘信息

单击"完成"按钮后，EnCase 主页面板上会出现 A 软盘中的所有文件和数据信息，如图 3-40 所示。

（3）恢复文档

在取证实践中，经常可以在被删除文件中找到犯罪证据。文件删除或破坏可能是犯罪分子为逃避犯罪有意破坏的，也可能是被取证设备本身被破坏而导致设备中文件部分丢失的，还可能是正常删除操作后形成的痕迹。EnCase 软件具有强大的文件恢复功能，能够有效恢复被取证设备中的文件。如果存在被删除的文件且未被破坏，EnCase 可以恢复出该文件。假设要恢复文件夹，可以选择要恢复的被取证设备——软盘 A，单击右键，选择 Recover Folders，如图 3-41 所示。

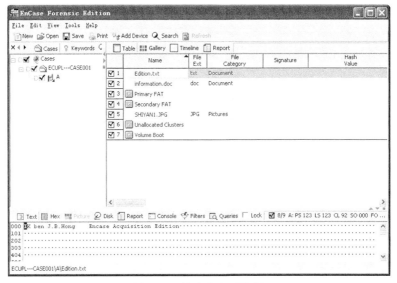

图 3-40　软盘内主要数据

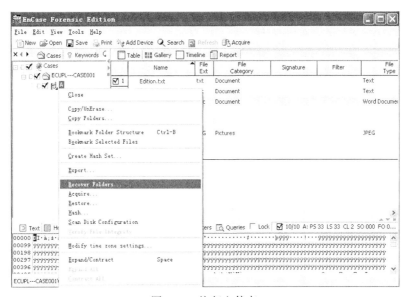

图 3-41　恢复文件夹

此时，会跳出一个小的页面框，提示是否需要扫描该设备以恢复丢失的文件夹。单击"确定"按钮。EnCase 开始扫描被取证的设备，恢复丢失或被删除的文件夹，如图 3-42 所示。

图 3-42　扫描丢失的文件夹

（4）获取证据或镜像取证设备，生成专用格式的证据文件

在使用 EnCase 取证时，为了防止原始取证设备损坏或证据丢失，可以将被取证的设备镜像复制，EnCase 会自动生成 E01 格式的证据文件。下一次直接单击该证据文件取证即可。获取证据的具体操作方法如下。

首先，单击右上方的"Acquire"按钮，开始镜像复制取证设备——软盘 A，如图 3-43 所示。

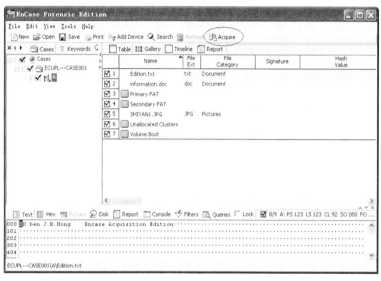

图 3-43　镜像证据

然后，会跳出一个小的页面框，提示镜像复制后的命令。如果还有其他的取证设备需要镜像，就选择"Acquire another disk"。一般情况下，默认系统的设置，选择"Search, Hash and Signature Analysis"，即镜像复制设备后，对被镜像的文件计算散列值（也称 Hash 值）以及签名验证等，如图 3-44 所示。

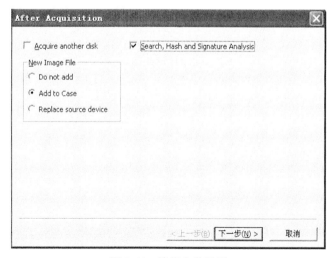

图 3-44　镜像文件设置

单击"下一步"按钮，跳出搜索页面框，一般情况下，会选择 Verify file signatures 和 Compute hash value 这两个选项。这些设置将对案例中的每个文件计算散列值。一方面，EnCase 可以检测出为妨碍调查而改变文件扩展名的情况；另一方面，通过计算文件的散列值，并与 EnCase 自带的散列值比较和匹配，可以识别众所周知的系统文件，帮助调查员减少需要检验的文件数，减轻取证工作量，如图 3-45 所示。

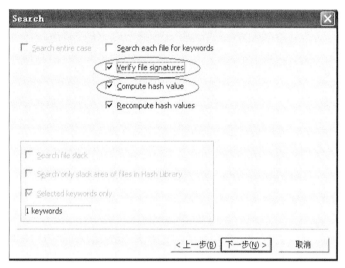

图 3-45　验证文件签名和 Hash 值计算

值得注意的是，通常处理添加到 EnCase 中证据的第一个操作是对所有发现的逻辑文件的校验和与签名进行匹配和验证，这个操作可以通过单击 EnCase 工具栏上的"Search"按钮完成。

接下来，EnCase 提示选择保存证据文件的路径，建议保存在该案例的文件夹中，并在其中新建一个名为 Evidence 的文件夹，以便文档归类，如图 3-46 所示。

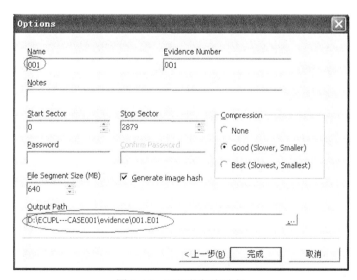

图 3-46　证据的保存路径

复制完成后，会跳出小页面框提示获取证据完成信息，如图 3-47 所示。

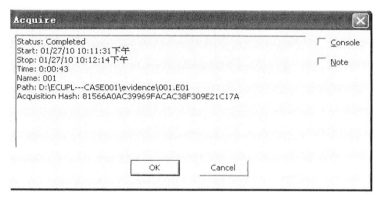

图 3-47　证据获取完成

在镜像复制设备的同时，EnCase 也对文件进行散列值的计算以及签名的验证。计算与匹配完毕后，会跳出小页面框提示文件散列值和签名验证完毕，如图 3-48 所示。

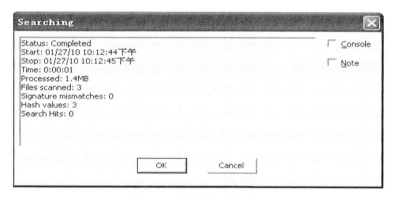

图 3-48　散列值与签名验证

此时，EnCase 的主页面板会显示文件（类型）签名验证匹配的结果。签名验证的结果主要有"！Bad Signature""*[Alias]""Match"以及"Unknown"。

需要注意的是，在文件签名栏中，一个文件扩展名对应一个文件头（Header）。

当结果为"！Bad Signature"时，说明案例中文件的文件头与文件签名栏中与之对应的文件头不能匹配，该案例文件头信息错误。这表明案例中文件头未知。

当结果为"*[Alias]"时，说明文件签名栏中的文件头以及案例中文件的扩展名不匹配，即案例中的文件扩展名被修改。

当结果为"Match"时，表明文件签名栏中的文件头与案例文件的扩展名相匹配，该案例文件扩展名未被修改。

当结果为"Unknown"时，表明 EnCase 文件签名栏中没有该文件的文件头和扩展名信息。如图 3-49 显示，软盘 A 中的文件扩展名都为"Match"，表明这些文件的扩展名未被修改过。同时，文件签名栏的右边是 EnCase 计算各文件的散列值（Hash 值），系统文件已被 EnCase 识别出来，并加以标识。

信息犯罪与计算机取证实训教程

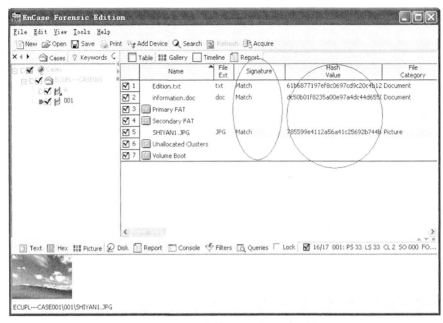

图 3-49　证据文件散列值和签名验证情况

（5）复制文档

在使用 EnCase 取证分析时，调查员为了对取证设备中的文件进行深入的研究和取证，需要查看文件的内容。EnCase 提供了文档复制功能，能够将取证设备中的文件复制导出，以下是具体的操作方法。

选择要复制的对象设备，并单击右键，选择"COPY/UnErase"，复制取证设备中的文档，如图 3-50 所示。

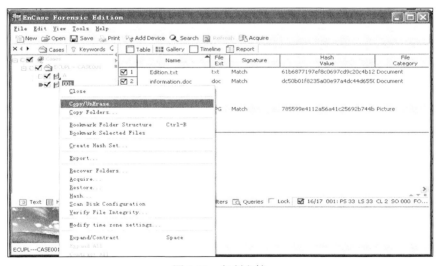

图 3-50　复制文档

EnCase 会跳出一个小页面框提示导出文档的方式，主要有两种形式导出文档，"Separate Files"和"Merge in to one file"。一般情况下，选择文件分别导出，即"Separate Files"，如

64

图 3-51 所示。

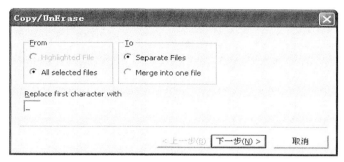

图 3-51　选择导出文档形式

系统会跳出一选项框。EnCase 默认只导出无字符掩码（None Character Mask）的逻辑文件（Logical File），在取证实践中，可以根据需要选择导出"Entire Physical File"、"RAM and Disk Slack"或"RAM Slack Only"。逻辑文件指的是文件的内容，物理文件则指文件所占用空间的内容，以 FAT 文件系统为例，物理文件除了逻辑文件内容外，还包括最后一簇空余的空间 FileSlack。一般情况下，遵循默认设置导出无字符掩码的逻辑文件即可，如图 3-52 所示。

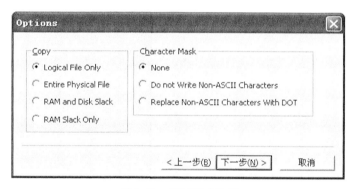

图 3-52　复制模式选择

选择导出文档的路径。建议将复制的文档存储在该案例文件夹中，并归入 Evidence 文件夹。同时，默认 EnCase 的文件大小设置，如图 3-53 所示。

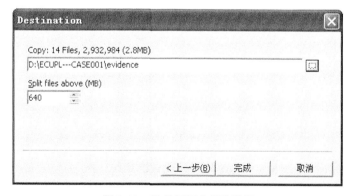

图 3-53　选择复制文档的路径

文档复制完成，EnCase 会跳出小页面框提示复制文档完成的详细信息，包括复制所用的时间，复制文档的数量、大小等，如图 3-54 所示。

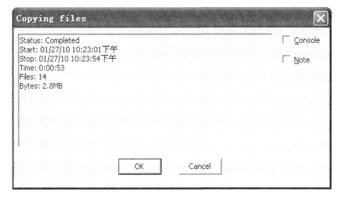

图 3-54　复制完成后提示信息

（6）搜索关键词

EnCase 的一个重要功能是关键词搜索，调查员通过输入关键词，可以找到与案件相关的文档，大大减少了取证的工作量。这里，主要介绍取证实践中常用 3 种关键词的搜索：搜索英文字母或单词、搜索汉字、搜索数字。

① 搜索英文字母或单词

搜索英文字母或单词是 EnCase 关键词搜索中操作较为简便的一种，首先，单击主页面上方的 View 栏，选择 Keywords，进入关键词编辑栏，如图 3-55 所示。

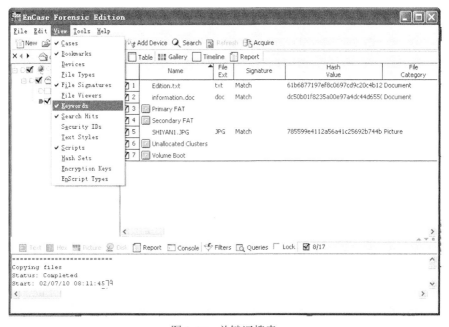

图 3-55　关键词搜索

建议在关键词编辑栏中选择"Keywords"单击鼠标右键，选择"New Folder"创建新文件夹，以添加新的关键词，如图3-56所示。

图3-56 新文件夹创建

选择新建的文件夹，单击右键选择"New"，创建关键词"Edition"，如图3-57所示。

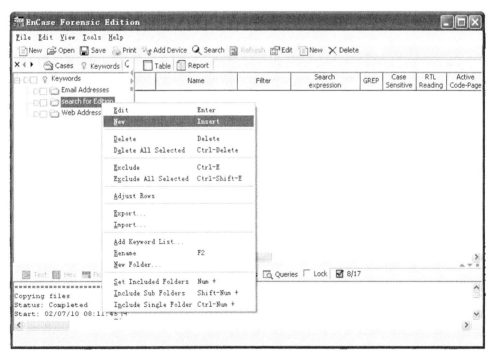

图3-57 关键词"Edition"创建

EnCase会跳出新关键词选项框,在"Search expression"和"Name"中输入关键词"Edition"。"Name"栏的下方有多个选项,主要选项含义如下。

"Case Sensitive"表示关键词搜索时区分大小写。

"GREP"全称为Global Regular Expression Post,即可以使用正则表达式,用于模糊匹配搜索。

"RTL Reading"指采用倒序搜索。例如,用户输入关键词"Edition",同时选择"RTL Reading",EnCase将倒序呈现搜索结果,如"noitidE"。

"Active Code-Page"用于多种语言文字的搜索。

"Unicode"指Unicode字符集,是国际组织制定的可以容纳世界上所有文字和符号的字符编码方案。它为每种语言中的每个字符设定了统一并且唯一的二进制编码,以满足跨语言、跨平台进行文本转换、处理的要求,一般用于搜索使用Unicode编码的非英语语言文字等。

"Unicode Big-Endian"表示以"大头序"方式搜索,一般intel处理器的PC以"小头序"方式存储,某些非intel处理器的PC数据以"大头序"方式存储,如PowerPC。

"UTF-8"是Unicode的一种可变长度字符编码。对不同范围的字符使用不同长度的编码。表示ASCII字符的UNICODE字符,编码只需要1个字节,并且UTF-8与ASCII字符表示是一样的。所有其他的UNICODE字符转化成UTF-8需要至少2个字节。由于UTF-8字符集表示ASCII字符与ASCII码表示相同,因此"UTF-8"搜索方式也是满足以字节和ASCII为单位编码系统的数据搜索。

"UTF-7"是一种可变长度字元编码方式,用以将Unicode字符以ASCII编码的字符串形式呈现。在搜查电子邮件编码中的信息时,使用UTF-7比较方便。

一般情况下,EnCase默认设置搜索英文字母或单词。因此,遵循默认设置,选择"Active Code-Page"即可满足英文字母的搜索,如图3-58所示。

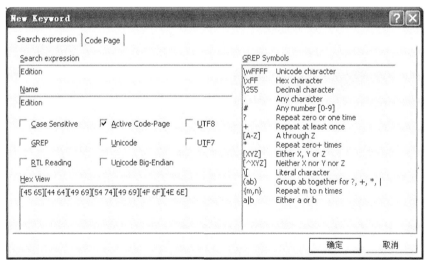

图3-58 搜索选项

单击主页面上方的"Search"按钮,选择"Search each file for keywords",单击"Start"开始搜索关键词"Edition",如图3-59所示。

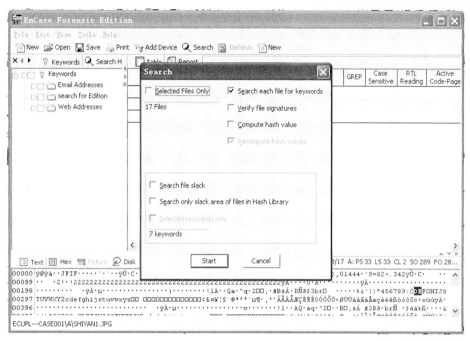

图 3-59　执行搜查

在 View 下拉栏中选择"Search Hits"查看搜索结果，如图 3-60 所示。

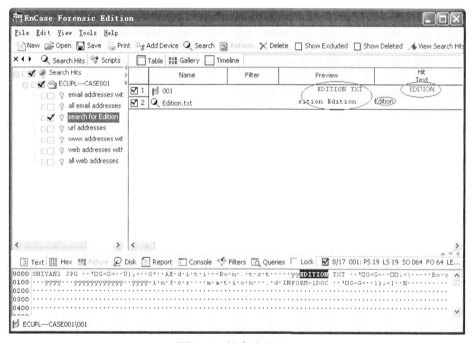

图 3-60　搜索结果显示

② 汉字搜索

由于 EnCase 默认设置英文字母搜索，因此，需要在设置关键词时，单击"Code Page"

栏，选择简体中文，其中有多个简体中文选项，分别对应不同的字符集。建议全部选上，便于搜索的全面性，如图 3-61 所示。

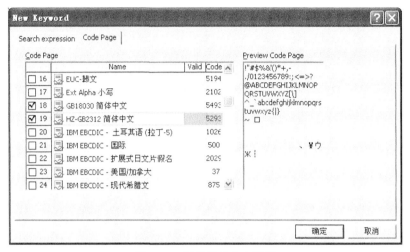

图 3-61　搜索简体中文设置

在 Search expression 一栏中勾"Active Code-Page"以及"Unicode"选项，如图 3-62 所示。

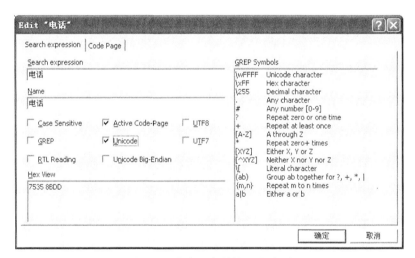

图 3-62　搜索汉字关键词和选项

单击主页面上方的"Search"按钮，选择"Search each file for keywords"，单击"Start"开始搜索关键词"电话"。搜索完毕后，在 View 下拉栏中选择"Search Hits"查看搜索结果，如图 3-63 所示。

③ 数字或数字组合搜索

在调查实践中，经常有搜索银行账号或电话号码的取证需求。EnCase 也具备搜索银行账号或电话号码等数字或数字组合的强大功能。具体操作方法如下。

以搜索 11 位手机号码为例。首先，在 Keyword 编辑栏中创建新的关键词，在"Search

expression"和"Name"中输入"###-####-####"字符,单击确定,如图3-64所示。

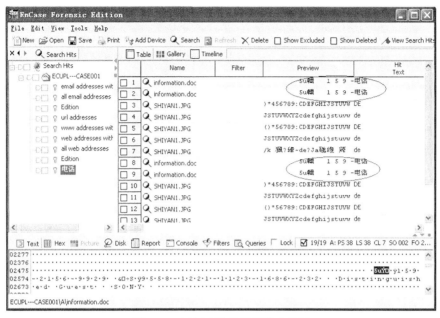

图 3-63　以汉字为关键词搜索结果

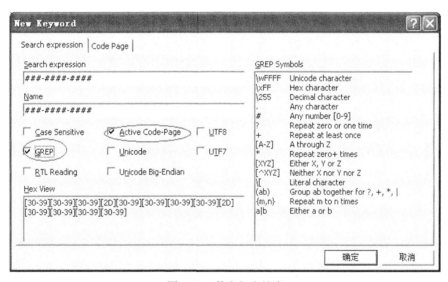

图 3-64　数字组合搜索

单击主页面上方的"Search"按钮,选择"Search each file for keywords",单击"Start"开始搜索关键词"###-####-####"。搜索完毕后,在View下拉栏中选择"Search Hits"查看搜索结果,如图3-65所示。

(7) 过滤文件

使用 EnCase 取证分析时,另一个实用的功能是过滤文件。调查员可以根据需要寻找的文件的特点从取证设备获取的文件中过滤筛选,如根据文件的扩展名、文件的大小等方式过滤。这里主要介绍两种比较典型的过滤方式。

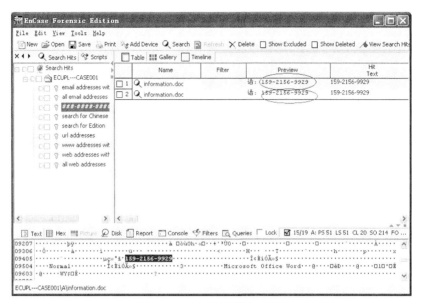

图 3-65　电话号码搜查结果

① 文件扩展名过滤

首先，单击主页面下方的"Filters"按钮，双击"Find File by Name"文件夹下的"Search Filenames"，如图 3-66 所示。

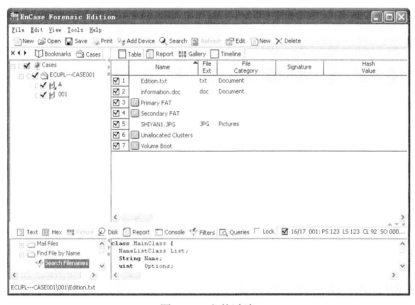

图 3-66　文件过滤

然后，会跳出一个小页面框。在"Enter an expression"中输入要搜索文件的扩展名，同时，可以根据需要选择"Case Sensitive"，即只搜索本案例中的文件，如图 3-67 所示。

图 3-67　按文件扩展名过滤

接下来，主页面右板块会显示文档过滤的结果，如图 3-68 所示。

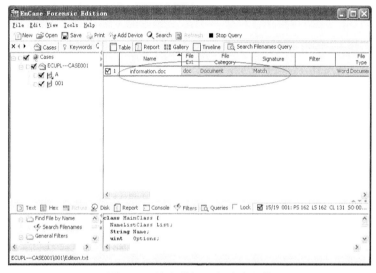

图 3-68　按文件扩展名过滤文件

在 EnCase 过滤文件时，也可以单击"Stop Query"停止过滤，如图 3-69 所示。

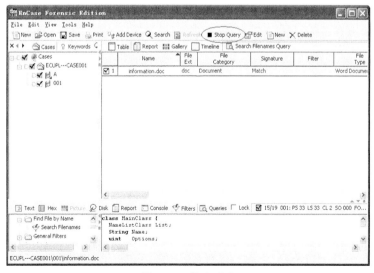

图 3-69　停止过滤

② 文件大小过滤

按文件大小过滤文件也是常见的过滤方式之一。首先，单击主页面下方的"Filters"按钮，双击"Filters by size"文件夹下的各个大小选项，过滤文件的大小可以根据需要自行设置，即双击"Files larger than n size"，在跳出的小页面框中输入文件的大小，如图 3-70 所示。

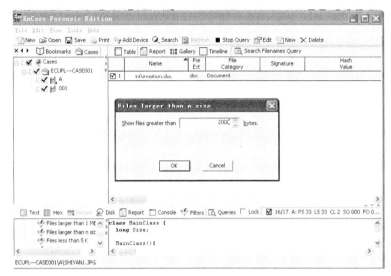

图 3-70　按文件大小过滤文件

接下来，主页面右板块会显示文档过滤的结果，如图 3-71 所示。

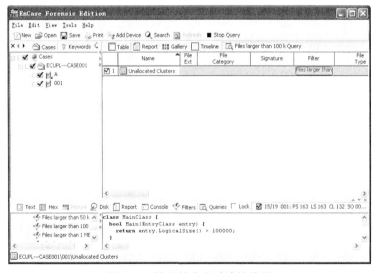

图 3-71　按文件大小过滤的结果

（8）生成报告

EnCase 在取证分析结束后，具有自动生成取证报告的功能。调查员可以将该报告以 RTF 格式导出，附在自己的取证材料中，具体的操作方法如下。

单击右板块的"Report"按钮，选择要生成报告的取证设备，如软盘 A，如图 3-72 所示。

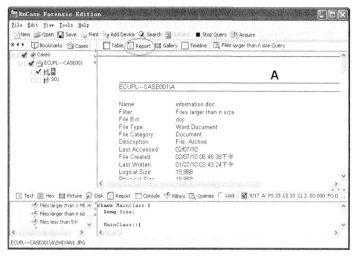

图 3-72　报告生成

在此报告中右击鼠标,选择"Export"按钮将报告导出,如图 3-73 所示。

图 3-73　案例报告导出

报告导出的格式可以是文件(Document),也可以是网页(Web Page)。建议在原案例文件夹中新建一个 export 子文件夹,以便文档归类,报告以 RTF 格式导出,如图 3-74 所示。

图 3-74　导出案例报告的格式和位置

EnCase 也可以专门将案例中所有的图片信息导出，即单击主页面右板块的"Gallery"按钮，选择要导出图片信息的图片，右击鼠标，选择"Export"将图片信息导出，如图 3-75 所示。

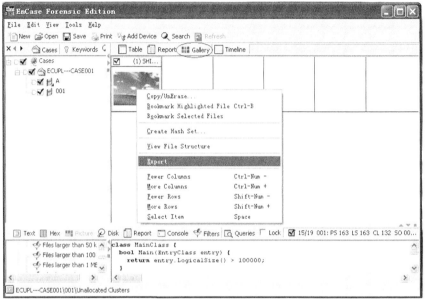

图 3-75　图片导出

接下来，选择导出图片信息的路径以及需要导出图片信息的各种属性。图片信息导出的格式为 RTF，如图 3-76 所示。

此外，还可以利用 EnCase 将取证设备中所有的文件列出一个文件清单。清单导出的格式为 XSL。具体操作方法为：选择要导出文件清单的取证设备，如软盘 A。在主页面右板块的任意位置右击鼠标，选择"Export"导出文件清单，如图 3-77 所示。

图 3-76　图片输出路径与属性选择

需要注意的是，在跳出的页面框中，将 EnCase 默认设置的路径中的文件扩展名修改为 XSL，文件清单生成，如图 3-78 所示。

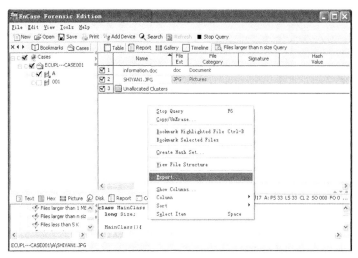

图 3-77　导出文件列表

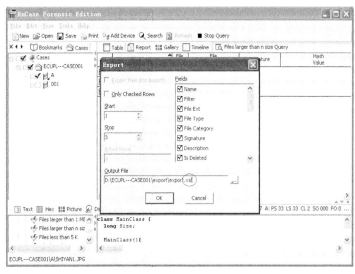

图 3-78　文件清单输出路径和文件属性选择

3.2.2　EnCase 取证实验

1. 实验背景

有一起黑客入侵案件,对涉案嫌疑人计算机的整个硬盘进行了镜像,镜像文件名为 ImageFilePC.E01,其 MD5 值为 F8F80C8E757800CEB6D94ADC7BAE84FD。要求通过 EnCase 的实验操作,能进行简单取证,并熟悉使用 EnCase 调查案件时如何创建案例、如何搜索和查找证据、如何生成报告,熟悉其主要功能和使用方法。

2. 实验目的

(1) 掌握 EnCase 工具的正确使用。

(2) 熟悉 EnCase 分析数字证据的一般步骤。

(3) 能独立对简单案件中的数字证据进行调查和取证。

3. 实验要求

（1）通过实验搜索和查找以下证据。

问题 1：查找名称为"code"的文件，查看其内容并计算 Hash 值。

（提示：code.txt 和 code.docx，存储于 D 盘）

问题 2：查找创建时间为 2018 年 1 月 12 日的 jpg 图片，其内容显示与手机有关。请搜索并计算相应的校验值。

（提示：设定检索范围）

（2）通过实验了解 EnCase 取证分析的一般过程。

（3）每人独立完成一份实验报告。

4. 实验器材和环境

（1）Windows 操作系统。

（2）EnCase 软件一套（注：自备）。

（3）提供的镜像文件一份（ImageFilePC.E01）。

5. 实验思考

（1）如何使用 EnCase 查找不同编码代码？

（2）如何将 EnCase 发现的被删除文件导出并进行备份？

（3）怎样保障 EnCase 取证和分析过程中证据的可靠性？

3.3 FTK 取证

3.3.1 FTK 基础知识

FTK 软件使用方便，可以通过多种方式分析证据，创建案例报告。它支持的磁盘分区格式包括 NTFS、NTFS compressed、FAT 12/16/32、Linux ext2 & ext3 等，支持镜像文件格式包括 EnCase、SMART、Snapback、Safeback（3.0 版本以上）、Linux DD 等。软件支持不同格式文件的查看，允许对获取的镜像文件快速浏览，其界面如图 3-79 所示。

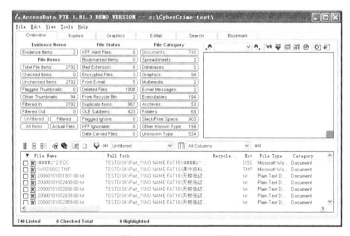

图 3-79　FTK 界面图

以下以 FTK1.81 版为例，介绍 FTK 的关键功能，对于最新版本的 FTK 软件，其功能更加完善和丰富，具体操作方法和具体功能需参阅对应版本的软件使用说明书。

当需要创建案例时，首先打开 FTK 软件，选择新建一个案例，如图 3-80 所示。

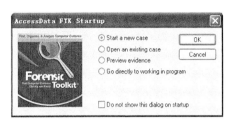

图 3-80　创建新案例

填写案例信息，分别填写调查人员的信息和案例的信息。案例信息包括案例名称、案例编号、案例证据所存放位置、案例描述等信息，如图 3-81 所示。

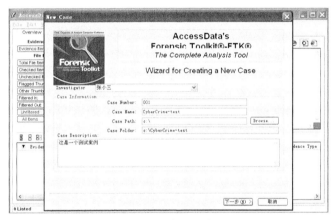

图 3-81　案例信息

单击"下一步"，填写调查人员信息。调查人员信息包括调查人员所处的机构、通信地址、电话、传真、备注信息等，如图 3-82 所示。

图 3-82　调查人员信息

单击"下一步",选择包括哪些案例日志。案例日志包括案例和证据事件日志、错误消息日志、书签事件日志、检索事件日志、数据挖掘与互联网关键词检索日志、其他日志,如图3-83所示。

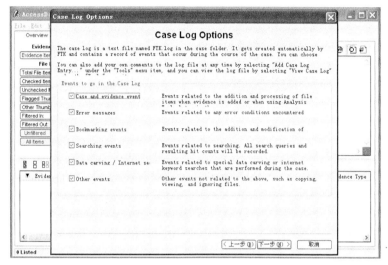

图3-83　案件日志选项

单击"下一步",选择案例处理选项。处理选项包括MD5散列值、SHA1散列值、已知文件过滤器(KFF)查找、全文索引、缩略图存储、EFS文件解密、文件列表数据库、数据挖掘等多种选项,如图3-84所示。

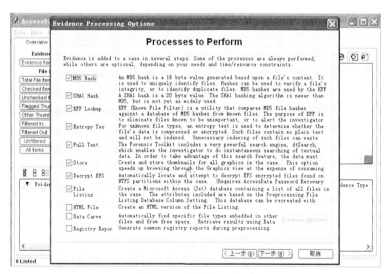

图3-84　案例处理选项

单击"下一步",选择案例证据精简选项。证据精简选项设置的主要目的是节省时间和资源,将一些与案例不相关的数据排除在外。当选择特定选项时,FTK将忽略该选项的相关内容,在案例中将没有与该选项相关的任何内容。排除选项分为两大类:一是无条件排除类,二是有条件排除类。第一类包括文件碎片排除、自由空间排除、KFF忽略文件排除等选项。

第二类根据文件的状态和文件的类型等相关信息进行排除，文件的状态包括加密状态、删除状态、电子邮件状态等信息，如图 3-85 所示。

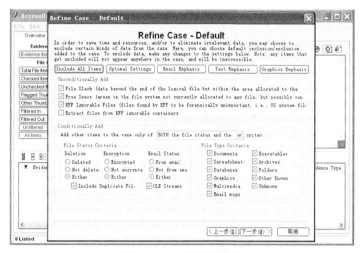

图 3-85　证据精简选项

单击"下一步"，选择索引参数精简选项。索引参数精简选项设置的主要目的是节省时间和资源，并且使证据检索更加有效，可以通过设置排除一些相关数据的索引建立。具体设置类似案例证据精简选项如图 3-86 所示。

图 3-86　索引参数选项

单击"下一步"，选择案例中的证据信息，包括添加证据、删除证据、编辑证据、精简证据。在案例中添加证据的类型有 4 种形式。第一种形式为通过"驱动器镜像"方式添加证据，FTK 支持多种镜像格式，可以是对逻辑驱动器的镜像，也可以是对物理驱动器的镜像；第二种形式为通过"本地驱动器"添加证据，本地驱动器可以通过逻辑驱动器方式，也可以通过物理驱动器方式进行添加；第三种形式是通过添加"文件夹中内容"添加证据；第四种形式是通过添加"独立文件"添加证据，如图 3-87～图 3-89 所示。

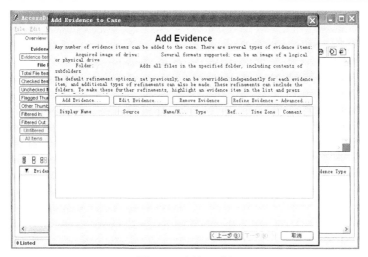

图 3-87　添加证据

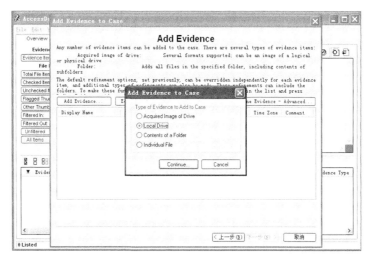

图 3-88　选择添加证据的方式

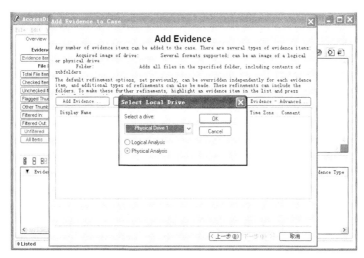

图 3-89　选择具体的物理介质

在添加证据时，FTK 要求每一个 FAT 分区设置时区，设置以后，FTK 会将所有时间转换成统一的标准时间，如图 3-90~图 3-92 所示。

图 3-90　时区的选择

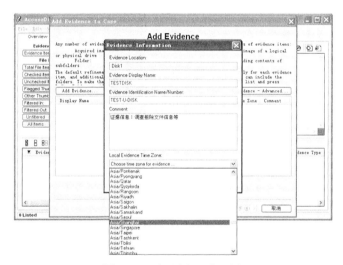

图 3-91　时区选择下拉列表

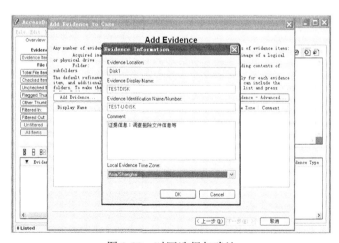

图 3-92　时区选择与确认

时区选择以后，需要添加的证据信息将显示出来，如图 3-93 所示。

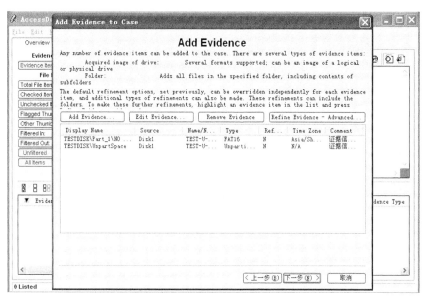

图 3-93　添加证据后的界面

单击"下一步"，案例创建即完成。FTK 将自动处理案例有关的数据，如图 3-94 所示。

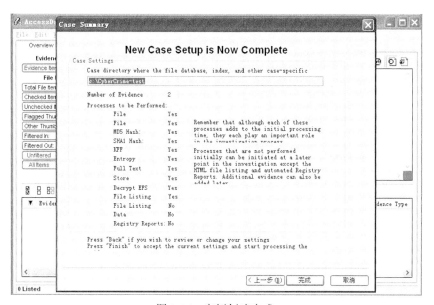

图 3-94　案例创建完成

单击"完成"，FTK 将自动处理的过程显示在如图 3-95 所示的界面中。

接下来，调查人员可以对案例中处理结果进行进一步的处理、检索，如图 3-96 所示。

FTK 可以生成案件报告。若要生成案件报告，可以使用菜单"FILE（文件）"，选择"Report Wizard（报告向导）"，如图 3-97 所示。

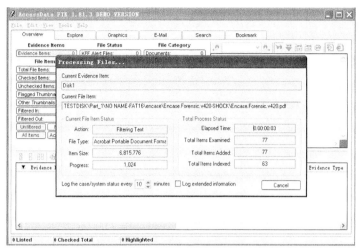

图 3-95　案例正在进行处理

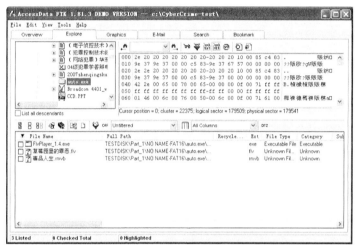

图 3-96　案例处理完成后的界面

图 3-97　导出报告向导

在报告向导中的第一步,需要填写案例的信息,如图 3-98 所示。

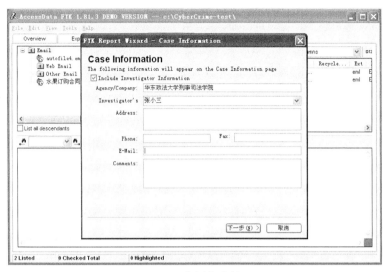

图 3-98　案例信息输入

处理好案例信息后,单击"下一步",处理在报告中的书签导出与显示方式,如图 3-99 所示。书签信息是在证据调查过程中标记的证据信息,书签部分是可选的,导出方式也是可以自定义的。

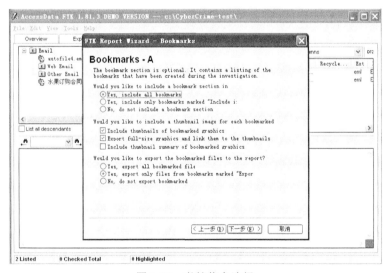

图 3-99　书签信息选择

处理好书签导出与显示方式后,单击"下一步",处理书签文件属性信息,如图 3-100 所示。单击"Add/Remove File Properties"可以对文件属性显示信息进行自定义设置,如图 3-101 所示。

处理书签信息后,单击"下一步",确定是否对图像证据按照缩略图形方式显示,如图 3-102 所示。

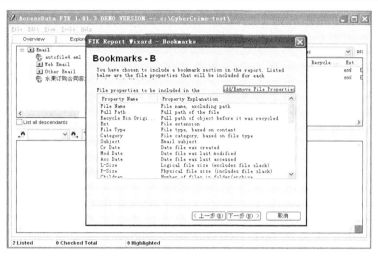

图 3-100　文件属性信息

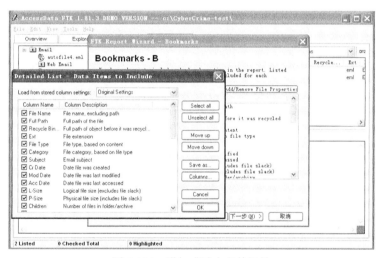

图 3-101　增加或减少文件属性

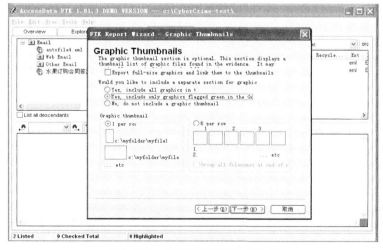

图 3-102　图像证据的缩略图设置

处理缩略图形设置后,单击"下一步",处理文件路径列表信息设置,确定是否按照文件路径列出证据,默认设置是不选,如图 3-103 所示。

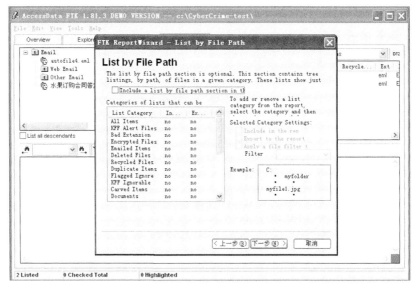

图 3-103　文件路径列表设置

单击"下一步",处理文件列表属性设置,包括列出的文件及其详细的属性,一般按照默认方式处理,如图 3-104 所示。

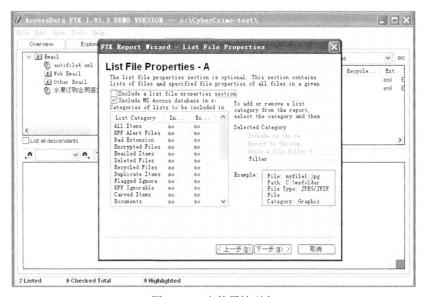

图 3-104　文件属性列表

单击"下一步",处理补充文件有关信息。在该阶段可以添加任何文件作为补充文件,如调查人员对案件的详细说明文件。同时,还需要确定是否包括案件日志报告等选择,如图 3-105 所示。

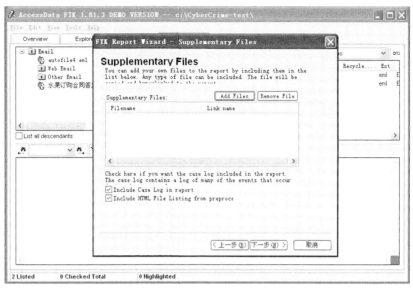

图 3-105　补充文件

单击"下一步",确定案件导出报告文件保存的位置信息,如图 3-106 所示。

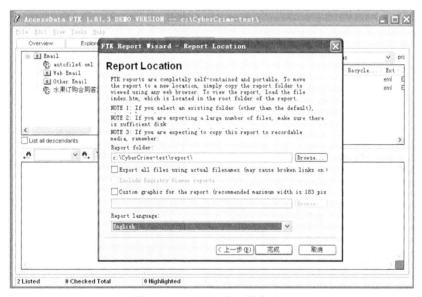

图 3-106　导出报告文件夹设置

报告生成后,会显示如图 3-107 所示对话框。

单击"确定",最终的报告将以 HTML 形式显示出来,如图 3-108 所示。

Registry Viewer 可以查看注册表信息、读取独立的注册表文件、破解注册表中被保护的数据,并且可以与 FTK 集成。不同于 Windows 注册表查看器,它不仅能显示当前系统登录的情况、登录浏览器的信息等,还能提供一个注册表受保护的存储空间,其中包含密码、用户名和其他在 Windows 注册表编辑器无法访问的信息,图 3-109 为 RV 界面。

图 3-107　是否浏览报告

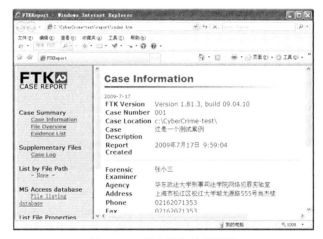

图 3-108　导出报告结果显示

图 3-109　RV 界面

在选择注册表文件时，Windows 9x 操作系统为 system.dat 和 user.dat 文件。Windows 2000/XP 包括 sam、system、software、每个用户的 ntuser.dat 文件。RV 不允许同时打开两个注册表文件，即当打开了一个注册表文件，若要再打开一个注册表文件，必须先关闭当前文件或打开另一个实例 RV，然后打开要浏览的文件。操作步骤是选择"文件"，从菜单中选择"打开"，打开对话框后，找到并选择需要的注册表文件，单击打开。

RV 具有多种搜索选项功能，使用搜索选项可以快速搜索注册表的键、值以及数据。RV 提供了 3 种方式对其搜索：快速搜索、高级搜索、日期搜索。查看注册表信息时可以选择"完整模式""普通模式""报告模式"等。

在 FTK 中，软件能自动识别注册表文件，以备查看使用。而且，FTK 能自动创建一个临时的注册表文件，可以在 RV 中对其进行查看；当完成任务后，FTK 会删除临时文件，避免对注册表信息进行修改。

RV 还可以生成报告，并打印一个 HTML 格式的报告文件。操作步骤为选择"报告"，然后选择"生成报告"按钮。输入报告标题、保存报告文件的位置和报告文件的名称。单击"确定"按钮生成报告。

3.3.2 FTK 取证实验

1. 实验背景

有一起黑客入侵案件，对涉案嫌疑人计算机的整个硬盘进行了镜像，镜像文件名为 ImageFilePC.E01，其 MD5 值为 F8F80C8E757800CEB6D94ADC7BAE84FD。要求通过 FTK 的实验操作，能进行简单取证，并熟悉使用 FTK 调查案件时如何创建案例、如何搜索和查找证据、如何生成报告，熟悉其主要功能和使用方法。

2. 实验目的

（1）掌握 FTK 工具的正确使用。

（2）熟悉 FTK 分析数字证据的一般步骤。

（3）能独立对简单案件中的数字证据进行调查和取证。

3. 实验要求

（1）通过实验搜索和查找以下证据。

问题 1：查找名称为"code"的文件，查看其内容并计算 Hash 值。

（提示：code.txt 和 code.docx，存储于 D 盘）

问题 2：查找创建时间为 2018 年 1 月 12 日的 jpg 图片，其内容显示与手机有关。请搜索并计算相应的校验值。

（提示：设定检索范围）

（2）通过实验了解 FTK 取证分析的一般过程。

（3）每人独立完成一份实验报告。

4. 实验器材和环境

（1）Windows 操作系统。

（2）FTK 软件一套（注：自备）。

（3）提供的镜像文件一份（ImageFilePC.E01）。

5. 实验思考

（1）FTK 能否快速发现被检验设备中是否存在已知恶意代码？

（2）如何将 FTK 发现的被删除邮件进行导出？

（3）FTK 取证和分析过程中证据的可靠性如何保障？

3.4 取证大师取证

3.4.1 取证大师基础知识

取证大师是厦门美亚柏科信息股份有限公司研发的一款取证产品。它是将静态取证、自动取证、动态取证等功能集成于一体，专门针对国内实际情况做了专项优化开发，操作简单、分析全面、对调查者技术要求低、面向电子数据取证分析人员的产品。它支持 Windows、macOS、Linux 等不同版本系统；支持多种文件系统取证；支持物理磁盘和镜像的 RAID 重组；支持 USB 设备使用记录、应用程序运行痕迹、用户最近访问记录、各种浏览器上网访问记录、多种即时聊天软件聊天记录等信息的自动取证分析；支持时间线功能；支持多种加密设备的解密；支持签名恢复、自动生成报告等功能。

1. 取证大师一般取证过程

（1）案例管理

取证大师以案例为单位对取证分析过程中涉及的信息进行管理。它提供了"新建案例""保存案例""关闭案例"和"打开案例"功能。

在使用取证大师进行分析之前，需要创建一个新的案例。新建案例的方法是，在菜单栏上选择"文件"，选择"新建案例"选项，或者直接在工具栏上单击"新建案例"选项，如图 3-110 所示。

图 3-110 取证大师新建案例功能

图 3-110 中为新建案例时需要填写的"案例属性"信息，包括案例名称、案例编号、调查员、案发时间、备注、案例类型、立案时间、送检机构、送检人员、嫌疑人姓名、嫌疑人手机号码、嫌疑人证件信息、案件保存路径等。

除"新建案例"功能外，取证大师还提供了关闭、打开、保存案例功能。操作与"新建案例"操作类似，如图 3-111 和图 3-112 所示。

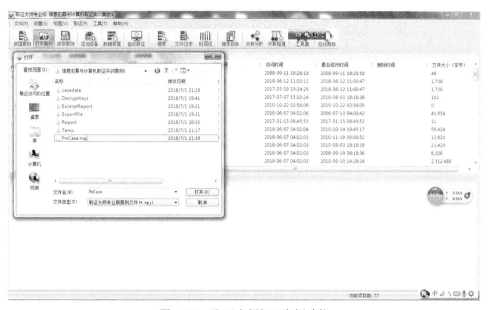

图 3-111　取证大师打开案例功能

图 3-112　取证大师保存案例功能

（2）设备操作

新建案例后，需要添加被取证的设备或者证据等相关信息。取证大师支持磁盘镜像、本地驱动器、单一文件夹、RAID 磁盘组、加密容器等证据的解析。此处以 E01 磁盘镜像为例，阐述取证分析的过程。

通过向导，可直接进入"设备添加"界面。也可通过菜单或者工具栏中的"添加设备"图表进入"设备添加"界面，如图 3-113~图 3-115 所示。

图 3-113　添加镜像 1-选择镜像文件

图 3-114　添加镜像 2-结果

图 3-115　添加镜像 3-数据源读取与解析

在本例中，添加的是 E01 磁盘镜像文件，通过单击"磁盘镜像""添加镜像"按钮，弹出如图 3-113 所示对话框供选择文件，后按照提示操作便可。取证大师支持的磁盘镜像类型包括 E01 证据文件、L01 逻辑证据文件、VHD 镜像文件、VMDK 镜像文件、AFF 镜像文件、DD/001 镜像文件、ISO 镜像文件、IMG 镜像文件等。在本例中，分区和文件系统包含 LVM 动态磁盘，取证大师会自动发现和解析，如图 3-115 所示。也可以在以后的操作中，对未识别的动态磁盘，通过菜单右键进行手动解析。

以上操作完成后，取证大师将自动对源数据进行文件系统解析和数据提取，如图 3-116 所示。

图 3-116　添加镜像 4-数据源解析

（3）自动取证

数据源读取完成后，可以先利用取证大师自动取证的功能自动获取相关的证据信息。在本例中，添加镜像完成后，进入"证据获取"阶段，如图 3-117 所示。通过"选择取证对象"选择需要自动取证的对象，如本案例选择"LogVol00"；然后进一步选择需要自动取证的内容，如本例选择默认设置；最后单击开始取证，便可以进行自动取证。

单击开始取证后，取证大师便根据所选的取证内容，逐一进行分析，其过程如图 3-118 和图 3-119 所示。

图 3-117　证据获取阶段

图 3-118　自动取证过程

图 3-119　自动取证结果

（4）搜索与过滤

取证大师还提供了强大的搜索和过滤功能，帮助证据分析人员快速定位可疑的文件信息。搜索包括"实时搜索"功能与"原始数据搜索"功能。

实时搜索功能可以输入关键字，并通过设置范围、时间、设备等信息进一步限定搜索范围，提高搜索的效率和准确性，如图 3-120 所示。

图 3-120　实时搜索功能

除实时搜索外，还可以通过原始数据搜索功能，发现更多的相关数据。在"原始数据搜索"功能中，可以通过输入关键字，也可以通过高级设置，对搜索范围、类型、文件属性进行选择，如图 3-121~图 3-123 所示。

图 3-121　原始数据搜索功能 1

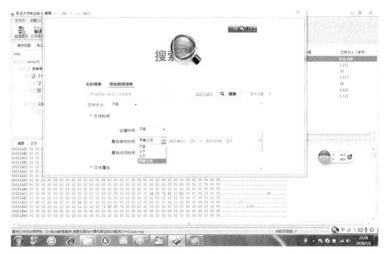

图 3-122　原始数据搜索功能 2

图 3-123　原始数据搜索功能 3

在数据搜索时,还可以选择关键词进行搜索,单击"选择关键词",利用取证大师提供的预定义的关键词,如图 3-124 所示;也可以根据需要自定义关键词,或者通过导入和导出功能,导入预定义的关键词和导出软件中已定义的关键词。

图 3-124 选择关键词

除搜索外,还可以利用文件过滤功能搜索相关证据。在文件过滤界面中,可以根据文件名进行过滤。例如,可以按照办公文档、图形图像、音频文件、视频文件、通信录、数据库文件、压缩文件、可执行文件、电子邮件、网页、虚拟容器等类型进行过滤。此外,还可以根据文件属性、文件时间、文件逻辑大小等进行过滤。其中,文件时间可以按照创建时间、最后修改时间、最后访问时间进行设置,如图 3-125 和图 3-126 所示。

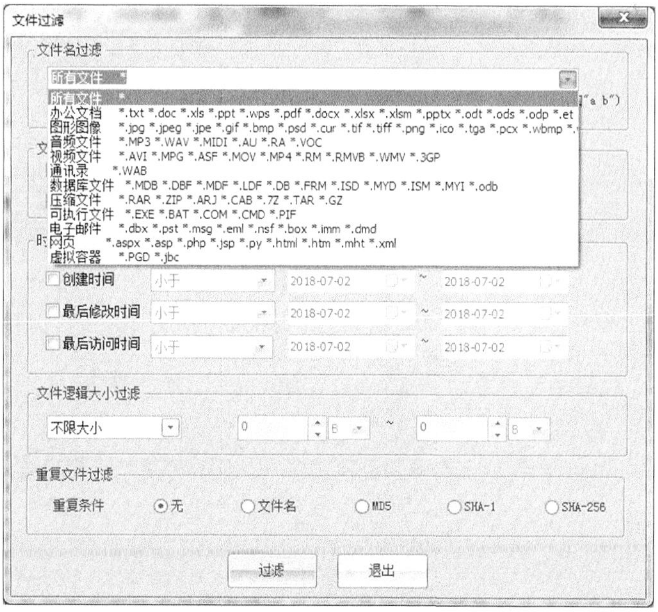

图 3-125 文件过滤功能 1

图 3-126 文件过滤功能 2

(5) 时间线

通过时间线功能，可以对所有文件按照时间先后顺序进行统计排序，如图 3-127 所示。可以在右侧列表处进一步限定过滤的条件，如设定时间范围，对可疑时间段文件进行查找和过滤，以便进一步分析。

图 3-127 时间线

(6) 文件导出

取证大师还提供了文件导出功能，通过右键菜单，选择"导出"，再选择"导出关联文件"导出文件。也可以选择"导出勾选关联文件"或者"导出全部列表"一次性导出更多相关文件,如图 3-128~图 3-130 所示。

图 3-128　文件导出 1

图 3-129　文件导出 2

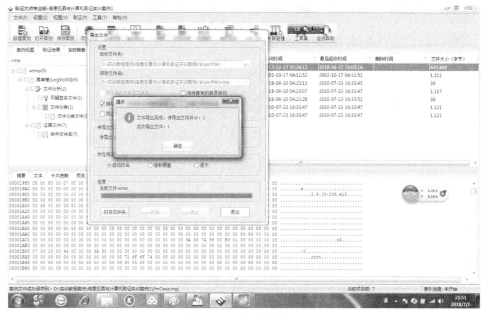

图 3-130　文件导出 3

（7）添加摘录

在取证分析时，如果发现文件与案件相关、需要关注时，可以通过添加摘录的方法实现，如图 3-131 所示。通过鼠标右键，选择"添加摘录"，进入"添加摘录"界面，选择摘录文件夹，摘录文件夹可以通过"新建""编辑""删除"等方法进行管理。对摘录进行必要的注释，最后确定关注的等级，包括"严重关注""主要关注""次要关注""一般关注"等级别。以上输入完成后，单击"保存"即可，如图 3-132 所示。

图 3-131　添加摘录 1

图 3-132　添加摘录 2

（8）报告生成

取证大师不仅可以对取证结果自动生成报告，还可以根据摘录情况自动生成报告。取证分析人员可以在生成报告的模板基础上进行必要的完善和修改，大大减少输入文字和校对方面的工作量。图 3-133 和图 3-134 为根据取证结果的摘录情况自动生成的检验报告书。

图 3-133　摘录

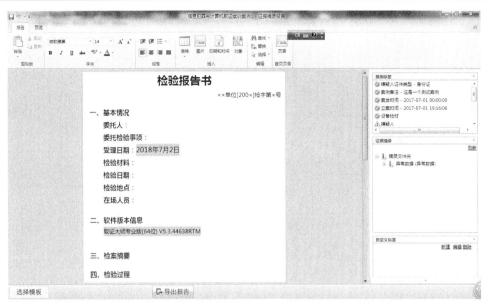

图 3-134 检验报告书

2. 取证大师的其他功能

（1）支持添加本地驱动器、RAID 设备和加密容器

除以上常见取证过程中涉及的相关功能外，取证大师还有很多其他功能。例如，添加设备时，支持本地驱动器、RAID 磁盘组和加密容器等，如图 3-135~图 3-138 所示。

图 3-135 添加本地驱动器 1

图 3-136 添加本地驱动器 2

图 3-137 RAID 设备和镜像的支持

（2）关联分析

取证大师支持 I2 关联分析和 FS-6000 关联分析。I2 关联分析前需要事先安装 IBM 的 I2 软件，可以将解析出的即时通信信息和邮件信息提供给 I2 进行关联分析，显示成关联图形，以供查看和分析，如图 3-139 所示。

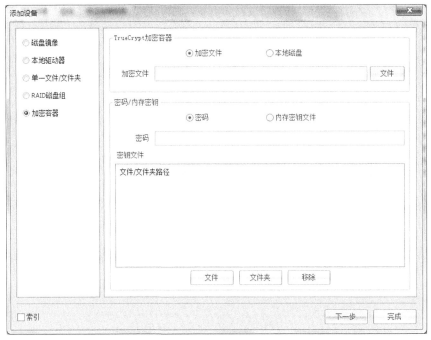

图 3-138　加密容器的支持

图 3-139　关联分析

（3）动态取证

取证大师不仅支持自动取证，还支持动态取证。与自动取证不同，动态取证分析的对象是针对运行取证大师的计算机系统。动态取证功能获取的是计算机系统运行状态下的动态信息，包括系统进程、各种网络服务账号和密码、上网记录和网络连接信息等，如图 3-140 和图 3-141 所示。

图 3-140　动态取证

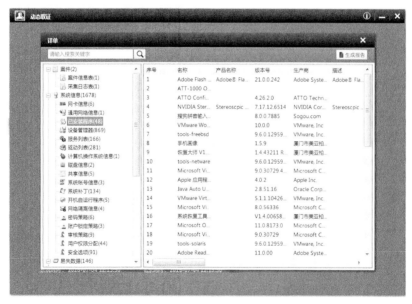

图 3-141　动态取证结果

（4）数据恢复

取证大师还提供了"数据恢复"功能，包括快速恢复、格式化恢复、签名恢复和分区恢复。其中，快速恢复是取证软件自动完成的操作，仅针对简单删除文件的恢复，若删除文件的记录仍然存在，便能恢复；格式化恢复是根据不同格式分区下文件记录的特征信息，遍历磁盘或者分区，恢复出文件；签名恢复则根据文件的文件签名（注：文件头部或者尾部特征）从未分配簇中恢复指定类型的文件；分区恢复主要针对分区表被破坏或者分区被删除后的恢复。

以签名恢复为例，其操作过程如图 3-142~图 3-145 所示。步骤分别包括选择"深度恢复"，再选择"签名恢复"，确定被恢复磁盘或分区，进行参数设置（确定被恢复文件类型和扫描范围），执行签名恢复等过程。

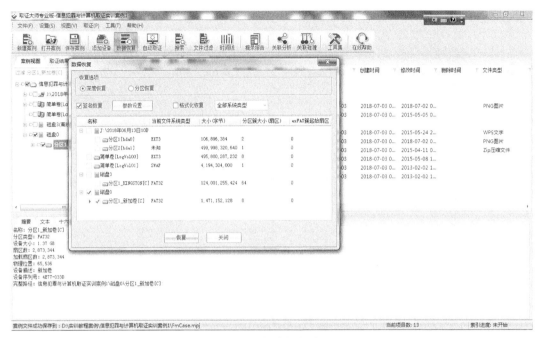

图 3-142　签名恢复选择

图 3-143　签名恢复参数设置

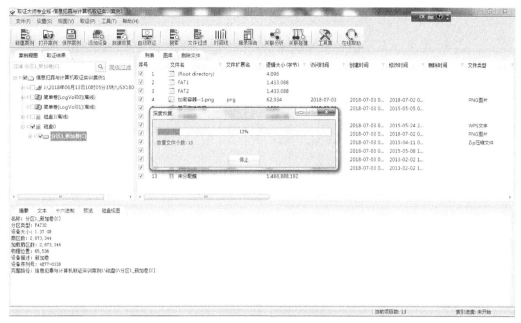

图 3-144 执行签名恢复

图 3-145 签名恢复结果预览

（5）工具集

除上述功能以外，取证大师还提供了很多小工具，可以对一些特殊案件或场景下的取证提供支持。工具集主要包括 3 类，分别为多媒体解析类、现场取证类、其他类。取证人员也可以利用该工具集定制和管理自己的工具集。

多媒体检测类提供了人脸检测工具，可搜索检材照片库中的人脸信息，如图 3-146 所示。

现场取证类包括QQ密钥解析工具、动态取证工具、物理内存镜像获取工具、内存镜像解析工具等，如图3-147所示。其他类包括银行卡采集、反恐利剑、SQLite文件浏览、镜像挂载等，如图3-148所示。

图3-146　多媒体解析类工具集

图3-147　现场取证类工具集

图 3-148 其他类工具集

3.4.2 取证大师取证实验

1. 实验背景

有一起案件，对涉案嫌疑人计算机的整个硬盘进行了镜像，镜像文件名为 ImageFilePC.E01，其 MD5 值为 F8F80C8E757800CEB6D94ADC7BAE84FD。要求通过取证大师的实验操作，能进行简单取证，并熟悉使用取证大师调查案件时如何创建案例、如何搜索和查找证据、如何生成报告，熟悉其主要功能和使用方法。

2. 实验目的

（1）掌握取证大师工具的正确使用。

（2）熟悉取证大师分析数字证据的一般步骤。

（3）能独立对简单案件中的数字证据进行调查和取证。

3. 实验要求

（1）通过实验搜索和查找以下证据。

问题 1：查找名称为"code"的文件，查看其内容并计算 Hash 值。

（提示：code.txt 和 code.docx，存储于 D 盘）

问题 2：查找创建时间为 2018 年 1 月 12 日的 jpg 图片，其内容显示与手机有关。请搜索并计算相应的校验值。

（提示：设定检索范围）

（2）通过实验了解取证大师取证分析的一般过程。

（3）每人独立完成一份实验报告。

4. 实验器材和环境

（1）Windows 操作系统。

(2）取证大师软件一套（注：自备）。

(3）提供的镜像文件一份（ImageFilePC.E01）。

5．实验思考

(1）取证大师能否快速发现被加密的分区设备？

(2）如何将取证大师发现的被删除邮件导出？

(3）取证大师取证和分析过程中证据的可靠性是如何保障的？

3.5 DC-4501 取证

3.5.1 DC-4501 基础知识

DC-4501 手机取证系统是美亚柏科自主研制生产的、用于手机数据提取和恢复并进行深度分析及数据检索的调查取证产品。产品作为 DC-4500 手机取证系统的升级换代产品，集成了更高性能的主机设备，采集速度更快，可用于多种手机数据解密、手机密码破解，支持手机数据提取、删除数据恢复，支持几十种手机。DC-4501 是一个图形用户界面工具，首页主要有案例管理、添加证据、数据浏览、关联分析、轨迹图、报告管理、工具箱、数据上传、情报分析等功能。无需命令行运行。此外，DC-4501 取证分析是通过创建案例的方式实现的。

1. DC-4501 使用方法

（1）创建案例

运行 DC-4501 后，取证分析的第一步是创建案例。单击案例管理下"新建案例"按钮创建一个新的案例，如图 3-149 和图 3-150 所示。

图 3-149 DC-4501 界面

填写案例基本信息，在采集单位设置中设置采集单位的数据中心服务器 IP 及端口。

图 3-150 新建案例

（2）连接手机

创建案例后是在案例中添加证据，单击添加证据后会出现手机取证、镜像取证、SIM 卡取证、SD 卡取证、文件取证 4 个模块。单击手机取证后会出现手机连接向导，如图 3-151 所示。

以安卓手机连接为例，首先用数据将手机与安装有取证软件的计算机连接。然后打开调试选项。方法为在开机状态下，单击手机设置，在设置中打开关于设备，找到并快速多次单击内部版本号，返回设置找到并单击开发者选项，在开发者选项中勾选 USB 调试，最后单击确定（注：不同品牌、不同型号的手机具体操作方法略有差异，可通过网络搜索或者查看使用说明书进行确定）。

图 3-151 连接手机

手机连接成功后如图 3-152 所示，界面会出现"请选择要获取的手机信息"，一般是全选。

图 3-152　选择自动获取信息选项

（3）开始取证

DC-4501 支持自动取证，单击页面的开始取证，开始自动取证，如图 3-153 所示。

图 3-153　自动取证

（4）取证结果数据浏览

自动取证结束后，DC-4501可支持对所选手机信息获取项的显示预览，如图3-154所示。

图3-154　取证结果浏览

（5）生成取证报告

DC-4501可通过报告类型、报告内容和案例信息的选择，生成取证报告，如图3-155和图3-156所示。

图3-155　生成手机取证报告1

图 3-156　生成手机取证报告 2

（6）关联分析

DC-4501 主要针对手机取证，所以它还提供对手机通信各方的关联分析。可分析的数据来源有通话记录、短信息、腾讯 QQ、MSN、飞信、邮箱、微信。以通话记录的关联分析为例，先设定主机号码和连接值（主机号码与其他号码的通话次数），单击"查询"可得到主机号码在一定连接值下的关联分析图，如图 3-157 所示。

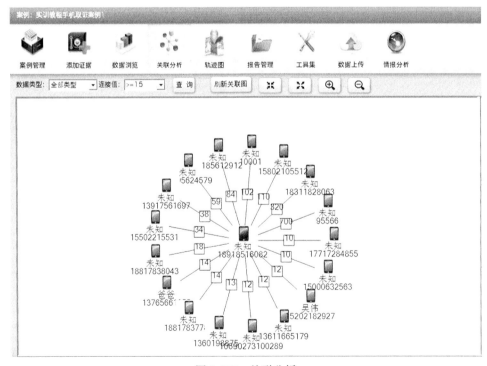

图 3-157　关联分析

（7）轨迹分析

轨迹分析是指根据手机产生的定位信息对机主在一段时间内的活动轨迹进行分析。可供 DC-4501 进行轨迹分析的定位信息有 Wi-Fi、基站、照片位置、地图、QQ、微信产生的位置信息。单击轨迹图后设定时间段即可进行轨迹分析。轨迹分析会自动生成一个轨迹图的网页文件，如图 3-158 所示。

图 3-158　轨迹分析

2．DC-4501 其他功能

除了以上功能外，DC-4501 还提供大量的小工具，辅助进行手机取证分析，可使用菜单或工具栏中的"工具集"进行选择和使用。

3.5.2　DC-4501 取证实验

1．实验背景

有一起传播淫秽色情案件，对涉案嫌疑人的手机进行了镜像，镜像文件名为 ImageFileAndroid.rar，其 MD5 值为 032349e790a3b8420564f95a093d0ef4。要求通过 DC-4501 对其进行简单取证，熟悉使用 DC-4501 如何创建案例、如何生成报告，了解通过工具集中分析手机中其他信息的使用方法。

2．实验目的

（1）掌握 DC-4501 工具的正确使用。

（2）熟悉 DC-4501 提取和分析手机中数据的基本方法。

（3）初步学会对 SQLite 数据库分析的方法。

3．实验要求

（1）通过实验搜索和查找以下证据。

问题 1：嫌疑人有多少条通话记录、短信记录？
问题 2：通信录中有多少条记录，是否存在与手机尾号 1579 之间通话或短信联系的记录？
（2）通过实验了解 DC-4501 取证分析的一般过程。
（3）每人独立完成一份实验报告。

4. 实验器材和环境

（1）Windows 操作系统。
（2）DC-4501 软件一套（注：自备）。
（3）提供的镜像文件一份（ImageFileAndroid.rar）。

5. 实验思考

（1）使用 DC-4501 直接提取 Android 手机镜像数据需要做哪些工作？
（2）使用 DC-4501 如何提取删除的通话记录？
（3）使用 DC-4501 如何提取微信聊天记录？

3.6 SafeAnalyzer 取证

3.6.1 SafeAnalyzer 基础知识

SafeAnalyzer 盘石介质取证分析系统是基于 Windows 平台的数据获取和分析程序，并且满足法律实施人员的需求和规范。在过去，管理计算机系统的调查、记录调查、复制证据是冗长的过程。SafeAnalyzer 盘石介质取证分析系统提供了简单的方法来管理大量计算机介质的调查并记录查找结果。因为 SafeAnalyzer 盘石介质取证分析系统完全是非破坏性的，原始的计算机证据不会被改变；为执法部门提供全面、彻底的计算机数据分析，提高检查能力，是专门针对计算机存储介质（如硬盘、分区、U 盘、光驱等）及 DD 格式、EnCase 格式镜像文件进行取证和分析的软件；操作过程中不破坏原始数据，具有强大的数据恢复、过滤、分析、查找和报告功能，并提供简单易用的操作界面，是当前电子数据取证分析的首选工具之一。

（1）SafeAnalyzer 取证分析操作方法

SafeAnalyzer 支持 NTFS、FAT、exFAT、Ext2/Ext3/Ext4、HFS/HFS+、VHD、VMDK 等文件系统。

按照如下次序启动 SafeAnalyzer 盘石介质取证分析系统。

将 SafeAnalyzer 盘石介质取证分析系统加密狗插入空闲 USB 接口，从"开始-SafeAnalyzer-SafeAnalyzer"进入 SafeAnalyzer 盘石介质取证分析系统主界面，如图 3-159 所示。

如果没有插入加密狗，SafeAnalyzer 盘石介质取证分析系统不能运行。

（2）SafeAnalyzer 案件管理

①新建案件

进入 SafeAnalyzer 盘石介质取证分析系统的第一件事是创建一个新的案件。创建案件可以在工具栏中单击"新建"按钮，也可以选择"案件入口–新建"，或者使用"Ctrl+N"快捷键。系统会显示新建案件属性对话框，如图 3-160 所示。

图 3-159　启动界面

图 3-160　新建案件对话框

在案件开始之前，建立案件组织准则非常重要。考虑案件文件和证据文件在硬盘上如何组织。大多数的调查员都有一个专门用于证据文件存储的大硬盘驱动器，即"存储"驱动器。SafeAnalyzer 提供了设置案件保存路径功能，在新建案件的同时，指定一个固定的案件路径，取证人员在取证过程中将每个案件的所有证据文件单独存放在相应的案件文件夹中。输入对案件的简短描述。此处输入的文字将成为案件书签视图下报告中显示的内容，如图 3-161 所示。

图 3-161　新建案件对话框

新建案件分析后，进入 SafeAnalyzer 盘石介质取证分析系统的案件开始界面，如图 3-162 所示。

图 3-162　案件开始页面

② 添加磁盘或卷证据

单击工具栏的"添加证据"按钮弹出添加证据对话框，并把对话框上的 TAB 标签切换到本地设备页，如图 3-163 所示。

选中要处理的设备，单击"确定"或在设备条目上双击，开始分析证据上的文件系统。

这时会在任务栏出现任务进度条显示加载证据的进程，鼠标右击相关"任务进度"单元选择"终止任务"即可停止任务，如图3-164所示。

图3-164 取消进度条

分析完成后任务列表保留。文件面板中将显示添加的设备目录树，如图3-165所示。

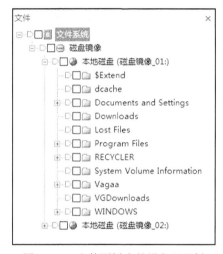

图3-165 文件面板中的设备目录树

如果添加镜像文件，可以单击"镜像"进入添加镜像页面，如图3-166所示。

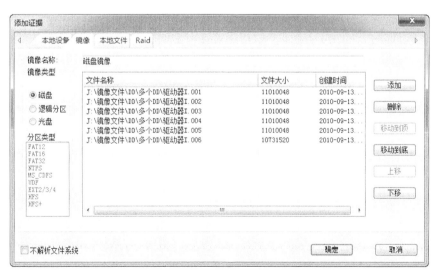

图3-166 添加证据加载镜像文件对话框

在添加证据的面板中选择镜像,如图 3-167 所示。

图 3-167　证据文件页面的右键菜单

单击菜单上的"添加"按钮或者右击列表选择"添加文件",即可弹出打开文件对话框,选择要加入的镜像文件,单击"打开"即可,如图 3-168 所示。

图 3-168　打开文件对话框

添加证据时一次只能添加一个证据,如果证据被分割成几个镜像文件,可以将这几个镜像文件全部加入文件列表中。

需要注意的是,文件列表中的文件是有次序的,否则可能造成分析文件系统错误。添加文件的次序(由上到下)必须和文件生成次序完全一致,如果镜像文件不是整个设备,而只是一个分区,需要在镜像类型中选择逻辑分区,这时分区列表中的选择项可用。

单击右边的"添加",弹出对话框,选择要打开的镜像文件,文件类型默认为.dd,如果自动识别文件出错,则单击文件类型下拉框手动选择文件类型,如图 3-169 所示。

图 3-169　证据文件对话框

可以对设备名称进行设置,默认名称为磁盘镜像,这个名称将出现在案件的设备列表下。

加载证据后,会出现证据概览,显示已加载证据的相关信息,单击证据图标直接跳转到文件页面,方便详细分析,如图 3-170 所示。

图 3-170　证据概览

(3) 高级恢复

计算机经过长时间使用后,存储介质中会形成大量的碎片文件,无法通过正常途径显示出来,往往这些就是对案件有用的证据文件。SafeAnalyzer 盘石介质取证分析系统的文件特征恢复功能就是顺应这种需要发展起来的数据处理技术,从未分配簇恢复文件,将所有结果放入案件目录中,即从丢弃的数据中查找可能是文件的数据用于分析。

具体操作如下。

在文件面板上右键单击卷节点,弹出右键菜单,如图 3-171 所示。

图 3-171　文件面板

单击"文件特征恢复"菜单项，弹出特征选项对话框，根据需要恢复的文件类型进行选择（可以选择一个、多个或者全选），可以针对打钩文件或未分配簇等进行恢复，配置后单击"确定"，开始进行文件特征恢复，状态栏中出现进度条。

在 FAT 分区中，每个目录的前两个目录项分别为"."".."，表示当前目录及父目录。在被删除的情况下，可能使当前目录与父目录的链接关系断开，这样，通过正常加载文件系统得不到该目录信息，此时必须通过扫描整个分区才能得到该删除目录。

在 NTFS 分区中，每一个目录或文件均对应以"FILE"为开始的文件记录项，恢复时可以通过扫描到文件记录项进行分析，从而达到恢复的目的。

在 NTFS 分区的目录中，被删除的文件属性信息可能残留在其中，恢复时可以通过扫描这些目录，从而恢复相应的文件信息，这种恢复只能恢复文件信息，文件的实际内容是无法恢复的。

磁盘分区可能被不同文件格式，如 FAT 格式、NTFS 格式，进行多次格式化，为了达到更好的数据恢复效果，本系统进行交叉恢复，提供了 3 种不同的恢复方式：以 FAT 方式恢复、以 NTFS 方式恢复、NTFS 残缺目录索引恢复。

操作如下。

在文件面板上右键单击卷节点，弹出右键菜单，如图 3-172 所示。

图 3-172　文件面板右键菜单

单击"目录恢复"菜单项或者选择菜单"目录恢复",弹出对话框,单击"确定"等待恢复完成,如图 3-173 所示。

图 3-173　文件面板中目录恢复选择页面

(4) 快速分析

SafeAnalyzer 盘石介质取证分析系统提供的快速分析,是一个集成各种取证调查模块的综合调查功能。能处理实际案件调查过程中各种各样的情况,批量执行多种任务,实现一键式调查,大大简化取证工作。

具体操作如下。

执行快速分析,在开始页面单击"快速分析"按钮或切换到文件面板。在文件根节点上单击鼠标右键,弹出右键菜单,如图 3-174 所示。

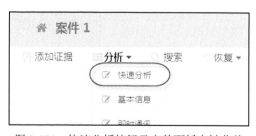

图 3-174　快速分析按钮及文件面板右键菜单

在菜单上单击"快速分析"菜单项,弹出对话框。勾选"导出分析结果"可以在分析结束后导出到指定目录,如图 3-175 所示。

根据不同案件性质选择不同的"分析策略",将勾选不同的分析选项,以方便用户选择。

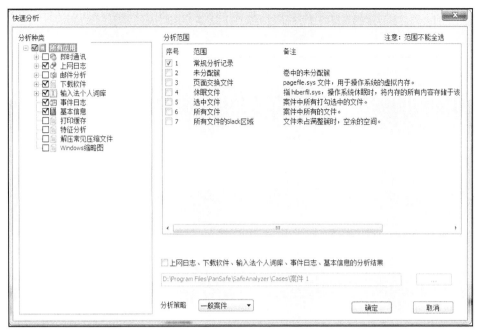

图 3-175　快速分析对话框

在分析证据后，开始页面上显示分析结果的概要。单击相应的应用分析转到应用分析页面，方便用户进行详细分析，如图 3-176 所示。

单击开始页面右键菜单"打印"，打印开始页面。

图 3-176　分析概览

单击文件面板，文件面板是为了方便查看、管理、分析证据及其他分析结果，由目录树视图、列表视图、查看预览及相配套的工具栏组成，如图 3-177 所示。

目录树展示证据间的父子层次关系，列表展示每一条记录的相关信息，查看预览展现列表中高亮选中的记录内容。通过单击树节点前面的五边形按钮，使之变成绿色，以此枚举相应节点下所有目录与文件，在列表中显示其节点下所有直接和间接子条目，反之则只能显示节点下所有直接子条目。

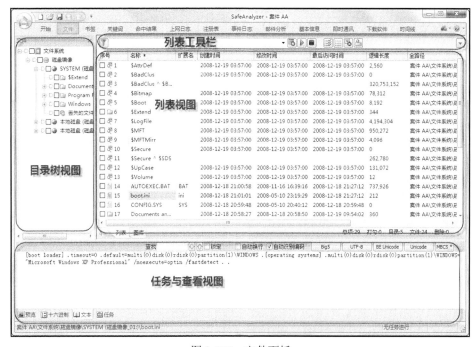

图 3-177　文件面板

在文件面板中，可以通过过滤快速查找指定文件。如果在案件浏览过程中，想单独提取部分信息，可以利用 SafeAnalyzer 的过滤条件来过滤部分信息，也可以根据个人要求自定义过滤条件。

过滤器位于 SafeAnalyzer 列表窗口上方。在没有打开案例的情况下，不可以使用这些过滤器。过滤器标签如图 3-178 所示。

图 3-178　过滤器标签

过滤器相对于各种应用来说是独立的，如在案件视图中可以应用的过滤在其他视图中不可用。

单击"已定制过滤器"按钮弹出已定制的过滤器，如果某种应用暂时未定制过滤器，则没有菜单项可选。在案件页面，SafeAnalyzer 介质取证系统自带的一些过滤条件：「打钩」只显示打勾文件；「目录」只显示目录；「删除的文件」只显示删除文件；「图片文件」只显示图片文件；「文档」只显示文档文件；「数据库文件」只显示数据库文件；「可执行文件」只显示程序文件；「压缩文件」只显示压缩文件；「多媒体文件」只显示音频/视频文件。

单击过滤器右边的编辑对话框下拉按钮可查看已经操作过的过滤器的表达式内容。单击过滤器表达式制作过滤器，如图 3-179 所示。

图 3-179　过滤器表达式对话框

3.6.2　SafeAnalyzer 取证实验

1. 实验背景

有一起黑客入侵案件，对涉案嫌疑人计算机的整个硬盘进行了镜像，镜像文件名为 ImageFilePC.E01，其 MD5 值为 F8F80C8E757800CEB6D94ADC7BAE84FD。要求通过 SafeAnalyzer 的实验操作，能进行简单取证，并熟悉使用 SafeAnalyzer 调查案件时如何创建案例、如何搜索和查找证据、如何生成报告，熟悉其主要功能和使用方法。

2. 实验目的

（1）掌握 SafeAnalyzer 工具的正确使用。

（2）熟悉 SafeAnalyzer 分析数字证据的一般步骤。

（3）能独立对简单案件中的数字证据进行调查和取证。

3. 实验要求

（1）通过实验搜索和查找以下证据。

问题 1：查找名称为"code"的文件，查看其内容并计算校验值。

（提示：code.txt 和 code.docx，存储于 D 盘）

问题 2：查找创建时间为 2018 年 1 月 12 日的 jpg 图片，其内容显示与手机有关。请搜索并计算相应的校验值。

（提示：设定检索范围）

（2）通过实验了解 SafeAnalyzer 取证分析的一般过程。

(3) 每人独立完成一份实验报告。

4. 实验器材和环境

(1) Windows 操作系统。

(2) SafeAnalyzer 软件一套（注：自备）。

(3) 提供的镜像文件一份（ImageFilePC.E01）。

5. 实验思考

(1) 如何使用 SafeAnalyzer 恢复被删除的文件？

(2) SafeAnalyzer 具有哪些过滤功能？

(3) 如何使用 SafeAnalyzer 进行关键词快速搜索？

3.7 SafeMobile 取证

3.7.1 SafeMobile 基础知识

盘石"蜂"手机采集、取证产品 SafeMobile 是盘石软件在 10 多年手机取证产品研发与技术实践的基础上，结合执法机关手机信息采集需求和近年来国内手机行业发展的特点，兼顾手机信息采集、数据取证的深度和广度，研发的一系列功能强大、使用简单的手机采集、取证系统。该系列产品采用最先进的手机数据提取技术、最强大的数据恢复技术和最直观的数据展现技术。该产品通过公安部计算机信息系统安全产品质量监督检验中心检测。

1. 运行 SafeMobile

打开 SafeMobile 应用程序后，主窗口如图 3-180 所示。

图 3-180　应用程序主窗口

2. 新建案例

单击"设备"图标，翻页出现案件信息编辑页面，如图 3-181 所示。单击"返回"保持原数据返回，单击"确定"保留修改后数据返回。

图 3-181　案件信息编辑

3．添加证据

添加证据是设备数据采集分析的入口。证据类型包含手机、SIM 卡的数据获取，镜像获取（安卓手机），文件解析（应用文件解析、镜像文件解析、备份文件解析、数据库文件解析）。

添加证据接口用豆腐块表示，豆腐块的状态有 4 种，如图 3-182 所示。

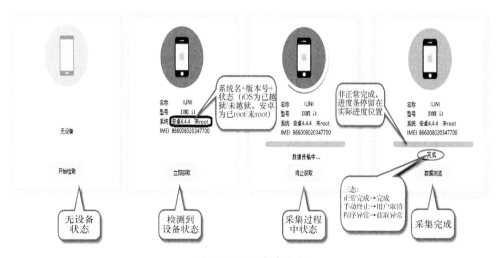

图 3-182　豆腐块状态

4．开始取证

从豆腐块中单击"立即采集"，进入获取选项页，如图 3-183 所示。

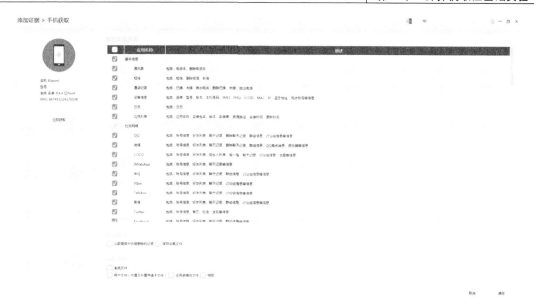

图 3-183　获取选项页面

获取选项中单击"取消",返回到上一级,单击"确定"执行跳转到详细进度页。左侧豆腐块说明,单击设备图标,翻页到案件信息编辑页,如前文所述。详细进度如图 3-184 所示。

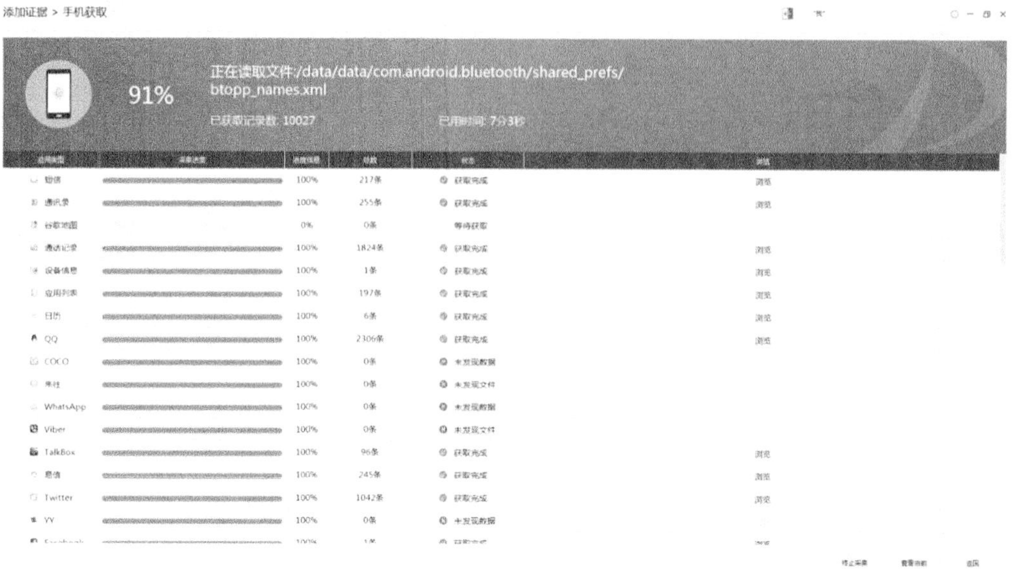

图 3-184　详细进度条

动作列的浏览按钮,单击跳转至数据浏览页。底部的"终止采集""查看当前""获取选项"按钮,分别跳转全对应页面。

数据浏览是设备数据采集分析结果展示,内部提供了多种视图浏览方式。可在"手机获取"时单击已获取完成应用后方的"浏览"按钮跳转到该页面,也可直接选择"数据浏览"。

从页面布局看，包括 3 部分，如图 3-185 中的 A、B、C 所示。A 为应用导航目录区，依据数据浏览的来源不同而显示设备数量不同（例如，从案件视图浏览跳转过来的，如果案件下有多个手机，就列出多个手机）。设备展开后是获取应用数据的名称，不再人为区分社交网络、即时通信等应用类型。B 是功能区，包含对数据的过滤、搜索命中、导出等。C 是数据显示区，显示对应 A 内叶子节点的数据，数据有来往交流过程的默认会话视图显示。如果没有交流过程的列表视图显示，列表视图中自动隐藏全列无数据的列。

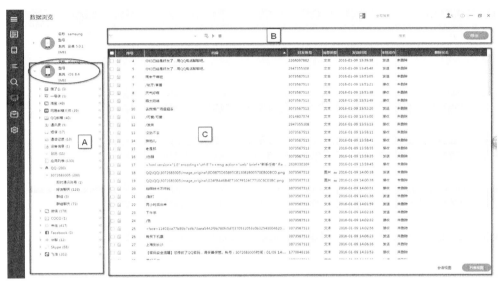

图 3-185　数据浏览页面布局

取证软件还提供了会话视图的功能。会话视图是模拟手机端真实的聊天风格设计的一种全新数据展示视图，可以把数据更人性化地展示出来，如图 3-186 所示。

图 3-186　会话视图

会话视图由联系人列表、会话内容和会话双方（上方自己，下方对方）信息3块组成。底部是视图切换按钮。在会话视图中，选中联系人后，切换到列表视图时，只显示会话视图选中联系人的聊天记录。如果会话内容有视频/图片/音频，单击该文件查看内容，如图3-187所示。

图 3-187 多媒体视图

除会话视图外，取证软件还提供列表视图功能，它将会话的内容及其他字段以列表的形式呈现，如图3-188所示。

图 3-188 列表视图

另外，取证软件还提供"枚举视图"功能。如果选中一级目录枚举按钮，出现枚举视图（只在列表视图中枚举功能才生效，会话视图中不生效），如图3-189所示。枚举视图样例通用（文件系统除外）。

图 3-189　枚举视图

取证软件可以展示整个手机文件系统信息；支持获取智能终端设备的文件信息，并支持采集时选择是否获取文件信息，具体内容包括图片、音频、视频、文档，并支持文件系统遍历，能够下载保存在本地并支持调用本地播放器播放功能；对获取到的聊天语音、图片等文件信息进行文件保存，并将文件名填入相应的字段后按照数据传输要求进行传输。

在"文件系统"内点选一个文件，单击"预览"标签，以图片格式为例，可将图片信息展示出来，如图 3-190 所示。

图 3-190　预览信息

在"文件系统"内点选一个文件,单击"十六进制"标签,以音频为例,可将音频转换成十六进制码的样式展示出来,如图 3-191 所示。

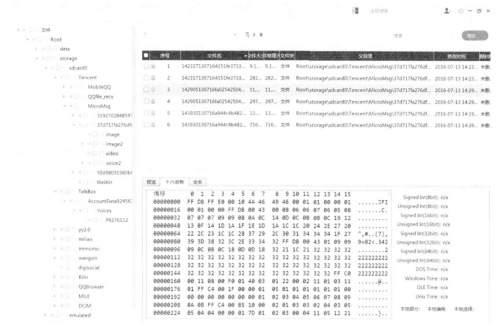

图 3-191 文件的十六进制展示

在"文件系统"内点选一个文件,单击"文本"标签,以 txt 为例,可将 txt 内的文本信息展示出来,如图 3-192 所示。

图 3-192 文本形式展示

3.7.2 SafeMobile 取证实验

1. 实验背景

有一起传播淫秽色情案件,对涉案嫌疑人的手机进行了镜像,镜像文件名为

ImageFileAndroid.rar，其 MD5 值为 032349e790a3b8420564f95a093d0ef4。要求通过 SafeMobile 对其进行简单取证，熟悉使用 SafeMobile 如何创建案例、如何生成报告，了解 SafeMobile 的主要功能。

2. 实验目的

（1）掌握 SafeMobile 工具的正确使用。

（2）熟悉 SafeMobile 提取和分析手机中数据的基本方法。

（3）初步学会对 SafeMobile 数据库分析的方法。

3. 实验要求

（1）通过实验搜索和查找以下证据。

问题 1：嫌疑人有多少条通话记录、短信记录？

问题 2：通信录中有多少条记录，是否存在与手机尾号 1579 之间通话或短信联系的记录？

（2）通过实验了解 SafeMobile 取证分析的一般过程。

（3）每人独立完成一份实验报告。

4. 实验器材和环境

（1）Windows 操作系统。

（2）SafeMobile 软件一套（注：自备）。

（3）提供的镜像文件一份（ImageFileAndroid.rar）。

5. 实验思考

（1）使用 SafeMobile 直接提取 Android 手机镜像数据需要做哪些工作？

（2）使用 SafeMobile 如何提取删除的通话记录？

（3）使用 SafeMobile 如何提取微信聊天记录？

第4章

计算机取证技术实验

4.1 电子数据搜索

4.1.1 电子数据搜索基础知识

在虚拟网络空间中,存在着大量杂乱无章的电子数据,其中仅有极少一部分数据是与案件相关的。要搜索出这些与案件相关的电子数据,不依靠一定的技术手段,仅凭人工手段逐一检查效率极低,也是不可行的。在电子数据搜索过程中,必须借助一定的技术手段,利用计算机的自动化功能,通过软件的自动分析处理,搜索涉案证据。

这种利用计算机科学技术自动在虚拟空间搜索特定电子数据的技术称为(电子)数据搜索(或检索)技术。电子数据搜索技术的关键是提高搜索结果的准确性和搜索效率。

电子数据搜索技术的基本思想是,在虚拟网络空间中对每一个被搜索对象进行比对,确定其是否符合特定条件(预测信息),并将符合条件的数据予以收集。利用计算机技术自动搜索数据时,一般需要使用一定的预测信息。使用电子数据搜索技术逐一对数据信息进行检查和计算时,如果所计算的结果值符合预测条件,便可以将该数据信息作为证明案件事实的初步证据。根据预测信息的不同,可以将其分为三大类不同的预测方法。

第一种预测信息与被搜索的数据内容或者属性直接相关。这种预测信息所搜索的结果与需要获取的数据内容存在一定关联关系,但往往是一对多关系,一般搜索所获得的电子数据中只有部分与案件相关。第二种预测信息与被搜索的数据内容间接相关,且与被搜索数据整体存在较好的对应关系,这种预测信息所搜索的结果与需要获取的数据存在较强的对应关系,能比较准确地搜索出需要的电子数据。第三种预测信息与需要获得数据的内容或者属性不存在直接关系,通过该信息的获取,可以确定需要获取的电子数据的具体位置,或者确定需要获取电子数据的线索(可成为新预测信息)。

根据上述预测信息不同,依次将搜索技术分为基于数据内容的搜索技术、基于数字指纹的搜索技术和基于痕迹信息的搜索技术。

（1）基于数据内容的搜索技术

在电子数据取证中，如果能够确定被搜索的数据（或电子数据证据）中包含的部分内容信息，可以将该信息作为关键字，按照特定的搜索条件从现场中搜索符合该条件的所有数据（或电子数据证据）。关键字可以是文件名、文件创建时间、文件修改时间、文件内容中所包含的字符串信息等。搜索条件将根据案件具体情况进行设计。例如，搜索内容包含关键字的所有数据，搜索数据内容与关键字内容完全一致的所有数据，搜索同时包含几个关键字的数据等。根据搜索的虚拟环境不同，可进一步将其划分为存储介质中的搜索、文件系统中的搜索、应用系统中的搜索等方法。在存储介质中搜索数据时，一般根据给定的一个或几个关键字的组合条件（关键字按照一定的字符编码格式转换成相应编码），从存储介质或某个物理连续区域的开始到结尾，按照组合条件将关键字与介质中数据依次进行条件匹配，如果符合匹配条件，则将匹配所得的信息进行记录或显示，最后通过人工分析方法筛选符合要求的数据。文件系统中搜索与存储介质中搜索方法类似，唯一不同的是搜索环境。它是在操作系统平台支持下的一个或几个文件系统中进行，是一种仅对逻辑数据进行搜索的方式。这说明有些隐藏的数据、文件系统中被删除的数据、被覆盖的残留数据和不能被系统识别的其他数据均不能通过该方法搜索出来。应用系统中的电子数据搜索则通过应用系统提供的搜索功能进行字符串匹配或电子数据搜索。通常，应用系统将要使用的所有数据存储在数据库中，需要数据时再通过数据库提供的标准查询语句进行搜索。因此，应用系统搜索主要是数据库中的电子数据搜索。在数据库搜索中，通过提供一种结构化的查询语言供数据库使用者进行搜索数据。通过设计复杂的条件表达式，数据库查询语言可以搜索出满足特定条件的数据库记录信息。按照关键字搜索数据时，应考虑搜索的环境和编码情况。同样的信息在不同环境中可能是按照不同的编码存储的（如 ASCII、Unicode、MIME 等），在搜索时应予以区分，否则无法搜索出正确的数据。

关键字搜索技术优劣的衡量需要考虑准确度和效率。为了提高准确度，除了使用算法更好的搜索技术外，还需要科学使用关键字的条件组合。通常情况下，按照关键字搜索方法常搜索出大量与案件无关的数据信息，要找出与案件相关的电子数据还需要花费一定的人力筛选。

在计算机病毒扫描程序中，也可以使用特征码进行搜索，它也是一种基于数据内容的搜索技术。与关键字搜索不同的是，特征码具有很好的识别性，匹配条件简单，无复杂条件组合。一般进行相同或相似的匹配，通常速度快、准确性高。例如，在有些计算机病毒检测技术中，如果发现新病毒，将提取病毒样本，并从病毒程序中找出一部分能够代表该病毒的唯一的二进制代码作为该病毒的特征值，并将该病毒特征值添加到病毒特征码库中。如果需要检测病毒，只需要与病毒特征码库中特征码逐一比较，用以判断某程序是否属于已知病毒。使用特征码检测计算机病毒时，只能检测已知的计算机病毒，不能检测未知的计算机病毒，而且对于某些善于伪装的计算机病毒也很难发现或检测。由于很难找出文件的特征码，利用特征码搜索数据的方法在电子数据搜索中的应用受到限制，一般只用来检测已知的计算机病毒程序，对于文档文件很难适用。

（2）基于数字指纹的搜索技术

基于数据内容的搜索所使用的预测信息直接与文件（或数据）的属性或内容有关，但由于其预测信息与文件内容无一一对应的关系，搜索出的数据中常常包含无用的信息。使用文件指纹能够较好地改善这种情形。基于文件指纹的搜索技术不直接比较文件的内容，而是通过比较能够代表文件内容的指纹判断搜索出的文件是否为需要获取的电子数据。表示文件指纹的方法非常多，但大多使用二进制字符串表示，大体分为两种不同的形式：数字指纹和模糊指纹（一种特殊的数字指纹）。

数字指纹所包含的二进制字符串与文件内容无任何相关性，二进制字符串中少量字符的差异并不表明文件内容只存在少量差异；而模糊指纹所包含的二进制字符串内容与文件内容具有一定的相关性，模糊指纹相似的文件，在内容上也存在相似的特点。

① 利用数字指纹搜索

数字指纹通常使用单向加密技术实现。单向加密与双向加密不同，它只对数据进行加密，不能通过一定的算法或工具将其还原成明文。单向加密算法可用于不需要对信息进行解密或者读取的场合。当用来比较数据传输或处理前后的两份消息内容是否完全一致，以及不需要或不宜知道信息内容时，非常实用。一种常见的单向加密方法是采用 Hash 函数处理。常见的单向 Hash 函数有 MD2、MD4、MD5、SHA-1、SHA256。在电子数据搜索中，常采用 MD5、SHA-1、SHA256。它们既可用于电子数据搜索，也可用来验证所获取数据的完整性。数字指纹的搜索技术常用来检测恶意代码或者已知内容的嫌疑文件。由于数字指纹匹配与整个文件内容有关，一些通过更改文件名、修改文件扩展名等反侦查措施行为也无法逃过它的检测。在检测恶意代码时，数字指纹匹配适合检测以文件形式存在的内容完整的恶意代码，在采用此方法进行检验时，需要先将已知的破坏性文件指纹存入破坏性程序或文件数据库（破坏性程序指纹库）中，同时将已知的安全文件指纹存入安全程序和文件数据库（可信程序指纹库）中，通过比较可以判定存储介质中的特定文件是否包含恶意代码。其主要工作原理如图 4-1 所示。

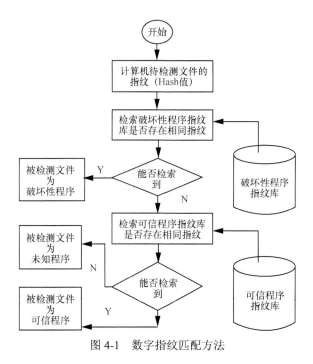

图 4-1 数字指纹匹配方法

在有些犯罪案件调查中，数据量极其巨大，当按照关键字的搜索技术搜索电子数据时，搜查出的数据信息非常多，而与案件相关的电子数据非常少，这大大增加人工分析的工作量。采用基于数字指纹搜索电子数据证据，大大提高了准确度，但数据内容发生非常微小的变化也会引起数字指纹值的巨大变化，使很多与案件相关的信息不能被搜索出来。

② 利用模糊指纹搜索

在网络犯罪案件中，当数据被犯罪嫌疑人故意修改或部分破坏、计算机系统出现意外，或者数据被部分覆盖等情形出现时，都有可能引起原始数据的变化。虽然新形成的数据与原始数据不完全相同，但它们依然是同源的。通过基于数字指纹搜索的方法无法获取这些有用的数据。这主要是因为文件内容与数字指纹之间没有相关性，文件内容的部分变化无法从数字指纹中体现出来。我们认为，可通过设计一种模糊的数字指纹，使数据内容与模糊指纹具有相关性，当数据内容部分变化时，模糊指纹也发生相应的变化，这样有利于数据的快速搜索。

基于模糊指纹的搜索技术通过计算机文件的模糊指纹来发现和检测内容基本相似的恶意代码，或者其他程序和文件。

模糊指纹基本原理如下。

使用模糊指纹搜索文件时，可以将文件看作由字节（二进制位）组成的字符串序列。如果已知一份文件，当在计算机中查找是否存在内容与其相同或者相似的文件时，实际上需要使用比较的方法。其中，最简易的方法是将两个文件（为了论述方面，下文分别用文件 A 和 B 表示）的内容进行直接比对。如果文件尺寸很小，直接比对内容的检测方法快速、高效、准确、实用。

当文件 A 和（或）B 尺寸较大时，直接内容比对检测方法比较耗时、低效且不实用。如果能先用某种单向散列函数（如报文摘要算法 MD5、安全散列算法 SHA1）为文件 A 和 B 各自生成一个文件指纹，然后比对它们的文件指纹是否相同，就可以断定文件 A 和 B 是否完全一致。当文件 A 和（或）B 尺寸相当大时，间接指纹比对方法相较于直接内容比对方法显得高效而且实用；它能够快速、准确判定文件 A 和 B 是否完全相同。

间接指纹比对方法适合于检测文件 A 和 B 是否完全一致。如果文件 A 和 B 只是部分相似，则这种间接指纹的方法就不适用了。因为文件 B 与文件 A 只要稍微有所不同，用单向散列函数生成的文件指纹就不一样。

为了能最大限度地检测出文件 A 和 B 之间的相似程度，需要对以上方法进行改进。如果分别按照某个合适的固定尺寸将文件 A 和 B 分割成若干个文本块，对这些文本块分别使用单向散列函数，为每个块生成文本块指纹，比对文件 A 和 B 所有的文本块指纹，可以最大限度地检测出所有可能相似的文本块。为了提高效率，可进一步使用复杂程度不同的两种单向散列函数为文件 A 和 B 所有被分割出的文本块生成弱文本块指纹和强文本块指纹。通过先比对弱文本块指纹快速找到潜在可能相同的文本块，再用强文本块指纹判定两个文本块是否完全一致。这样既可以保证检测效率，又可以保证检测的准确性。

但采用固定尺寸分块指纹检测也存在缺陷。任何对文件进行插入、删除、替换、转置等修改，都可能影响到文件修改部分之后所有文本块相似性检测的准确性；因为修改部分的尺寸不大可能刚好等于文本块尺寸的整数倍，除非选择的块尺寸非常小。这就要求对被检测的文件进行灵活的可变尺寸分块，使文件修改部分对相似性检测的影响尽可能降低至零。

可以选取某些特定字符串（特征值）作为分割文本块的边界，然后对所有被分割出的文本块先后施行弱和强两种单向散列函数，生成弱文本块指纹和强文本块指纹，先比对弱文本块指纹，判断两文本块是否可能潜在相似，然后比对强文本指纹准确判定两文本块是否完全一致。

可变尺寸分块指纹检测的性能和准确性局限于特征值选择的好坏。如果特征值选择合适，分割出的文本块尺寸也会比较合适，能极大限度地发现潜在可能相似的文本块。如果特征值选择不合适，分割出的文本块不是过大，就是过小，代码相似度检测效率低、准确性差。

如果在检测算法中结合固定尺寸分块指纹检测和可变尺寸分块指纹检测的优点，既能保障算法检测的准确性，又能保障检测的效率。

两个文本块完全相同，必须同时满足以下几个条件：两个文本块的大小相同，两个文本块相同位置的内容相同，两个文本块的弱指纹相同，两个文本块的强指纹相同。

在电子数据搜索中，文件A的内容、大小相对固定且事先已知；文件B可能是在文件A的基础上进行了插入、删除、替换或者转置等修改操作后形成。

可以按照固定尺寸将文件A等分成若干文本块；提取每个文本块的头部若干个字节作为特征值；用特征值作为边界分割文件B；由简单到复杂逐步发现相似的文本块（首先文本块的尺寸必须相同，其次文本块的弱指纹必须相同，再次文本块的强指纹必须相同）。

结合固定尺寸分块指纹检测方法和可变尺寸分块指纹检测方法，设定最合适的固定尺寸和特征值尺寸，充分利用文本块相同的几个必要条件，可以由简到繁快速、高效、准确计算出所有可能的相似文本块数目。

在已知文件总的块数，并通过比较计算出两文件相似的块数后，便可以衡量两文件相似度。

在上述检测思路中，各文本块数字指纹连接在一起，构成该文件的模糊指纹。

模糊指纹进行电子数据搜索的优点如下。

基于一般数字指纹的搜索技术准确率高，但能否搜索出相关结果依赖检测所用指纹库是否存在相应指纹信息。如果电子数据的内容被部分破坏或修改，则无法通过该技术搜索出结果；而基于模糊数字指纹的搜索技术则具有较好的适应性，但具有很好的搜索效率又能保证搜索的准确度，能够对部分修改内容的电子数据正确搜索。

在使用模糊指纹搜索相似文件时，可以选择"相似度"的大小，确定需要搜索出的初步结果的范围。以恶意代码为例，可先使用模糊指纹找出相似的可疑代码，然后通过实验分析等手段确定被收集的可疑代码是否属于恶意代码。因为有很多恶意代码在设计时便加入了一些防病毒检测、可改变自身内容等反侦查的技术代码，难以直接通过数字指纹或者特征码等方法进行检测；而且，在案件现场能获取的恶意代码有时并不完整，只有部分数据信息被保留。因而在这种情况下比较适合利用模糊指纹搜索的方法。

（3）基于痕迹信息的搜索技术

如果事先无法确定搜索电子数据证据的任何预测信息，则首先必须使用人工的方法寻找电子数据证据的相关线索，否则难以在包含海量数据的现场中准确获取案件事实相关证据。在很多涉及虚拟现场的犯罪中，一系列相关犯罪行为会在现场留下很多相关信息，即数字痕迹。有些数字痕迹信息不能直接用来证明案件事实，但可以用作发现案件事实的线索，即电子数据证据可能与现场中其他数据（痕迹信息）存在某种联系。根据这些数据（痕迹信息）发现和定位电子数据证据的方法称为基于痕迹信息的搜索技术。

基于痕迹信息的搜索技术与上述搜索技术不同，它所使用的预测信息与电子数据证据内容或属性无关。使用该技术能够直接确定电子数据证据的位置，或者虽不能确定位置但能够发现与电子数据证据内容或属性有关的预测信息。

由于在犯罪现场中痕迹信息的类型和内容千差万别，设计功能良好的基于痕迹信息搜索的软件十分不易。根据取证人员提供的有限信息，该类软件应能够在计算机或网络中自动寻找痕迹信息，并根据痕迹信息内容自动搜索或者定位电子数据证据。例如，在 Windows 操作系统中，软件应能够对注册表、临时文件、内存信息进行自动分析，并自动将这些异常痕迹信息所指向的内容固定为相关电子数据证据。基于痕迹信息的电子数据证据搜索技术定位速度快，准确度相对较高。但是，电子数据搜索结果的全面性与否完全依赖痕迹信息是否充分。

4.1.2 电子数据搜索实验

1. 实验背景

在一起利用虚假发票实施诈骗的案件中，犯罪嫌疑人利用职务之便通过虚报发票收据等形式诈骗公司财产。对涉案计算机整个硬盘进行了镜像，镜像文件名为 ImageFilePC.E01，其 MD5 值为 F8F80C8E757800CEB6D94ADC7BAE84FD。要求通过取证软件（不限软件，可采用 X-ways Forensics、Encase、FTK、取证大师、SafeAnalyzer 中一款或几款）搜索特定证据。要求搜索全面、准确。

2. 实验目的

（1）掌握使用常用取证软件搜索特定证据的方法。

（2）能够初步分析可能存在的潜在证据形式以及如何进行搜索。

（3）能够对所搜索证据是否全面进行初步的分析。

3. 实验要求

（1）通过实验搜索和查找以下证据：搜索出所有包含名称"EFT-Invoice2017"的各种文档，并计算相应的 MD5 值。

提示：文档类型包含办公文档、压缩文档、pdf 文件、删除的文件、图片文件、加密文件；文档名称形式为"EFT-Invoice2017-0??"，如 EFT-Invoice2017-001。

（2）搜索结束后，要求对可能存在的未搜索到证据的形态进行分析和预测。

（3）每人独立完成一份实验报告。

4. 实验器材和环境

（1）Windows 操作系统。

（2）取证软件若干（注：自备）。

（3）提供的镜像文件一份（ImageFilePC.E01）。

5. 实验思考

（1）怎样提高电子数据搜索的全面性？

（2）怎样提高电子数据搜索的效率？

4.2 电子数据提取

4.2.1 电子数据提取基础知识

1. 电子数据提取

电子数据提取与电子数据固定类似，但电子数据提取往往指易失性数据或者文件中部分数据信息的提取和固定。而电子数据固定则指文件、分区或者整个设备数据的固定。对于 Windows 操作系统而言，电子数据提取最常见的是注册表、内存中数据的提取。

通常易失性数据主要指内存中存储的数据，以及有些更新较快的数据。易失性数据包括系统基本信息、用户活动信息、网络状态信息、系统状态信息等。

（1）系统基本信息

系统基本信息包括所调查系统的硬件环境、软件环境、用户账号情况、取证时系统日期与时间等信息。

（2）用户活动信息

用户活动信息包括：系统的有效账户有哪些，正在访问系统的合法用户有哪些，哪些用户是本地访问，哪些用户是远程访问等。

（3）网络状态信息

网络状态信息指的是当前系统提供的网络连接有哪些，有哪些计算机与本计算机系统正在进行网络连接，通过哪种方式进行网络连接等情况。

（4）系统状态信息

系统状态信息指的是系统当前活动的程序、活动的进程信息，内存以及系统各种资源分配情况等除系统基本信息外的系统状态信息。

2. 取证工具箱的创建要求

收集易失性数据时，一般需要登录或者通过远程连接到待取证的计算机上，并使用相关工具软件进行取证。由于记录信息均通过工具软件进行，因此，必须确保使用的工具软件真实可靠，即通过软件记录的数据应与计算机内的易失性数据信息保持一致。所以，应该提供一种方法可以在事后验证取证工具的合法性和有效性，一方面，可以消除利害相关人对取证可靠性的怀疑；另一方面，在一定程度上可以验证取证程序的合理性、合法性。为了达到这些要求，在创建工具箱时，必须符合一定的程序或运用相关手段满足以下几个要求。

（1）工具箱内每一取证工具均是合法的

取证工具合法指的是在取证过程中使用的任何软件工具的设计、编译、功能均是合法有效的，即要求该软件的功能能够准确完成软件所标称的功能。从合法性检验看，应从两个方面进行检验判断。首先，必须确认使用的软件是合法的；其次，软件在使用过程中没有被意外或人为修改或破坏。

通常，取证软件可以由取证人自己设计和编译完成。这样，利害关系人事后可以通过阅读程序的源代码、检验编译后的结果判断软件的功能、作用。但是，很多情况下，取证人员无法自行设计、编译完成所有软件工具。此时，需要采用专业取证公司或者第三方公司提供的软件和工具。

当采用第三方公司提供的软件和工具时，必须使用通用的或者已经证实真实有效的软件。通常在软件制作工具箱时，可以用安全计算机内的通用软件或下载安全网站的通用软件，并进行 MD5 或者 SHA 校验。

（2）提供必要的方法记录取证的过程

除了取证工具本身的安全性和合法性外，在取证过程中，也应有一定的机制保障取证人员取证过程能够充分记录下来。通常有两种方法进行记录。

第一种方法，采用人工记录，即在每次操作过程中，均在记录纸上将相关的操作内容记录下来，或者通过摄像的方法记录取证过程和内容。

第二种方法，通过计算机自动记录，将每一步操作记录在相应文件内。

上述第二种方法为自动记录方法。一般可以通过批处理命令等方法实现。此时，批处理等脚本文件，批处理命令运行记录的文件信息和相关录像等均可以作为证据提交。在法庭上，法官可以通过检验这些文件或者录像判断所提取证据的真实性、可靠性。

（3）提供必要的方法保护取证过程中取证工具的安全性

在网络犯罪中，对嫌疑人的计算机进行取证是必不可少的关键环节之一。如果嫌疑人的计算机被黑客入侵，或者感染了计算机病毒，那么其中的破坏性程序便可能对取证工具箱内的取证工具造成破坏，因此还必须对其进行必要的保护，为了保障在使用过程中软件使用的安全，一般需将工具箱软件刻录在不可擦写的光盘上，或者存储在有写锁定开关的 U 盘等存储介质上。

3. 取证工具箱常见工具和命令

取证工具箱较少使用图形化界面工具，常使用操作系统提供的命令工具和第三方命令工具。下面仅以 Windows 为例，介绍常见命令工具（注：以下部分程序为微软的 Sysinternals 免费工具程序，需自行下载）。

（1）命令行工具

命令行工具是执行其他命令或程序的外壳，可以采用 Windows 提供的 CMD.exe 程序，但取证时，不使用当前系统的外壳程序。

（2）记录系统基本信息工具

系统基本信息包括 Windows 系统关键信息，包括安装类型、内核结构、寄存器组成、处理器数目和类型、物理内存大小、系统安装时间、系统当前日期与时间、文件目录结构等。

记录系统基本信息常采用 systeminfo.exe、psinfo.exe、date.exe、time.exe、dir.exe、set.exe 等工具。

（3）记录用户活动状态信息工具

记录用户活动状态信息常使用 doskey.exe、PsLoggedOn.exe、PsGetSID.exe、PsFile.exe 等。

（4）记录网络与端口状态信息工具

记录网络与端口状态信息的相关命令包括 ipconfig.exe、arp.exe、netstat.exe、nbtstat.exe、net.exe、fport.exe、Tracert.exe、Nslookup.exe 等。

（5）记录系统进程与服务工具

记录系统进程与服务工具主要有 PsList.exe、PsService.exe、At.exe、AutoRunsc.exe。

（6）内存信息记录工具

内存信息记录工具常见的有 PMDump.exe、Userdump、dd.exe（注：dd 命令本是 Unix 内置命令工具，GMG systems 公司将 dd 工具进行了增强，是可以在 Windows 使用的一款工具，可以使用如下命令获取物理内存信息："dd.exe if=\\.\PhysicalMemory of=F:\RamEvidence.img bs=4096 conv=noerror"）。

（7）系统日志信息工具

系统日志信息提取工具常使用 psloglist 工具。

（8）远程取证工具

远程取证工具常使用 PsExec.exe、NC.exe 等。

4.2.2 电子数据提取实验

1. 实验背景

通过对当前使用的 Windows 系统（或教师提供的特定 Windows 系统）中易失性数据的提取操作，初步了解易失性数据提取的方法和需要注意的事项。

2. 实验目的

（1）学会创建易失性数据取证工具箱，理解易失性数据取证工具箱创建时需注意的事项。

（2）学会正确使用应急工具箱中常用的软件，如 PsTools 工具包（sysinternals 工具）。

（3）能在最低限度改变系统状态的情况下收集易失性证据。

3. 实验要求

根据实验背景的描述，要求每个学生对当前使用的 Windows 系统或教师指定 Windows 系统的部分易失性数据进行提取，具体请按以下过程操作[1]。

（1）将 Windows 系统内可获取易失性数据的工具存入 U 盘，创建应急工具盘。应急工具盘中的常用工具有 cmd.exe、netstat、ipconfig、md5sum、arp、PsTools 工具包等。

（2）用 md5sum 工具创建工具盘上所有命令的校验和，生成文本文件 cmdHash.txt，保存到工具盘中，并将工具盘写保护（注：工具盘写保护，是为了确保应急工具盘创建后不被修改，从而保证工具盘中工具的可信性。如果无实验条件，可忽略）。

（3）用 time 和 date 命令记录现场计算机的系统时间和日期。

（4）用 psuptime 工具记录现场计算机从上一次重启后系统运行的时间。

（5）用 psloggedon 工具查看当前有哪些用户与现场计算机系统保持连接状态。

（6）用 dir 命令列出现场计算机系统中 Windows 目录下所有文件的目录清单，记录文件的大小、访问时间、修改时间和创建时间。

（7）用 ipconfig 工具获取现场计算机的 IP 地址、子网掩码、默认网关，DNS 配置，网络接口的 MAC 地址，主机名等信息。

（8）用 arp 工具获取现场计算机的 ARP 缓存信息。

（9）用 netstat 工具获取现场计算机的网络连接、路由表和网络接口信息，检查打开端口以及与这些监听端口相关的所有连接信息等。

（10）用 psinfo 工具获取现场计算机的平台信息，安装的软件、补丁等信息。

---

[1] 注：实验前请自行下载 sysinternals 中命令行工具和 md5sum 工具。

（11）用 pslist 工具获取现场计算机正在运行的进程信息。

（12）用 psservice 工具记录现场计算机正在运行的服务。

（13）用 psloglist 导出现场计算机的日志文件。

（14）用 time 和 date 命令再次记录现场计算机的系统时间和日期（注：两次使用 time 和 date 命令记录取证开始和结束的时间，是为了保护取证人员工作的一致性，排除其破坏现场的嫌疑）。

要求每人独立完成一份实验报告。

4. 实验器材和环境

（1）Windows 操作系统。

（2）带写保护的 U 盘一个。

5. 实验思考

（1）如何保障取证过程中证据的可靠性？

（2）取证过程是否会影响原计算机系统中的数据？

（3）如何使用批处理程序实现实验内容？

4.3 远程取证

4.3.1 远程取证基础知识

1. 远程取证概述

在办理案件过程中，由于无管辖权、路途遥远、成本过高等各种各样原因，无法直接扣押涉案计算机，也无法现场直接取证时，需要进行远程取证。

远程取证主要包含两种形式：一种是远程在线取证；一种是远程现场勘验。前者仅固定以用户视角所见的网站页面；后者则需要对远程设备进行物理镜像或逻辑镜像，或者提取远程应用平台的后台数据，通常需要采取一定的技术手段侵入远程系统后才可以实施，因而对其使用有一定限制。

对于第一种形式的取证，需要保障取证的可靠性，且能够予以证明。通常应能够证明以下内容。

第一，取证平台的清洁性证明。在对远程网站的页面固定过程中，要能够保障所访问的页面确实来源于原始页面。如果取证平台本身不可靠，就无法保证在本地展现的页面内容是否是最原始内容。因而，远程在线取证时，首先应该对本地取证平台的清洁性进行扫描和检查。

第二，网址来源的可靠性证明。在对远程网站进行访问时，需要确定当前所访问的网站确实是其网站，即网站的来源真实性应予以保障。然而，通过网址访问远程网络时，所访问的域名有可能被黑客劫持。此时通过输入域名所访问的被劫持网站并源网站，有可能是假冒的虚假网站。因此，在进行取证时，需要采取一定的技术措施验证来源网站的真实性。一种常见的方法是将被访问网站的 IP 地址同时记录下来，这样可以证明其访问的网站是否被域名劫持。

第三，取证过程的可靠性证明。在对远程网站取证过程中，需要证明取证过程合法有效、安全可靠。如果不对取证过程中的操作进行记录，便无法还原取证过程。因此，一般要求采用一定的技术手段，如录像或录屏等方式，将整个取证过程记录下来，从而存在证明取证过程可靠性的条件。

第四，取证内容的真实性证明。内容的真实可靠也是远程取证的基本要求。如何证明取证的数据是现场取证时的数据，而不是经过篡改或破坏的数据，非常重要。一种常见的方法是在取证过程中将每个网页的 Hash 值进行记录，或者将取证过程中所有数据包进行打包。这样便可证明取证内容的真实性情况。

对于第二种形式的取证，实质上是需要获取远程系统的较高或最高权限，从而可通过远程镜像被调查设备的数据，或者远程调查相关的后台数据。

2. 远程取证的工具和实施方法

远程取证可采取专用工具，也可以使用开源或免费工具。例如，弘连网镜互联网取证软件是基于 Windows 平台的网站远程固定和分析工具，实现了屏幕截图（附带 URL）、网站镜像、屏幕录像、实时散列计算、生成勘验报告等功能，经过简单的几步操作，可以自动对远程的网站进行固定，满足了对网站取证的需求。网镜的固定操作全部是自动化完成的，而且固定速度可以高达每小时数千页，彻底取代人工的重复性操作。

自动取证可以利用 wget 工具进行取证，既有 Windows 的版本，也有可以在 Linux 下使用的版本，支持 http 和 ftp，它可以实现对整个网站数据的镜像。

4.3.2 远程取证实验

1. 实验背景

有一起案件，需要取证人员对远程计算机网站（注：由教师实验时提供）所有页面进行固定，固定时拟进行屏幕录像，固定完成后，拟对固定后的文件进行 Hash 校验。

2. 实验目的

（1）了解什么是远程取证。

（2）了解远程取证的基本方法。

（3）了解远程取证的常用工具。

3. 实验要求

根据实验背景的描述，准备远程取证的相关工具（如 wget、屏幕录像工具、Hash 校验工具），尝试完成以下任务。

（1）根据工具说明，了解如何通过工具固定整个网站的页面信息，如何进行屏幕录像，如何对多个文件进行 Hash 校验等知识。

（2）检测实验计算机，对计算机系统安全性进行检测，确保实验环境的清洁性和安全性。

（3）打开屏幕录像工具进行录像。

（4）使用网站镜像工具进行网站镜像。

（5）镜像完成后进行 Hash 校验。

（6）对镜像数据进行打包。

（7）关闭屏幕录像工具。

（8）对录像和镜像等所有数据打包、刻盘。

要求每人独立完成一份对"远程取证"认识方面的体会报告。

4. 实验器材和环境

（1）Windows 或 Linux 操作系统。

（2）工具自备。

5. 实验思考

（1）如何保障取证计算机环境的安全性？

（2）如何保障取证所获证据来源的可靠性？

第5章

电子数据证据的发现与收集实验

5.1 Windows 中电子数据证据的发现与收集

5.1.1 Windows 中电子数据证据的发现与收集基础知识

当电子数据证据留存在 Windows 系统中时，它往往不是孤立的。当用户在复制、粘贴、下载、创建、修改、加密、发送、浏览、运行等操作过程中，操作系统、应用程序、内存、文件系统中均可能留下相关联的证据。此处仅从日志、历史记录、打印痕迹 3 个方面进行阐述。

1. 日志文件的发现与收集

Windows 系统存在很多不同的日志信息，包括 Windows 系统和微软应用程序的日志，也包括第三方应用记录的各种日志信息。例如，Windows 的事件日志、NTFS 文件系统日志、IIS 日志、MS SQL Server 的数据库日志、第三方应用日志等。

下面主要以 Windows 操作系统事件日志为例，简述常见的日志信息。

（1）Windows Vista 的日志

在 Windows Vista 的事件查看器中，日志数目较先前 Windows 操作系统的数目增大。除了应用程序、安全、系统这 3 个传统事件日志以外，还有一些新日志。例如，安装日志（专为应用程序的安装程序而设计），备份服务的日志，WinLogon 服务的日志。这些新日志存放在一个专为特定应用程序和服务创建的日志文件夹中。

Windows Vista 的日志文件默认存储目录是 C 盘\systemroot\system32\winevt\logs。每个日志文件包括一个较小的文件头和一系列的数据块，每个数据块又包含整数条的事件记录。其中，文件头包含日志文件的一些基本信息，它常驻内存，共占 4096 byte，目前只使用前 128 byte，其余保留。在自动维护模式下，一旦日志文件达到最大值，系统会重命名该文件，并以原文件名创建一个新的日志文件，新文件中基于日志的编号以原文件中的编号为开始，而基于文件的编号将被清零。只有在清空日志的时候，基于日志的编号才会被清零。

（2）Windows 7 的日志

Windows 7 有 3 个默认的事件日志：一个安全事件日志，一个系统事件日志，一个应用程序事件日志。除这些日志外，还可能有应用程序安装到服务器上的其他日志，以及用户创建的自定义日志。如同 Vista 系统一样，Windows 7 系统也是基于 XML 技术，采用 EVTX 格式的日志文件。

（3）Windows 10 的日志

由于 Windows 8 的适用性远不及 Windows 10，而且两者在其事件日志上非常相近，在此以 Windows 10 为例，讲述在 Windows 10 系统上如何查看系统时间篡改痕迹、USB 使用记录日志。

① 系统时间篡改痕迹

系统时间篡改的日志可以在 Windows 日志中的"安全"块进行查看。

② USB 使用记录日志

USB 使用记录日志的查看，需要打开计算机中的注册表编辑器，进入以下位置进行查看：HKEY_LOCAL_MACHINE\SYSTEM\CurrentControlSet\Enum\USBSTOR。其原因是在 Windows 系统中，当一个 USB 移动存储设备插入时，会在注册表中留下痕迹，当移动设备插入计算机时，即插即用管理器 PnP（Plug and Play）接受该事件，并且在 USB 设备的固件中查询有关该设备的描述信息（厂商、型号、序列号等）。当设备被识别后，在注册表中创建一个新的键值，这个新的键值会存储在上述的位置。

2. 历史记录的发现与收集

在收集证据的过程中，除了日志文件，历史记录的收集、分析和调查工作也至关重要。通过对系统用户近期频繁访问网页内容的统计和分析，有可能更为快速、精确地定位到所需数据的内容和位置。

如果该系统用户并未删除浏览器的历史记录，则打开浏览器，直接查看历史记录即可。IE、火狐、Chrome、Microsoft Edge 等各大浏览器均有相应的历史记录查看窗口，根据用户设置的不同，浏览器保存历史记录的天数也有所不同。

然而，当用户删除了浏览器的历史记录时，就不能像上述操作一般，简便快速地查找记录。这时需要访问系统注册表对历史记录进行恢复，再行访问查询和分析工作。以下为基本操作步骤（因为 Windows 操作系统的版本不同，可能会略有差异）。

（1）打开注册表

单击"开始"，选择"运行"，在注册表中依次展开下列选项卡：HEKEY_LOCAL_MACHIME/SOFTWARE/microsoft/WINDOWS/CURRENTVERSION/EXPLORER/DESKTOP/NAMESPACE。在左边空白处单击右键，单击"新建"，选择"项"，把它命名为"5FFO40——5081——101B——9F08——00AA002F954E"，再把右边"默认"主键的键值设为"回收站"，然后退出注册表。

（2）重启计算机

只要没格式化硬盘，被删除的历史记录就能找回。

除了浏览器的历史记录以外，新版的 Windows 10 系统还提供了文件历史记录的查询功能，这个功能的推出主要是为了便于用户备份查找文件，防止文件丢失，在系统用户启用了文件历史记录功能的前提下，若取证人员能够合理利用这个功能，取证工作将事半功倍。进入文件历史记录的方式有以下两种：一是系统设置的"更新和安全"中，选择"备份"，在右侧可以看到"使用文件历史记录进行备份"的选项，进入之后就是文件历史记录窗口；二是从控制面板的小图标模式中可以直接看到文件历史记录的入口。在进入文件历史记录之后，就可以对用户访问备份过的文件进行分析和数据收集工作。

在 Windows 系统中，如果使用 Office 的 Word、Excel 等软件，打开一个空白文件，在开始菜单栏中会看到最近访问过的文件列表，通过这个方式，也能快速获取系统用户近期频繁访问的文件，获取所需数据。

3．打印痕迹的发现与收集

如果上述方式中难以找到有效的数据和文件，还可以观察是否有与该计算机相连的打印机等设备，打印时，文件都会被传送至缓存池（spool）中排队，等候打印，这是发现和收集所需数据的有效途径。通过以下步骤可以获取到缓存池中的文件：开始菜单中单击运行，输入 spool 并回车（或者通过以下路径进入该文件夹：c:盘→Windows→System32→spool→PRINTERS），在弹出的文件夹中选择 PRINTERS，显示的所有文件就是系统用户打印过的文件，从中可以进行数据的收集和分析工作。

5.1.2 Windows 中电子数据证据的发现与收集实验

1．实验背景

在一起传播淫秽色情物品的案件中，犯罪嫌疑人 A 利用计算机技术搭建色情网站，通过犯罪嫌疑人 B 传播色情图片内容，以收取会员会费的形式牟取利益。并且 A 利用编程技术，制作了木马程序，意欲窃取使用者的重要个人数据信息，对犯罪嫌疑人 A 的涉案计算机整个硬盘进行了镜像，镜像文件名为 ImageFilePC.E01，其 MD5 值为 A3098ED869DF4282F4486702113C369F；B 的 Mac OS 系统，备份文件名为 OSX-VM.zip，其 MD5 校验值为 F8F80C8E757800CEB6D94ADC7BAE84FD；A 的手机备份文件，文件名为 BackupIPhone.zip，其 MD5 值为 845DF5A02941D2B399FC6F42F25222F4；B 的手机镜像文件，文件名为 ImageFileAndroid.rar，其 MD5 值为 032349e790a3b8420564f95a093d0ef4。要求通过取证软件（不限软件，可采用 X-ways Forensics、Encase、FTK、取证大师、SafeAnalyzer 中一款或几款）搜索特定证据。要求搜索全面、准确。

2．实验目的

（1）掌握 Windows 系统电子数据发现与收集的数据来源（常见位置）。

（2）掌握 Windows 系统电子数据发现与收集的方法。

（3）初步了解如何判断 Windows 系统中所发现与收集的电子数据的可靠性。

3．实验要求

（1）通过实验搜索和查找以下证据。

问题 1：在镜像文件 ImageFilePC.E01 中是否安装过虚拟机？

问题 2：如有虚拟机，其操作系统及版本号？

问题 3：ImageFilePC.E01 中 Windows 操作系统最后一次开机时间是？

问题 4：ImageFilePC.E01 中 Windows 操作系统是否接入过 USB 设备，如有，请给出最近一次接入的 USB 设备序列号。

问题 5：请给出 ImageFilePC.E01 中 Windows 系统的磁盘签名。

问题 6：请给出 ImageFilePC.E01 中 Windows 系统所有网卡的 MAC 地址。

问题 7：请给出 ImageFilePC.E01 中 Microsoft Office Word 最近打开的文档记录。
问题 8：查找名称为"seqing"的图片文件，并计算 MD5 校验值。
（2）每人独立完成一份实验报告。
4．实验器材和环境
（1）Windows 操作系统。
（2）取证软件若干（注：自备）。
（3）提供的镜像（或备份）文件 3 份（ImageFilePC.E01、BackupIPhone.zip、ImageFileAndroid.rar）。
5．实验思考
（1）Windows 系统中除系统日志外，还存在哪些日志文件？
（2）如何分析判断日志记录的可靠性？

5.2 Linux 中电子数据证据的发现与收集

5.2.1 Linux 中电子数据证据的发现与收集基础知识

与 Windows 操作系统一样，当电子数据证据留存在 Linux 系统中时，它往往不是孤立的。在日志、文件系统、内存等中均可能存在相关的信息记录，通过这些信息记录在一定程度上可以还原用户的操作过程。下面以 Linux 日志文件为例，阐述电子数据证据的发现和收集，由于 Linux 版本较多，不同版本可能存在细微差异。

1．日志文件

Linux 系统提供了大量有关审计和日志的工具和实用程序，它们在重建犯罪和跟踪罪犯方面是非常有用的。这些日志文件一般都保存在/var/log 目录下，大多以 ASCII 码格式存在。

（1）messages 文件

通常，计算机取证人员在 Linux 系统中首先要查看的文件就是 messages。这个文件是 Linux 系统最基本的日志文件。通常它包括启动任务信息、登录信息等，还能显示出哪个用户试图登录系统获得 root 权限。如果在取证过程中发现普通用户在不正常的情况下（如深夜），远程连接到系统并且试图获取 root 权限，则这可能是黑客访问的痕迹。

（2）lastlog 文件

lastlog 文件保存的是每个用户的最后一次登录信息，主要包括登录的时间和地点。这个文件一般是登录程序使用，通过查询用户的 ID，并在 lastlog 文件中查找相应记录进行匹配，然后更新这个用户的登录时间和地点，就可以根据这个文件的信息是否相符发现某账号是否被黑客盗用。

（3）secure 文件

secure 文件记录系统自开通以来所有用户的登录时间和地点，以及登录的途径，可以给计算机取证人员提供更多的参考。

（4）wtmp 文件

wtmp 文件保存了系统中所有用户的登录、退出信息，以及系统的启动、停机记录。因此，随着系统运行时间的增长，这文件也会变得越来越大。计算机取证人员通过访问这个文件可以获得用户的活动记录。它还可以按照用户或日期显示信息，使计算机取证人员能够获得一些非常有用的反常信息。例如，一个平时不太活跃的用户突然登录系统，并连接了很长时间，就可以关注这个账户是否已经被黑客窃取。

（5）boot.log.x 文件（x 代表系统运行级别）

该文件记录了系统在引导过程中发生的事件，即 Linux 系统开机服务启动所显示的信息。计算机取证人员可以关注此文件是否存在一些非正常的服务。

（6）history 实用程序日志

在 bash 中，history 实用程序能够保存最近所执行的命令。这些命令的历史记录从 1 开始编号，依次增长，但默认上限是 500 个。如果计算机取证人员查看最近所执行的命令，只要输入 history 即可。从经验来看，越近的一次命令，其操作的号码越大。这样就可以追踪入侵者的系统活动。

对于 Linux 系统有专门的日志分析和查看工具，如 Logcheck 和 Friends 等。其中，Logcheck 主要用来分析庞大的日志文件，它可以过滤出有潜在安全风险或其他不正常情况的日志项目，然后以电子邮件的形式通知指定的用户，十分便捷。

对 Linux 系统进行取证事后分析的关键步骤是对日志进行收集和检查。例如，网络日志记录、主机记录、用户行为记录等，可以用 grep、find 等命令进行关键字搜索；可以检查相关文件；可以用 cat 等命令识别未经授权的用户账号或组；可以用 netstat 等命令识别非法进程；可以检查未经授权的访问点，如 XServers、FTP、telnet、DNS、sendmail、SNMP、HTTP 等；分析信任关系等。

其中，重点检查系统目录是/var/adm 和/var/log 下的日志文件（syslog、messages、secure、mail、wtp、utpmp、lastlog 等），日志文件的存放目录一般可以在/etc/syslog.conf 文件中找到。

如果确认 Unix 系统已经遭受入侵，则计算机取证人员可以从以下方面入手。

① messages

/var/adm 是 Unix 的日志目录（Linux 下则是/var/log），这里保存有相当多的 ASCII 文本格式的日志。之所以首先考虑 messages 文件，是因为它也是入侵者所关心的文件，它记录了系统级别的信息。

② wtmp、utmplogs 和 ftp 日志

计算机取证人员可以在/var/adm、/var/log、/etc 目录中找到名为 wtmp、utmp 的文件，它们记录了用户在何时、何地远程登录主机。黑客中，有一种最古老同时也是最流行的 zap2，用来抹掉在这两个文件中的用户登录信息。然而，由于黑客的懒惰或者狂妄，他们并没有上传或编译这个文件。因此，计算机取证人员可以使用 lastlog 命令获得入侵者上次连接的源地址（该地址可能是入侵者的一个跳板）。ftp 日志是指 /var/log/xferlog，该文件可以详细地记录以 ftp 方式上传文件的时间、来源、文件名等，也是计算机取证人员需要注意的地方。

③ sh_history

黑客一般在获得 root 权限后，就可以建立自己的入侵账号，给诸如 uucp、lp 等不常使用的系统用户名加上密码。在系统遭到入侵后，即使黑客删除 sh_history 或者 bash_history 这样的文件，计算机取证人员只要执行 kill-HUPcat/var/run/inetd.conf 命令就可以将保留在内存页中的 bash 命令记录重新写回到磁盘，再执行 find/name.sh_historyprint 命令。这时，需要仔细

查看每个可疑的 shell 命令日志。尤其是在/usr/spool/lp(lphomedir)、/usr/lib/uucp/(uucphomedir)这样的目录下找 sh_history 文件时，黑客为了在目标机和工作机传送文件时避免被记录下来，可能使用从目标机 ftp 到工作机的方法，因此在 sh_history 中有可能发现类似 ftpxxx.xxx.xxx.xxx 或者 rcpnobody@xxx.xxx.xxx.xxx：/tmp/backdoor/tmp/backdoor。其中，xxx.xxx.xxx.xxx 就是黑客的 IP 或域名等有效信息。

2. 其他证据信息

除日志信息外，Linux 中各种应用程序的配置文件、数据均可能存在与案件相关的线索或者成为证明案件事实的证据，这些信息的具体位置和名称与 Linux 的版本型号和具体应用程序相关，通过搜索技术可直接发现、定位和分析。

5.2.2 Linux 中电子数据证据的发现与收集实验

1. 实验背景

在一起传播淫秽色情物品的案件中，犯罪嫌疑人 A 利用计算机技术搭建色情网站，通过犯罪嫌疑人 B 传播色情图片内容，以收取会员会费的形式牟取利益。并且 A 利用编程技术，制作了木马程序，意欲窃取使用者的重要个人数据信息，对犯罪嫌疑人 A 的涉案计算机整个硬盘进行了镜像，镜像文件名为 ImageFilePC.E01，其 MD5 值为 A3098ED869DF4282F4486702113C369F；B 的 Mac OS 系统，备份文件名为 OSX-VM.zip，其 MD5 校验值为 F8F80C8E757800CEB6D94ADC7BAE84FD；A 的手机备份文件，文件名为 BackupIPhone.zip，其 MD5 值为 845DF5A02941D2B399FC6F42F25222F4；B 的手机镜像文件，文件名为 ImageFileAndroid.rar，其 MD5 值为 032349e790a3b8420564f95a093d0ef4。要求通过取证软件（不限软件，可采用 X-ways Forensics、Encase、FTK、取证大师、SafeAnalyzer 中一款或几款）搜索特定证据。要求搜索全面、准确。

2. 实验目的

（1）掌握 Linux 系统电子数据发现与收集的数据来源（常见位置）。

（2）掌握 Linux 系统电子数据发现与收集的方法。

（3）初步了解如何判断 Linux 系统中所发现与收集的电子数据的可靠性。

3. 实验要求

（1）通过实验搜索和查找以下证据。

问题 1：在镜像文件 ImageFilePC.E01 中有 Kali Linux 虚拟机，请给出该虚拟机的目录。

问题 2：该 Linux 操作系统版本信息？

问题 3：该 Linux 操作系统 mysql 用户的 UID 和 GID？

问题 4：该 Linux 操作系统 root 用户使用终端键入的最后一条命令？

问题 5：该 Linux 操作系统的最后一次开机时间？

问题 6：该 Linux 操作系统中第一块磁盘的磁盘签名？

问题 7：该 Linux 操作系统所有网卡的 MAC 地址？

问题 8：搜索文件名包含"eclipse"字符串的所有文件。

（2）每人独立完成一份实验报告。

4. 实验器材和环境

（1）Linux 操作系统。

(2)取证软件若干(注:自备)。
(3)提供的镜像(或备份)文件 3 份(ImageFilePC.E01、BackupIPhone.zip、ImageFileAndroid.rar)。

5. 实验思考

(1)虚拟机 Linux 操作系统的 root 账号密码有哪些破解方法?
(2)Linux 系统的日志文件有哪些是二进制格式存储的?

5.3 Mac OS X 中电子数据证据的发现与收集

5.3.1 Mac OS X 中电子数据证据的发现与收集基础知识

Mac OS 系统是一种类 Unix 系统,其很多特征类似于 Unix 和 Linux 操作系统,而与 Windows 有较大的不同。MAC OS 有很多不同版本,2017 年 Mac OS 10.13 发布,其代号为 High Sierra。Mac OS 操作系统中预定义了一些目录位置来存储相关数据,在取证中,这些位置中数据一般为需要重点关注的地方。Mac OS X 系统下常见的目录和用户数据存储位置如表 5-1 所示。

表 5-1 Mac OS X 系统下常见目录和用户数据存储位置

名称	存储位置	名称	存储位置
共享	/Users/Shared	音乐	/Users/用户名/Music
应用程序	/Applications	图片	/Users/用户名/Pictures
桌面	/Users/用户名/Desktop	资源库	/Users/用户名/Library
文稿	/Users/用户名/Documents	公共	/Users/用户名/Public
下载	/Users/用户名/Downloads	废纸篓	/Users/用户名/.Trash
视频	/Users/用户名/Movies	日志文件	/private/var/log
配置文件	/private/etc	程序文件	Usr/local

与一般 Unix 系统相比,Mac OS X 系统根目录下有一些特有目录。"/Applications"为系统中所有应用程序的默认位置;"/Library"为系统应用的数据文件、帮助文档等数据存放目录;"/System"为系统目录文件,其仅有一个 Library 子目录,这个子目录包含系统中所有重要组件,如框架、内核模块和字体等;"/Users"为所有用户的主目录;"/Volumes"则为移动设备和网络设备挂载所在目录。

在 Mac OS X 操作系统中,比较常见的关注信息包括日志文件信息、系统信息、访问痕迹信息、设备使用信息、上网记录、缓存与临时文件信息、废纸篓、用户数据等,具体如下。

(1)日志文件分析

日志文件是 Mac OS 常见的取证信息来源,一般日志文件位于"/private/var/log",如图 5-1 所示。常见的有 system.log、system.log.0.gz 文件,通过该日志可以获得开关机记录的用户名和时间,如图 5-2 所示。

而用户通过 bash 终端执行的命令可以通过对.bash_history 文件进行分析来获取,其位置为"/Users/用户名"目录下。

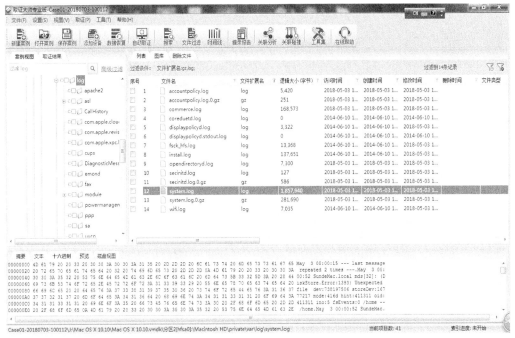

图 5-1 "private/var/log"目录下系统日志

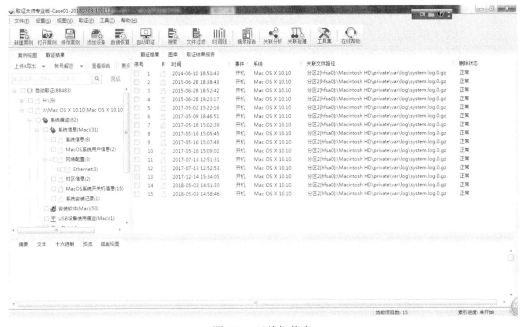

图 5-2 开关机信息

(2) 系统信息分析

Mac 系统很多信息以 plist 格式和 sqlite 格式存储。常见的系统信息包括主机名、产品名称、安装时间、用户信息、最后登录用户等内容。其中，/System/Library/CoreServices/SystemVersion.plist 文件主要记录产品名称、当前版本、版本序列号、产品版权信息，如图 5-3 所示。

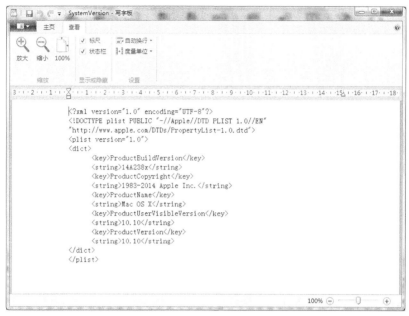

图 5-3　产品相关信息

/Library/Preferences/SystemConfiguration/preferences.plist 文件主要记录主机名、计算机全名、MAC 地址等信息，如图 5-4 所示。

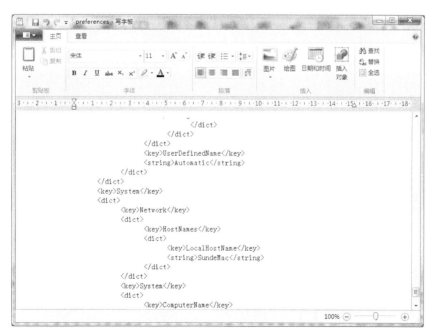

图 5-4　主机名等信息

/Library/Preferences/com.apple.loginwindow.plist 文件主要记录最后登录用户信息，如图 5-5 所示。

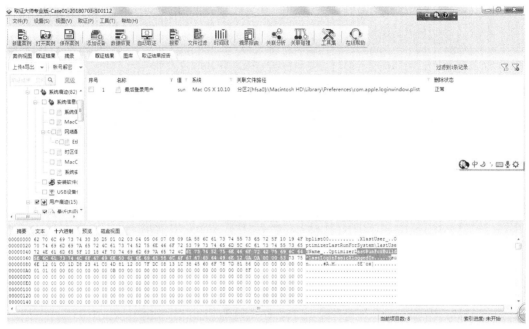

图 5-5　最后登录用户文件位置

/Library/Receipts/InstallHistory.plist 文件主要记录系统安装和应用安装记录，包括时间、名称、版本等信息，如图 5-6 所示。

图 5-6　安装信息

在 /private/var/db/dslocal/nodes/Default 目录下记录用户、组等信息，其中，用户以 /private/var/db/dslocal/nodes/Default/users/用户名.plist 的形式存在，组以/private/var/db/dslocal/nodes/Default/users/组名.plist 的形式存在，如图 5-7 所示。

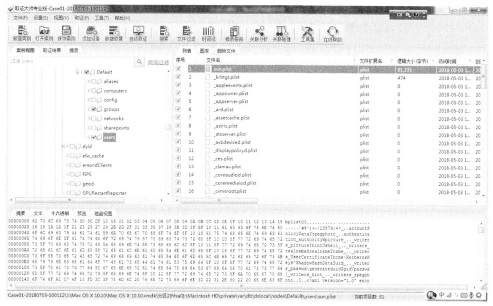

图 5-7　用户信息

计算机网络配置文件主要查看/Library/Preferences/SystemConfiguration/preferences.plist，在 private/var/db/dhcpclient/leases/目录下存储有通过 DHCP 获取的详细网络配置信息，如图 5-8 所示。

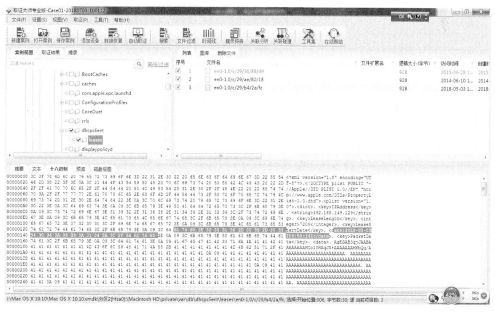

图 5-8　DHCP 网络配置信息

（3）访问痕迹分析

/Users/用户名/Library/Preferences/com.apple.recentitems.plist 记录最近运行程序和访问文档信息记录，/Users/用户名/Library/Preferences/com.apple.Preview.LSSharedFileList.plist 则记录了最近预览的信息记录，如图 5-9 所示。

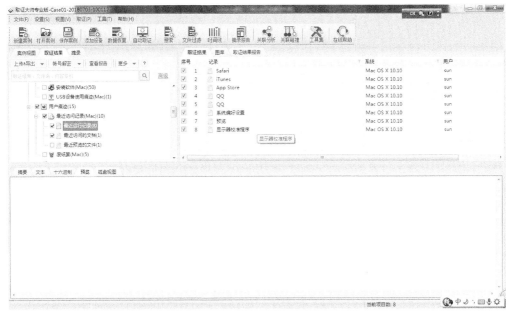

图 5-9　访问痕迹信息

（4）设备使用记录信息

在 Mac OS X 中分析接入的 USB 设备信息，可以通过日志文件/private/var/log/system.log、/private/var/log/system.log system.log.0.gz 进行分析，如图 5-10 所示。

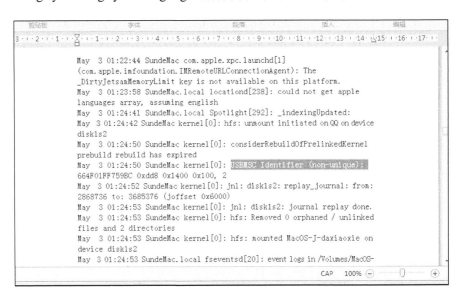

图 5-10　USB 设备使用记录

(5) 上网记录

用户使用浏览器时的历史记录、下载列表和缓存信息也是取证中常关注的重点，对于 Mac OS X 自带的 Safari 浏览器来说，其下载列表位置为/Users/用户名/Library/Safari/Downloads.plist，该文件为 plist 格式。访问历史记录文件主要有/Users/用户名/Library/Safari/History.db、/Users/用户名/Library/Safari/History.db-shm、/Users/用户名/Library/Safari/History.db-wal，缓存文件主要有/Users/用户名/Library/Caches/com.apple.Safari /Cache.db、/Users/用户名/Library/Caches/com.apple.Safari/Cache.db-shm、/Users/用户名/Library/Caches /com.apple.Safari/Cache.db-wal。以上文件为 SQLite 格式，可直接通过 SQLite 浏览器工具进行读取，大多数取证软件也能够自动进行解析，如图 5-11 所示。

图 5-11　上网记录信息

(6) 缓存与临时文件

在 Mac 系统还有其他缓存文件夹或临时文件，一些会随着关机操作而清空，一些缓存信息会越来越多，通过对这些文件夹或者文件进行分析，有利于分析用户的行为，发现相关的证据。例如，/private/var/tmp 目录下存放的是临时文件，/private/var/folders 是文件预览时使用的缓存目录，/Library/Caches 则是各种应用的缓存数据目录，/private/var/vm/sleepimage 为休眠文件等。

(7) 废纸篓

与 Windows 回收站类似，Mac OS X 废纸篓中包含用户删除的各种数据，其目录为/Users/用户名/.Trash，通过查看回收站数据，有时能挖掘与案件相关的信息。

(8) 用户数据

除上述信息外，用户各种图片、音乐、地图、下载等数据也是取证的重要来源，可根据案件的不同，关注和分析相关的文件，常见数据对应的目录如表 5-1 所示。例如，如果有地图数据，一般在 Users/用户名 Library/Containers/com.apple.Maps/Data/Library/Maps 目录下的 GeoHistory.mapsdata 和 GeoBookmarks.plist 这两个 plist 格式文件中，前者为搜索记录，后者为收藏记录。

5.3.2 Mac OS X 中电子数据证据的发现与收集实验

1. 实验背景

在一起传播淫秽色情物品的案件中，犯罪嫌疑人 A 利用计算机技术搭建色情网站，通过犯罪嫌疑人 B 传播色情图片内容，以收取会员会费的形式牟取利益。并且 A 利用编程技术，制作了木马程序，意欲窃取使用者的重要个人数据信息，对犯罪嫌疑人 A 的涉案计算机整个硬盘进行了镜像，镜像文件名为 ImageFilePC.E01，其 MD5 值为 A3098ED869DF4282F4486702113C369F；B 的 Mac OS 系统，备份文件名为 OSX-VM.zip，其 MD5 校验值为 F8F80C8E757800CEB6D94ADC7BAE84FD；A 的手机备份文件，文件名为 BackupIPhone.zip，其 MD5 值为 845DF5A02941D2B399FC6F42F25222F4；B 的手机镜像文件，文件名为 ImageFileAndroid.rar，其 MD5 值为 032349e790a3b8420564f95a093d0ef4。要求通过取证软件（不限软件，可采用 X-ways Forensics、Encase、FTK、取证大师、SafeAnalyzer 中一款或几款）搜索特定证据。要求搜索全面、准确。

2. 实验目的

（1）掌握 Mac OS 系统电子数据发现与收集的数据来源（常见位置）。

（2）掌握 Mac OS 系统电子数据发现与收集的方法。

（3）初步了解如何判断 Mac OS 系统中所发现与收集的电子数据的可靠性。

3. 实验要求

（1）通过实验搜索和查找以下证据。

问题 1：在镜像文件 ImageFilePC.E01 中有一 Mac OS 虚拟机，请给出该虚拟机的目录。

问题 2：该 Mac OS 操作系统版本信息？

问题 3：安装该 Mac OS 操作系统的磁盘分区类型（MBR、GPT 或 APM）？

问题 4：安装该 Mac OS 操作系统的磁盘 GUID 号？

问题 5：安装该 Mac OS 操作系统的最后登录用户信息？

问题 6：安装该 Mac OS 操作系统的系统版本？

问题 7：安装该 Mac OS 操作系统最近访问文件记录？

问题 8：在该 Mac OS 操作系统中搜索下载的"网易大师客户端"，并分析其下载时间。

（2）每人独立完成一份实验报告。

4. 实验器材和环境

（1）Mac OS 操作系统。

（2）取证软件若干（注：自备）。

（3）提供的镜像（或备份）文件 3 份（ImageFilePC.E01、BackupIPhone.zip、ImageFileAndroid.rar）。

5. 实验思考

（1）虚拟机 Mac OS 操作系统的 safari 浏览器历史记录存储在哪个 Sqlite 数据库中？

（2）Mac OS 操作系统的用户文档、视频数据存储在哪个目录？

5.4 iOS 中电子数据证据的发现与收集

5.4.1 iOS 中电子数据证据的发现与收集基础知识

1. iOS 系统相关概念

随着移动互联网技术的普及，移动终端已经成为人手必备的信息交流方式，人们日常生活交流已经日渐依托于手机和移动互联网，因此，从取证技术方面来说，移动设备记录了大量有形、无形的有价值的信息。目前，苹果手机的市场占有率仍旧是移动终端市场占有率高品牌之一，因此，对于 iOS 系统中电子数据证据的取证技术研究显得尤为重要。

iOS 不仅指安装在 iPhone 手机中的操作系统，也安装在 iPod Touch、iPad 等设备中。这里主要针对采用 iOS 的 iPhone 智能手机的取证分析进行探讨，其他设备的取证分析与 iPhone 基本类似，但由于其他设备一般不具备电话功能，所以不再具体阐述。

iOS 的前身是 iPhone OS，在第一部 iPhone 手机——iPhone 2G 推出时，便搭载了 iPhone OS，这种操作系统由苹果公司基于 Unix 的 Mac OS X 演变而来。

2. iOS 文件系统

在 iOS 10.3 之前，iOS 采用的是苹果公司的 HFSX 文件系统，HFSX 与苹果 Mac OS 所采用的 HFS+文件系统类似，两种文件系统的差异在于对文件系统内文件名称大小写的区分。HFS+/HFSX 文件系统结构如图 5-12 所示。

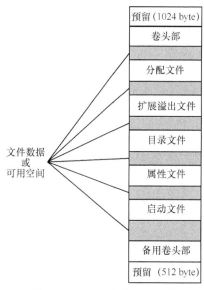

图 5-12 HFS+文件系统结构

在升级 iOS 10.3 后，文件系统已经更新为 APFS（Apple File System）。APFS 对 SSD 做出了大量针对性的技术创新，改变了传统的"复制"和"备份"概念。

在 APFS 文件系统下，复制一个文件，通过文件克隆（Clone）只会创造一个新的标记，而不会占用多余的空间，如果修改其中一个文件，APFS 会保留与源文件相同的部分，只存储不同的部分。复制的时间会变得极短，也更加节省电力。由于沙盒机制的影响，iOS 系统一个应用中的文件如果被另一个应用调用，需要再复制一遍，占用双倍的空间，而这一问题将在 APFS 中被彻底解决。

在文件克隆的原理上，APFS 在备份方面设计了磁盘快照（Snapshot）技术，可以记录下文件在某刻的状态，因为这种备份同样是基于增量的，只有文件发生变化的那一部分会占用更多的空间，所以可以更频繁地备份数据，而不用担心它们把磁盘占满。

同样，当这项技术被应用于 Time Machine 之后，备份的速度和效率都会更高。

APFS 全新的空间共享（Space Sharing）技术将传统的分区虚拟为容器（Container），只要几个容器在一个 APFS 磁盘下，那么每个分区都可以利用磁盘的最大理论空间，任意一个分区缺乏空间时，整个 APFS 下的冗余空间都可以被利用，再不会出现单独某个分区满的情况。

3．iPhone 手机取证方式

以下阐述如何对 iPhone 手机进行取证。通常情况下，类似于对 Android 系统的手机进行取证，有 3 种方式，即备份文件取证、逻辑取证和物理取证。

（1）备份文件取证

针对备份文件进行取证分析是 iPhone 取证的常见方法。在了解备份文件之前，需要对备份操作和同步操作加以区分。将 iPhone 手机和 iTunes 进行同步操作时，一般只保存特定的信息（如设备的序列号）；而进行备份操作时，会在计算机中保存手机上的一些重要数据（如 SMS 短信、通话记录、联系人以及其他应用程序数据），而此类数据往往是手机取证调查人员重点关注和主要的调查对象，所以，在进行 iPhone 手机取证时，备份文件的取证分析是最为直接、最不可忽视的途径之一。

iPhone 备份文件取证的另一个优势是，调查人员可以在拿不到 iPhone 手机的情况下，从被调查对象的计算机或移动存储介质上提取备份文件进行取证分析。

在用户使用 iTunes 对 iPhone 进行备份时，iTunes 软件通过自带的同步协议从 iPhone 手机中的特定数据区域提取数据，并将其打包为备份文件保存在计算机上，而由于采用了官方的数据同步协议，意味着备份文件中只可能包含既有的、未被删除的逻辑数据和程序数据，不会包含文件镜像或已删除的数据信息。

（2）逻辑取证

iPhone 的逻辑取证是指通过使用 iTunes 同步协议或第三方工具提取 iPhone 中指定信息、文件或文件夹的方法，一般通过逻辑取证，可以从 iPhone 手机中提取 SMS 短信、通话记录、日程安排、联系人、照片、网页浏览历史、电子邮件和绝大多数手机应用程序的数据，这种方法与上述备份文件取证一样，仅可以获取所有未被删除的数据，iPhone 手机上已经被删除的数据使用逻辑取证的方式暂无法实现完全恢复。

逻辑取证的主要原理是通过提取手机存储的 SQLite 数据库文件和 Property List（plist）文件并对其结构进行解析，从而提取相关信息，由于在 iOS 中保存，大多数应用程序数据的存储方式都采用 SQLite 数据库——包括 iOS 中保存的 SMS 短信、MMS 彩信、联系人和所有通话记录等，所以，具备一定技术基础的手机取证调查人员可以通过相应的工具，将相应的文件从 iPhone 手机中提取出来，使用相应的查看软件进行分析。在大多数情况下，这种方法可以从此类数据库中导出一定数量的数据，并可能包含一定数量有价值的潜在的证据信息。

目前，绝大多数手机取证软件都是通过此种方式提取 iPhone 手机中的逻辑数据的。

值得注意的是，在一些特定的情况下，手机取证调查人员可以借助专用的技术或工具，从 SQLite 数据库文件中进行一定程度的数据恢复，从而提取到已经被删除的信息，这种取证一般依赖于所采用的 SQLite 数据库恢复方法。尽管目前已经有方法可以通过分析 SQLite 数据库结构实现一定程度的数据恢复，逻辑恢复可为相应的后期恢复提供文件，但这并不代表逻辑取证可以从 iPhone 手机中实现数据恢复。

（3）物理取证

提到物理取证，大多数有经验的计算机取证调查人员会意识到，这种方法主要通过对设备进行镜像获取的方式进行取证，类似于在计算机取证中，对嫌疑人计算机硬盘的位对位复制或制作镜像文件。

和计算机取证一样，得到存储镜像（即手机内存的镜像）意味着调查人员可以获得最大数量的证据来源，除了可以提取前两种方式（备份文件取证和逻辑取证）所能获取到的所有数据外，还使从手机中恢复所有被删除的数据成为可能。

但提取 iPhone 手机的镜像远不如制作一块计算机硬盘副本那么容易，手机取证调查人员需要掌握一定的技术，并且利用专用的工具才能够实现；计算机取证中所使用到的一些工具在 iPhone 手机取证时也可继续沿用。例如，可以在 Linux 环境下，使用 dd 命令将已越狱的 iPhone 手机内存提取为镜像文件。

目前，Cellebrite UFED Physical Analyzer、MSAB XRY、Elcomsoft Ios Forensic Toolkit 等均支持针对 iOS 的物理取证，从原理上讲，主要吸收了越狱工具所使用的 iOS 软硬件漏洞，在 DFU 模式下进行提权，从而获得 iOS 设备的内存镜像。

4. iOS 中常见电子数据证据的收集

iOS 常见证据收集信息包括系统基本信息、手机联系人信息、短消息信息、微信信息、GPS 信息、其他应用数据信息等。以下以苹果手机备份数据取证为例，阐述常见数据的发现和收集。

（1）系统基本信息

在备份文件中，查看系统基本信息文件主要关注 info.plist、status.plist、manifest.plist 等文件，其中，info.plist 文件提供了包括 IMEI 号在内的手机硬件信息；status.plist 文件描述了 iPhone 备份的时间、备份的状态等备份信息；manifest.plist 文件保存了手机安装的 Apps 信息。这 3 个文件均为 plist 格式。manifest.mbdb 或 manifest.db 包含备份的文件名、路径等信息。manifest.db 为 sqlite 格式。

在 iOS 中，plist 最常见的格式主要有两种：一种是 XML 格式，一种是二进制格式。通过任意一款 plist 查看工具可查看其中的内容。SQLite 是一种轻型数据库格式，可以采用任意一款 SQLite 数据库查看工具查看，如图 5-13~图 5-15 所示。

（2）手机联系人信息

在案件调查中，手机联系人信息、通话记录是常调查的取证事项，一般在文件 call_history.db 中调查，但不同手机型号、不同的 iOS 版本中该文件的具体路径和文件名略有差异。若事先不知道该文件的具体路径，可通过两种方式进行确定：一是通过搜索的方式找到该文件；二是通过前述 manifest.db 文件的应用和路径对应关系确定具体的文件路径。以下所有关于文件路径的叙述中不再赘述,所提供的路径仅供参考,不同手机型号和版本可能略有不同。以 iOS 5.1.1 为例,通话历史记录一般位于"WirelessDomain-Library/CallHistory/call_history.db"中,存储系统中与通话记录相关的信息(zh),使用 SQLite expert 对该数据库进行查看,如图 5-16 所示。

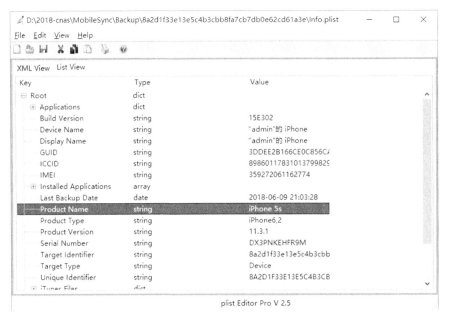

图 5-13 info.plist 中设备信息

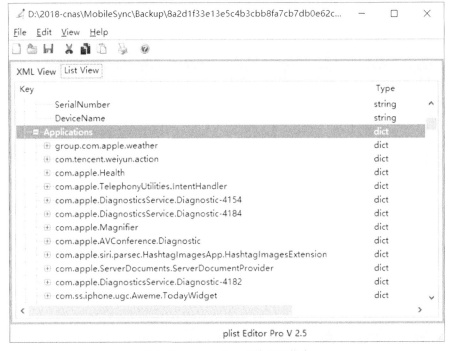

图 5-14 status.plist 文件应用信息

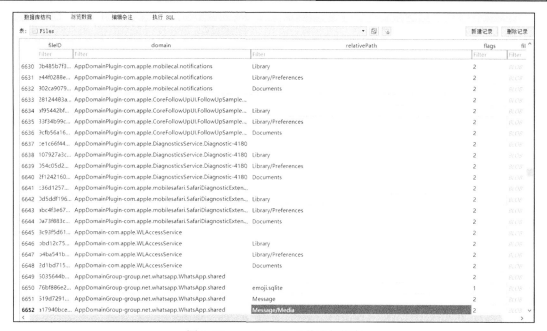

图 5-15 manifest.db 文件路径信息

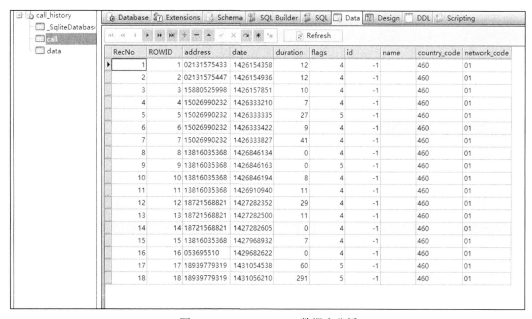

图 5-16 call_history.db 数据库分析

该数据库包含 3 个表,其中,call 表记录与通话记录相关的信息,address 项为通话号码,data 项为 Unix 时间戳,duration 项为通话持续时间,flags 项为类型(拨出拨入,是否接通)。

通信录信息一般存储在 AddressBook.sqlitedb 数据库中,但手机型号和 iOS 版本不同,路径和文件名可能略有差异。以 iOS 5.1.1 为例,在 HomeDomain-Library/AddressBook/AddressBook.sqlitedb 中,使用 SQLite 数据库查看工具,发现 ABPerson 表项中保存有通信录相关信息,如图 5-17 所示。

信息犯罪与计算机取证实训教程

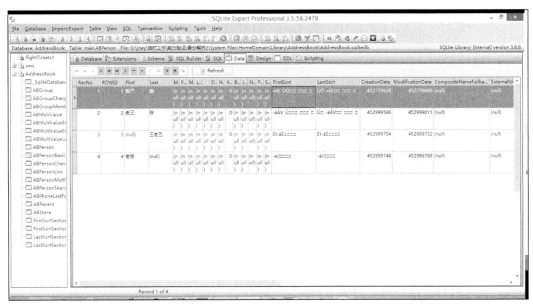

图 5-17 AddressBook.sqlitedb 分析

（3）短消息信息

短消息信息也是取证中经常关注的重点之一，在 iOS 中，一般存储在文件名为 sms.db 的数据库中。其数据库结构和其中 message 表的信息如图 5-18 和图 5-19 所示。

图 5-18 sms.db 数据结构

图 5-19 sms.db 中 message 表信息

（4）微信信息

在取证中，微信聊天记录经常包含与案件相关的证据，需要对微信信息进行解析，查出相关人员使用微信沟通的聊天记录，如图 5-20 所示。

图 5-20 通过取证软件分析的微信记录

（5）GPS 信息

GPS 信息也是手机取证中的重要信息。记录 GPS 信息的地方非常多，手机中应用不同或者设置不同，GPS 信息被记录的多少可能不同。一般情况下，通过 iPhone 手机的拍照和视频功能会记录下 GPS 信息，除此之外，各种地图软件、某些实时聊天工具、某些交通出行类应用可能会记录用户手机某时刻的 GPS 信息。图 5-21 为 iPhone 所拍照片的定位信息。

图 5-21　iPhone 所拍照片中记录的 GPS 信息

（6）其他应用数据信息

在手机中存在很多 App 软件，这些 App 软件记录的信息可能存在包含证据信息的存储数据。在对这些 App 进行取证分析时，一般情况下需要找到该应用对应哪些目录，并对这些目录下相关的 plist 文件和 SQLite 数据库进行分析，查看其中是否存在与案件相关的证据。

5.4.2　iOS 中电子数据证据的发现与收集实验

1. 实验背景

在一起传播淫秽色情物品的案件中，犯罪嫌疑人 A 利用计算机技术搭建色情网站，通过犯罪嫌疑人 B 传播色情图片内容，以收取会员会费的形式牟取利益。并且 A 利用编程技术，制作了木马程序，意欲窃取使用者的重要个人数据信息，对犯罪嫌疑人 A 的涉案计算机整个硬盘进行了镜像，镜像文件名为 ImageFilePC.E01，其 MD5 值为 A3098ED869DF4282F4486702113C369F；B 的 Mac OS 系统，备份文件名为 OSX-VM.zip，其 MD5 校验值为 F8F80C8E757800CEB6D94ADC7BAE84FD；A 的手机备份文件，文件名为 BackupIPhone.zip，其 MD5 值为 845DF5A02941D2B399FC6F42F25222F4；B 的手机镜像文件，文件名为 ImageFileAndroid.rar，其 MD5 值为 032349e790a3b8420564f95a093d0ef4。要求通过取证软件

（不限软件，可采用 X-ways Forensics、Encase、FTK、取证大师、SafeAnalyzer 中一款或几款）搜索特定证据。要求搜索全面、准确。

2. 实验目的

（1）掌握 iOS 系统电子数据发现与收集的数据来源（常见位置）。

（2）掌握 iOS 系统电子数据发现与收集的方法。

（3）初步了解如何判断 iOS 系统中所发现与收集的电子数据的可靠性。

3. 实验要求

（1）通过实验搜索和查找以下证据。

问题 1：分析 iPhone 手机的备份文件 BackupIPhone.zip，给出该手机的型号和版本号。

问题 2：分析 iPhone 手机的备份文件 BackupIPhone.zip，给出该手机的 IMEI 号。

问题 3：分析 iPhone 手机的备份文件 BackupIPhone.zip，给出该手机 SIM 卡信息（ICCID 号）。

问题 4：分析 iPhone 手机的备份文件 BackupIPhone.zip，是否安装了微信 App？

问题 5：分析 iPhone 手机的备份文件 BackupIPhone.zip，给出使用该微信的用户名。

问题 6：分析 iPhone 手机的备份文件 BackupIPhone.zip，给出该手机通话记录的存储位置。

问题 7：分析 iPhone 手机的备份文件 BackupIPhone.zip，给出该手机最后一次拨出号码。

问题 8：分析 iPhone 手机的备份文件 BackupIPhone.zip，搜索使用该手机最近一次拍摄的照片文件。

（2）每人独立完成一份实验报告。

4. 实验器材和环境

（1）iOS 操作系统。

（2）取证软件若干（注：自备）。

（3）提供的镜像（或备份）文件 3 份（ImageFilePC.E01、BackupIPhone.zip、ImageFileAndroid.rar）。

5. 实验思考

（1）如何利用 iPhone 手机拍摄的照片，分析其拍摄的地理位置？

（2）如何分析 iPhone 手机连接过的 Wi-Fi 热点？

5.5 Android 中电子数据证据的发现与收集

5.5.1 Android 中电子数据证据的发现与收集基础知识

Android 操作系统是基于 Linux 2.6 内核的操作系统，在 Android 操作系统中，Linux 内核提供了 Android 操作系统最底层的一些功能，包括显示驱动、蓝牙驱动、摄像头驱动、Flash 存储驱动、进程间通信驱动、键盘输入驱动、USB 驱动、Wi-Fi 无线网络驱动、音频驱动以及电源管理等。

在 Linux 内核之上是一系列库，这些库是实现 Android 上各种自带程序运行的基础，更是所有应用程序开发人员开发的应用程序所必需的运行环境，这些库包括 Android 系统各种应用存储所需要的 SQLite 库、提供与计算机网络相同的安全网络连接的 SSL 库、实现视频渲染的 OpenGL 库以及各种浏览器使用的 WebKit 库等。

所有的库在 Android 操作系统中被捆绑成为核心库，并运行在虚拟环境中，这就构成了 Android 平台的应用程序运行环境。

Android 应用程序开发人员在开发应用程序时，使用的 Android SDK 提供了各种访问库资源的 API 接口以及应用程序框架，所有为 Android 开发的应用程序均需要采用该框架。

1. Android 手机镜像和数据的提取

（1）Android Debug Bridge

ADB（Android Debug Bridge）是 Android 系统取证中调查人员经常接触到的一个概念，它是包含在 Android SDK 中的一个工具，包含客户端和服务器两个部分，其主要作用是在客户端（通常是计算机）建立与服务端（通常是手机）的通信，提供通过客户端执行服务端 Shell、上传/下载文件、建立各种连接并进行映射以及安装 APK 程序等功能。

默认情况下，Android 手机的 Android Debug Bridge 功能是关闭的，用户需要手动进行开启。以下以红米 Note 2 为具体实例予以描述。开启方式是进入"设置"→"关于手机"→快速连续多次单击"Android 版本"，这时屏幕会进行相关切换，以启动开发者选项。然后重新打开设置，进入"其他高级设置"，下拉至最后，可以看到"开发者选项"，进入后勾选"USB 调试"选项。

目前，市面上几乎所有手机取证软件逻辑取证与 Android 手机的通信都是通过 Android Debug Bridge 完成的，所以，在使用手机取证软件获取 Android 手机之前，应确保 USB 调试选项已经开启。

当手机端 Android Debug Bridge 开启后，ADB daemon 将在手机后台自动运行，等待即将建立的 USB 连接，但默认情况下，ADB daemon 的权限受到限制，仅在具备 root 权限的物理设备平台上，ADB daemon 才具备完全的访问权限。

手机端 ADB daemon 处于运行状态后，使用 USB 将手机与同样具备 ADB 的计算机连接，ADB daemon 将自动通过 555-5585 端口与计算机进行通信，此时计算机即可正确识别 Android 手机设备并与之通信，图 5-22 是通过 ADB 识别红米 Note 2 手机。

图 5-22 使用 Android Debug Bridge 进行手机取证的界面

通过 Android Debug Bridge，手机取证调查人员可以根据需要对手机进行文件的上传、下载，从而能够对 Android 智能手机进行逻辑数据的手动获取和分析。

（2）逻辑取证

Android 的逻辑取证是指通过 Android Debug Bridge 的方式连接手机，或者在较新的

Android 系统中使用备份功能将相应的文件进行打包，对其中主要的文件进行解析，从而得到包括短信、电话簿、通话记录以及一系列应用程序信息的过程。

在 Android 操作系统中，取证调查与 Linux 调查在一定程度上具有相似性，同时，Android 也具备一些 Linux 所不具备的特性。例如，Android 移动设备早期使用的文件系统是面向嵌入式设备的 YAFFS2 文件系统。另外，由于采用了源代码开放，Android 平台上大多数应用程序的存储方式基本类似，为手机取证调查带来了较大的便利。

Android 操作系统中大部分的数据使用 SQLite 数据库进行存储，包括 SMS 短信、MMS 彩信、联系人、通话记录等常见的各种信息。所以，除了使用现成的手机取证调查工具之外，具备一定技术基础的手机取证调查人员可以通过相应的工具，将对应的文件从 Android 设备中提取出来，使用相应的软件进行分析查看，也可以实现对于 Android 智能手机逻辑数据的获取。

（3）物理取证及 root 权限

以上介绍的通过 ADB 的方式或者手机备份的方式直接提取的数据，是一般意义上手机取证中的"逻辑数据"，就是手机上仍然存在的数据，而手机中往往还存在大量被删除的信息，通过简单的逻辑取证无法获得此类信息；与此同时，包括图片、音频、视频等多媒体信息的删除恢复也需要提取完整的存储镜像，此时，需要进行 Android 操作系统的物理取证，或者称为镜像取证。

① 物理取证

根据现有的手机取证技术，Android 智能手机操作系统的物理取证方法分为软件和硬件两种方式。

软件物理取证的方式是进行 Android 物理取证的首选，其特点是简单便捷，通过一些常用的工具和命令可以完整地获取 Android 手机的文件系统或者包含所有分区的镜像文件；软件物理取证目前主要有两种方法。

方法 1 针对某些品牌型号的手机，使用专门修改的 loader 进行引导，从而实现物理转储。例如，市场上使用较为广泛的 Cellebrite UFED 设备，对于三星等品牌的一些型号的手机采用这种方式。

方法 2 近似物理取证，在具备手机 root 权限的情况下，通过终端在手机端执行 dd 命令，或者采用类似的方法进行获取。

通过硬件方式进行物理取证主要有拆焊芯片、JTAG 两种方式。JTAG 是联合测试工作组（Joint Test Action Group）的简称，通常代表测试访问端口和边界扫描结构标准，即 IEEE 1149.1 标准。由于 JTAG 是一个被普遍接受的测试标准，大部分电子设备均采用 JTAG 方式进行测试或扫描，绝大多数手机等设备均具备 JTAG 端口，JTAG 端口还可以用于内存的读取和恢复。此外，需注意拆焊芯片的方式会对手机产生不可还原的影响，并且具有较高的风险，所以一般不作为首选的物理取证方式。

② root 权限

root 是 Linux 和基于 Linux 内核的 Android 操作系统中具备最高权限的用户，默认情况下，任何 Android 设备都是不具备 root 权限的，这样通过 ADB 的方式将无法访问所有数据，因此，通过软件方式对 Android 手机进行取证，必须先使设备取得 root 权限。

对 Android 手机进行 root 权限的获取，主要利用 Linux 内核的漏洞进行，一般来说，对 Android 手机获取 root 权限主要有以下方式。

方式 1　获取临时 root 权限，这种方式主要利用一些漏洞进行，临时 root 权限获取后在重新启动之前保持有效，但一旦重启设备，root 权限即被清除。

方式 2　完全 root 权限，也称永久取得 root 权限，通过这种方式获取 root 权限后，重启设备不会导致 root 权限被清除。

方式 3　恢复模式 root 权限，这种 root 权限需要通过进入 Android 恢复模式，输入第三方 ROM 获取，由于这种方式会覆盖原有操作系统的数据，故不宜作为取证方法。

目前，互联网上很多工具和程序都能对 Android 设备获取 root 权限，这种方法已被动词化，称之为"root 一部手机"。

（4）Android 逻辑数据提取和分析

这里主要针对 Android 操作系统逻辑数据的获取进行讲解，使读者了解如何使用适当的工具将数据从 Android 手机中提取出来，并配合其他第三方软件进行解析和查看，通过这种分析方法，手机取证调查人员能够在不具备现成的手机取证软硬件设备的条件下，快速有效地进行逻辑数据的手工提取和分析。以下提取和分析的环境是基于采用 Android 5.0.2 的红米 Note 2。

在以上内容中，曾提到目前市场上大部分针对 Android 的取证软件都是通过 Android Debug Bridge 进行的，为了便于理解 ADB 的作用，首先使用 ADB 作为提取数据的工具进行讲解。

① 在提取过程开始之前，应首先配置 Android Debug Bridge 环境。使用 Windows 操作系统作为取证调查环境的调查人员，应当首先下载并安装 Android SDK，安装完成后，打开 Android SDK Manager，在 Package 中选择 Extras 中的 Google USB Driver package，单击 Install Packages。SDK 管理器会对选定的包进行安装，安装该包的目的是在取证计算机安装通用的 Android 驱动程序，以期能够正确识别待取证手机设备。

② 在 Android SDK 和 Google USB 驱动程序安装完毕后，手机取证调查人员应当选择并配置一个用于连接手机的终端程序，一般可以使用 SecureCRT、Putty 等终端，也可以使用 Windows 自带的命令行作为终端。这里以使用 Windows 命令行为例。使用 Windows 命令行模式作为终端时，手机取证调查人员首先需要在 Windows 中将 Android Debug Bridge tools 的位置添加到 Windows 系统变量中，以便在命令行中快速调用。

打开"环境变量"，选择 Path，单击"编辑"，在原有的变量值行的最后新建一个路径，之后，将 Android SDK 目录下 platform-tools 文件夹的路径粘贴（例如，该路径为 D:\Android\android-sdk\platform-tools），之后单击"确定"保存，如图 5-23 所示。

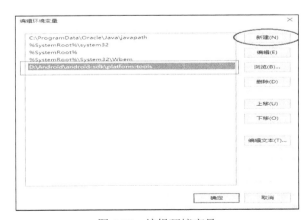

图 5-23　编辑环境变量

至此，Windows 操作系统上使用命令行模式的准备工作完成。

③ADB 的使用

下面，遵循以下顺序使用 Windows 命令行模式连接 Android 手机。

• 在 Windows 中，运行 cmd，对于 Windows Vista、Windows 7、Windows 8 或者 Windows 10 用户，应当选择使用管理员权限运行。

• 输入 adb，按 Enter 键，如果 ADB 已经正确配置，命令提示符将显示 ADB 的帮助信息，如图 5-24 所示。

图 5-24　ADB 的使用 1

• 将待取证的 Android 手机使用 USB 数据线连接至取证计算机，之后，计算机将进行驱动程序识别，如出现无法识别的情况，取证调查人员应当根据手机品牌和类型安装相应的驱动程序。

• 待手机被正确识别后，回到命令提示符窗口，输入 adb devices，按 Enter 键后，ADB 将检测目前已经连接的 Android 设备。如图 5-25 所示，ADB 检测到的 EEW4CQR899999999 即为已经连接到取证计算机的红米 Note 2 手机，正常情况下，小米手机在检测时显示的信息为该手机的序列号码。

图 5-25　ADB 的使用 2

• ADB 正确识别手机后，运行 adb shell 命令，远程连接到手机的 shell，连接成功后，终端显示 "shell@hermes:/ $"（注：不同的手机显示结果可能不同，如 HTC 手机显示是 "#"），如图 5-26 所示。

图 5-26 ADB 的使用 3

• 切换到 android 设备的 android/data 目录，如图 5-27 所示。此处之所以有 sdcard0，是因为此处作为示例的手机自行外置存储，此时选择手机的内置存储。

图 5-27 ADB 的使用 4

• 列出 android/data 目录可以发现，该目录保存了 Android 操作系统中大部分系统应用和安装的第三方应用程序的数据。

• 在连接上手机 shell 的情况下，手机取证调查人员可以使用 pull 和 push 命令分别从手机中下载和上传文件。

当然，除了使用终端手动获取之外，还可以使用第三方工具直接读取文件系统。

2. 安卓手机常见电子数据证据的发现与收集

与苹果手机关注内容类似，安卓手机常见电子数据证据主要包括系统基本信息、通话信息、短信信息、微信信息、GPS 信息、其他应用数据信息等。

（1）系统基本信息

设备信息包括手机的品牌型号、IMEI、ICCID 等信息。一般在 system 分区/build.prop 和 /vendor/build.prop 等文件中记录有设备信息，在 data 分区 coreapps_pref.xml 和很多 App 应用中均记录了 IMEI 信息，如图 5-28 所示。

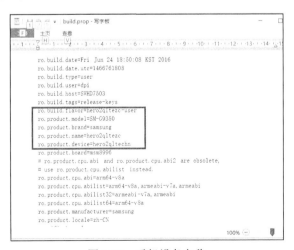

图 5-28 手机设备名称

sim 卡信息主要记录在 data 分区/data/com.android.providers.telephony/databases /telephone.db 数据库中的 siminfo 表中，data 分区/data/com.android.phone/shared _prefs/com.android.phone_preferences.xml 也记录有 ICCID 等信息，如图 5-29 和图 5-30 所示。

表: siminfo

	_id	icc_id	sim_id	display_name	carrier_name	name_source	color	nu
	Filter	Filter	Filter	Filter	Filter	Filter	Filter	Filte
1	1	89860115831014033998	1	CARD 2	无服务	0	-16746133	
2	2	89860114963104942308	0	CARD 1	无服务	0	-16746133	

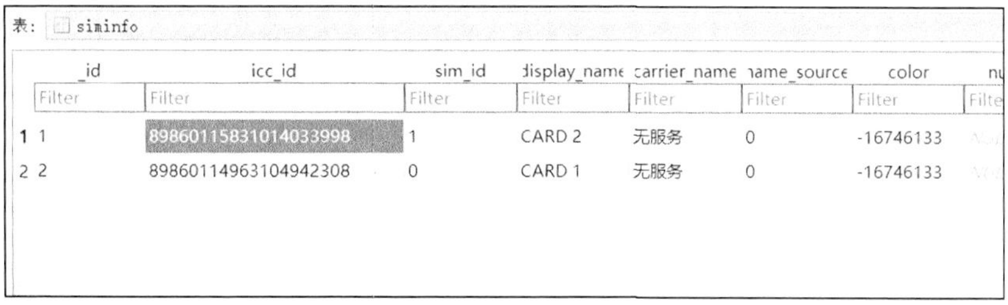

图 5-29 siminfo 表中记录的 sim 卡信息

```
<?xml version="1.0" encoding="UTF-8" standalone="true"?>
- <map>
    <boolean value="false" name="cf_iconkey_voice0"/>
    <string name="key2_gid1"/>
    <boolean value="false" name="bip.pref.enable"/>
    <string name="cf_imsikey0">460017256996868</string>
    <string name="emergency_call_number_customer_spec">46001 08,000,110,112,118,119,120,122,911,999 08,
        08,000,110,112,118,119,120,122,911,999 08,000,110,112,118,119,120,122,911,999 46002 08,000,110,11
        08,000,110,112,118,119,120,122,911,999 08,000,110,112,118,119,120,122,911,999 46008 08,000,110,11
        08,000,110,112,118,119,120,122,911,999 08,000,110,112,118,119,120,122,911,999 46003 08,000,110,11
        08,000,110,112,118,119,120,122,911,999 08,000,110,112,118,119,120,122,911,999</string>
    <string name="cf_imsikey1">460011640359378</string>
    <string name="build_fingerprint">samsung/hero2qltezc/hero2qltechn:6.0.1/MMB29M/G9350ZCU2APF7:user/r
    <string name="key_gid1"/>
    <boolean value="false" name="cf_iconkey_voice1"/>
    <string name="key_iccid1">89860115831014033998</string>
    <int value="0" name="key_paystate"/>
    <boolean value="false" name="cf_iconkey_video0"/>
    <boolean value="false" name="cf_iconkey_video1"/>
    <string name="key_iccid0">89860114963104942308</string>
</map>
```

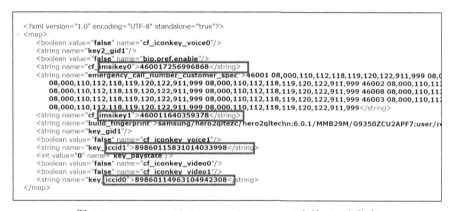

图 5-30 com.android.phone_preferences.xml 中的 sim 卡信息

（2）通话信息

在 Android 操作系统中，通话记录与联系人保存在同一个数据库中，该数据库的名称为 contacts2.db，其存放的目录为/data/com.android.providers.contacts/databases。在手机未进行 root 权限情况下，是无法查看到此文件夹的，所以要想提取该数据库文件，首先必须对手机进行 root 权限操作。之后调查人员可以将该文件副本复制到取证计算机中，使用任意一款 SQLite 数据库查看软件打开该数据库文件即可，然后根据数据库中的具体数据进行详细分析。图 5-31 为 contacts2.db 数据库中 calls 表通话记录信息。

calls

_id	number	sentat	date	uratic	_us	type	atur	com	ripti	cour	cou	ib_	new	name	ib
Filter	Filter	Filter	Filter	Filter	F...	Fil...	Fil...	Fil...	Fil...	Fil...	F...	F...	Fi...	Filter	F
1	18939779319	1	1495525987091	179		2	0				0	-1	0	客户吴己	2
2	18939769507	1	1495530153706	50		2	0				0	-1	0	客户赵甲	2
3	18917556607	1	1495530257612	0		2	0				0	-1	0	客户钱乙	2
4	18117372607	1	1495530402188	0		2	0				0	-1	0	客户孙丙	2
5	18117375879	1	1495530495177	0		2	0				0	-1	0	客户李丁	2
6	18117372039	1	1495530541080	0		2	0				0	-1	0	客户周戊	2
7	18939766079	1	1495530593141	42		2	0				0	-1	0	客户郑庚	2
8	18523170933	1	1495603288929	60		1	0				0	-1	0		
9	18939779319	1	1495621643153	57		2	0				0	-1	1	客户吴己	2

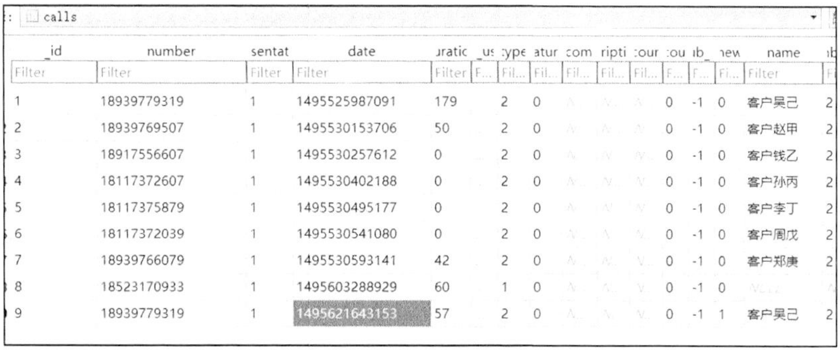

图 5-31 contacts2.db 数据库

（3）短信/彩信的提取和分析

Android 操作系统大多数逻辑数据的存储都是基于 SQLite 数据库的，这样，手机取证调查人员大多数的取证工作都可以利用标准的数据库管理软件进行，并且数据格式非常规范，有利于进行分析和数据筛选。

在通常情况下，Android 系统的手机中，SMS 文字短信和 MMS 彩信都存储在名为 mmssms.db 的 SQLite 数据库中。而 mmssms.db 文件所在目录为 data/com.android.providers.telephony/databases/。对短信提取和分析也需要首先对手机进行 root 权限操作方能看到此文件夹。图 5-32 为 mmssms.db 信息。

图 5-32　mmssms.db 信息

（4）微信信息

国内使用微信的用户数非常高，它是取证中常关注的重点应用之一。通常位于 data 分区 /data/com.tecent.mm/Micromsg/目录下的某个子目录下，文件名为 EnMicroMsg.db，该文件为加密的 SQLite 数据库文件。要破解其中信息，需要找到 IMEI 和 UIN 信息，并将其拼接字符串后计算 MD5 值，取前 7 位小写的字符串为数据库密码。通常情况下，国内大多数取证软件能够自动解析微信记录。需要注意的是，微信或者其他加密的应用可能不断更新，其加密方式可能发生变化，此时应根据其加密原理和方法做相应调整。图 5-33 为 EnMicroMsg.db 中 message 表信息。

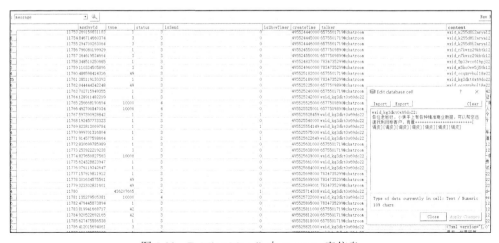

图 5-33　EnMicroMsg.db 中 message 表信息

（5）GPS 信息

在安卓手机中，很多应用均会记录 GPS 信息，如地图软件、聊天工具、交通出行类应用等。通过对这些应用中 GPS 信息搜索能够发现大量的 GPS 信息。

（6）其他应用数据信息

同 iOS 一样，在手机中存在很多 App 软件，这些 App 中可能存在包含证据信息的数据。大多数 App 的数据均存放在 SQLite 数据库中。因此，在对 App 取证分析时，一般情况下需要找到该应用对应哪些目录，并对这些目录下 SQLite 数据库进行分析，查看其中是否可能存在与案件相关的证据。

5.5.2 Android 中电子数据证据的发现与收集实验

1. 实验背景

在一起传播淫秽色情物品的案件中，犯罪嫌疑人 A 利用计算机技术搭建色情网站，通过犯罪嫌疑人 B 传播色情图片内容，以收取会员会费的形式牟取利益。并且 A 利用编程技术，制作了木马程序，意欲窃取使用者的重要个人数据信息，对犯罪嫌疑人 A 的涉案计算机整个硬盘进行了镜像，镜像文件名为 ImageFilePC.E01，其 MD5 值为 A3098ED869DF4282F4486702113C369F；B 的 Mac OS 系统，备份文件名为 OSX-VM.zip，其 MD5 校验值为 F8F80C8E757800CEB9D4ADC7BAE84FD；A 的手机备份文件，文件名为 BackupIPhone.zip，其 MD5 值为 845DF5A02941D2B399FC6F42F25222F4；B 的手机镜像文件，文件名为 ImageFileAndroid.rar，其 MD5 值为 032349e790a3b8420564f95a093d0ef4。要求通过取证软件（不限软件，可采用 X-ways Forensics、Encase、FTK、取证大师、SafeAnalyzer 中一款或几款）搜索特定证据。要求搜索全面、准确。

2. 实验目的

（1）掌握 Android 系统电子数据发现与收集的数据来源（常见位置）。

（2）掌握 Android 系统电子数据发现与收集的方法。

（3）初步了解如何判断 Android 系统中所发现与收集的电子数据的可靠性。

3. 实验要求

（1）通过实验搜索和查找以下证据。

问题 1：分析 Android 手机的镜像文件 ImageFileAndroid.rar，给出该手机的型号和版本号。

问题 2：分析 Android 手机的镜像文件 ImageFileAndroid.rar，给出该手机的 IMEI 号。

问题 3：分析 Android 手机的镜像文件 ImageFileAndroid.rar，给出该手机 SIM 卡信息（ICCID 号）。

问题 4：分析 Android 手机的镜像文件 ImageFileAndroid.rar，是否安装了微信 APP？

问题 5：分析 Android 手机的镜像文件 ImageFileAndroid.rar，给出使用该微信的用户名。

问题 6：分析 Android 手机的镜像文件 ImageFileAndroid.rar，给出该手机通话记录的存储位置。

问题 7：分析 Android 手机的镜像文件 ImageFileAndroid.rar，给出该手机最后一次拨出号码。

问题 8：分析 Android 手机的镜像文件 ImageFileAndroid.rar，搜索使用该手机最后接收的一封电子邮件，给出其内容。

（2）每人独立完成一份实验报告。

4. 实验器材和环境

（1）Android 操作系统。

（2）取证软件若干（注：自备）。

（3）提供的镜像（或备份）文件 3 份（ImageFilePC.E01、BackupIPhone.zip、ImageFileAndroid.rar）。

5. 实验思考

（1）如何分析 Android 手机连接过的 Wi-Fi 热点？

（2）如何判断 Android 手机的微信记录是否加密？

第6章
电子数据证据的固定与保全实验

6.1 Hash

6.1.1 Hash 基础知识

1. 镜像与 Hash

磁盘镜像,是对存储介质全部或者部分进行位对位复制后生成的物理镜像或镜像文件。在计算机取证过程中,如果直接在被取证计算机系统的磁盘上进行操作,可能会对原始数据造成损坏,而一旦这些数据受到损坏,不能被还原,这将破坏原始的犯罪证据。因此,取证过程中的任何操作都应该避免在原始的硬盘或者存储介质上进行。使用"磁盘镜像"技术,对包含犯罪证据的磁盘复制多个副本可有效避免破坏犯罪现场的原始证据信息。这里的复制必须是按位复制,包括磁盘的临时文件夹、交换文件以及磁盘未分配区等"完全复制"到镜像盘中。

电子数据在传输、使用、存储时可能出现损坏甚至被伪造的情况,如腐蚀、强磁场的作用、人为的破坏等都会造成原始证据的改变或消失。司法取证中,必须保障这些数据自被调取出来之后的较长时间内,其特性不因未授权的操作而发生变化。镜像文件虽能完全复制原始数据,但不能验证数据是否可能被更改,无法保障完整性,必须引入一定的校验机制。

一种最基本的要求是对镜像或者单个证据文件进行 Hash 完整性校验。Hash 又称散列编码,是用 Hash(又称杂凑、散列)算法求出某个消息的散列值的过程。散列值相当于消息的指纹,因为在一般情况下,它对每条消息都是唯一的。如果 Hash 算法设计得好,由两个不同消息计算得出同一散列值(即引起冲突)的概率是很小的。Hash 校验对于判别信息是否被改变非常方便。如果信息被改变,原散列值就会与由接收者所收消息计算出的散列值不匹配。

目前能够进行散列值计算的软件非常多,如 IgorWare Hasher(支持 64 位和 32 位)、Hash Generator 等,支持的算法有 MD2、MD4、MD5 和 SHA 等,可以校验下载文件的完整性。

另外，几乎所有的取证软件均提供 Hash 校验的功能。由于 Hash 校验值的生成操作在各个软件中大同小异，因此在本实验教程中仅以 Hash Generator 为例，进行实际操作的介绍。以下是利用 Hash Generator 计算 Hash 值的操作过程。

（1）打开已经安装好的 Hash Generator，其初始界面如图 6-1 所示。

图 6-1　Hash Generator 初始界面

（2）Hash Generator 提供两种输入格式，对于文件散列值的生成，可以选择待校验的文件，单击生成散列值，结果如图 6-2 和图 6-3 所示。

图 6-2　文件散列值 1

（3）对于指定文字的散列值生成可以将该段文字复制粘贴入文本框中，并单击生成散列值，结果如图 6-4 和图 6-5 所示。

图 6-3　文件散列值 2

图 6-4　文字散列值 1

图 6-5　文字散列值 2

6.1.2　Hash 实验

1. 实验背景

通过 Hash 工具学习 Hash 值的计算方法。要求对当前系统某一目录下所有文件计算 MD5 值，并将其结果保存在文件中。

2. 实验目的

（1）掌握 Hash 的原理和作用。

（2）掌握常见 Hash 校验工具的使用方法。

（3）熟练掌握 MD5 和 SHA256 两种 Hash 校验方法。

3. 实验要求

要求使用取证软件和 Hash 校验工具，对当前系统中 SYSTEM32 目录下所有文件的 MD5 值进行校验。以 FTK Imager 为例，可通过以下方法进行。

（1）使用 AccessData FTK Imager 的"Add Evidence Item"功能，将需要计算的文件目录加入证据中，如图 6-6 所示。

（2）使用 AccessData FTK Imager 的"Export File Hash List"功能计算整个目录下文件的 MD5 值，并导出，如图 6-7 所示。

（3）每人独立完成一份实验报告。

4. 实验器材和环境

（1）Windows 操作系统。

（2）Hash 校验工具（注：自备，如使用 FTK Imager）。

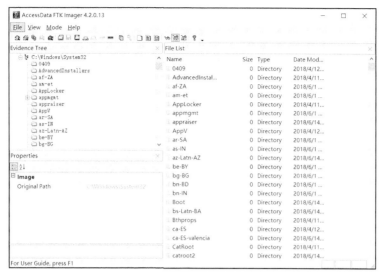

图 6-6　FTK 加入文件夹内容

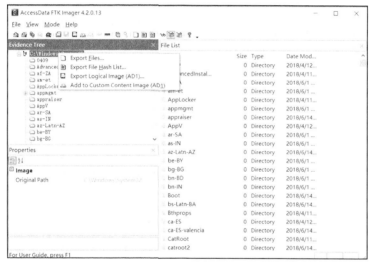

图 6-7　Hash 值的计算与导出

5．实验思考

（1）仅修改文件名，其 MD5 值和 SHA256 值是否会发生改变？

（2）将扩展名为.docx 的微软 Word 文件，另存为"新文件.docx"文件，其 MD5 值是否会发生改变？

6.2　硬盘复制机

6.2.1　硬盘复制机基础知识

硬盘复制机又称硬盘克隆机，是实际司法过程中对嫌疑犯使用过的计算机进行取证的常用工具。硬盘复制机是一种硬盘对硬盘的复制机，可实现完全的复制，并使用 CRC、MD5 等校验技术确保生成的复制数据与源硬盘数据的一致性。近年来，我国有多种类型的硬盘复制机应用于各种司法实践，市场上硬盘数据复制产品主要有以下几类。

（1）为司法需要而特殊设计的 SOLO-III、SOLO-II、MD5、SF-5000、SFK-000A 专用硬盘取证设备；适合 IT 业硬盘复制需要的 SONIX、Magic JumB0、DD-212、DD-218、DD-6000、Solitaire Forensics Kit、Echo 硬盘复制机。

（2）综合实现硬盘取证和数据分析需要的多功能取证箱，如 Road MASSter-II、计算机犯罪取证勘查箱、"天宇"移动介质取证箱、"网警"计算机犯罪取证勘察箱、"美亚"网警 DC-8101/CD-101 系列。

（3）针对无法打开机箱的计算机硬盘专用获取设备，如 LinkMasster-II、"全能复制王"、CD-500 等。

各类型的硬盘复制机各有特色，概括起来，一般普遍具有以下几大功能。

（1）对存储在嫌疑硬盘中的所有数据提供严格按位复制的保证，包括已删除的文件、未使用空间和文件空白处。

（2）多种校验方式：SHA256、MD5、CRC 等。

（3）坏扇区修复能力、数据擦除能力。

（4）支持各种操作系统（Windows 系统、Linux、Unix）及文件系统（FAT、FAT32、NTFS、EXT）。

（5）支持 IDE、SATA、SCSI、USB 等多种接口类型。

（6）可扩展适配器接口，支持不同容量、品牌、型号等主硬盘和目标盘，如 3.5"台式普通硬盘、2.5"笔记本计算机硬盘，以及 1.8"东芝笔记本计算机小硬盘等。

（7）自动生成取证记录并存储在 CF 卡上。

（8）支持磁盘阵列（软硬件 RAID），可同时复制多块目标硬盘。

除此以外，复制速度、体积大小，以及操作性也是复制机应考虑的问题。特别是在某些时间、存取程序或支配程序受到限制的场合。例如，硬盘不能拆走，而只能在现场分析时，检查人员更乐于使用手持式硬盘复制机，因为它具有相对较快的复制速度以及良好的易用性和便携性。

当前，比较普遍使用的是 Tableau TD2 及 TD3、SOLO 4、Forensic Falcon 以及取证魔方（DC-8811）、高速硬盘复制机（DC-8202）等设备。国内外硬盘复制设备性能基本达到同等水平，SATA III 代机械硬盘复制速度一般可达 6~7 GB/min，SSD 硬盘复制可高达 20 GB/min 以上。

"取证魔方"是厦门美亚柏科信息股份有限公司研发的一款适合执法部门进行现场勘查分析的综合取证一体化设备，如图 6-8 所示。成立于 1999 年的美亚柏科是国内最早从事取证工具研发的公司之一，也是全球电子数据取证产品的两家上市公司之一。2011 年，取证魔方获得中国创新设计大奖——红棉奖。2014 年，取证魔方通过美国 FCC 和欧洲 CE 认证。

取证魔方采用全球领先的高速硬盘复制、自动取证分析、动态系统仿真等多任务并行处理技术，同时提供了符合司法有效性的写保护功能，使现场进行证据固定、电子数据取证分析工作简单快捷，大大提高现场勘查的效率，是国内最受欢迎且用户数最多的一款取证一体化设备，有电子数据取证界的"瑞士军刀"之称。

图 6-8　取证魔方

在硬盘复制方面，取证魔方支持多种只读和复制接口（IDE、SATA、SAS、SCSI、USB），支持一对一、二对二等多路并行复制，硬盘复制速度可达 27 GB/min。在复制或镜像时可进行关键词搜索，并可将结果导入取证大师进行关联查看。取证魔方支持对目标计算机进行不拆机硬盘复制，支持分别或同时加载/卸载多个只读源盘接口，包括 SATA/SAS 接口、IDE 接口及 USB 接口，并且支持续点复制、续点镜像功能。

在数据分析方面，取证魔方支持对指定的源盘进行预分析，提取指定分析策略相关的文件到本地磁盘上，提取完毕后，再对提取到本地的相关文件进行解析，同时启动硬盘复制功能，把源盘的所有数据复制到目标盘。还可在复制的同时查看分析数据的结果。此外，取证魔方内置取证大师专业版，支持对磁盘中的数据进行深度分析及数据恢复，还支持通过取证服务云对 QQ、飞信、阿里旺旺、Skype 等密码密钥的提取。

在系统仿真方面，取证魔方支持 Windows 10、Windows 8.1、Windows 8、Windows Server 2012、Windows 7、Windows Vista、Windows XP、Windows 2008、Windows 2003、Windows 2000，多种版本的 Linux，以及基于 X86 架构 10.10、10.9 和以下版本 Mac OS 的系统仿真；并支持对整个硬盘（MBR 格式和 GPT 格式）、全盘镜像或分区镜像（DD 文件、E01 文件、Img 文件等）的仿真。

取证魔方可快速批量生成现场快速分析工具"取证精灵"U 盘，对现场正在运行的大量计算机系统进行数据快速提取及分析（如企业单位、网吧等场合）；可制定各种现场取证策略，提取特定数据，加快数据提取速度，特定数据包括上网记录、即时通信信息、电子邮件、加密文件、各类文档等；支持现场快速分析，或现场只导出相关重要文件，缩短现场信息获取时间；支持预先设置关键词信息，现场快速查获所需的机器。

6.2.2　硬盘复制机实验

1. 实验背景

通过硬盘复制机的使用，掌握硬盘复制机从硬盘到硬盘的位到位复制方法以及从硬盘到镜像文件的位到位复制方法。熟悉从拆机到复制成镜像文件的整个流程，了解在案件侦查中现场数据复制的法律程序。

2. 实验目的

（1）掌握硬盘复制机的使用。

（2）掌握硬盘复制机常见功能。

（3）掌握硬盘复制机 Hash 校验方法、硬盘数据的安全擦除方法。

3. 实验要求

教师提供一台涉案的笔记本计算机，要求对该计算机进行全盘镜像，以便将其送往实验室进一步分析，并按教师要求完成实验报告。以 DC-8103 为例，可参考以下过程进行。

（1）拆开笔记本计算机、取出检材硬盘，如图 6-9 所示。请注意送检笔记本请勿开机查看，一般先进行镜像，再通过专业取证设备分析镜像文件。

图 6-9 拆开计算机取出硬盘

（2）记录硬盘信息，对硬盘贴标签，同时记录下硬盘的型号和序列号。在复制之前需记下检材设备的序列号或其他标记信息，同时还需记录检材硬盘的型号和序列号，必要时贴上标签。用作存储数据的目标盘也同样进行记录和标记。特别注意区分目标盘和源盘。本例中，目标盘大小 1 TB，序列号 SN 为 WES38M53；源硬盘 250 GB，序列号 SN 为 5RG79BN4，如图 6-10 和图 6-11 所示。

图 6-10 查看和记录检材硬盘信息

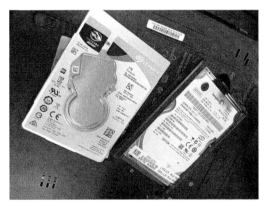

图 6-11 查看和记录目标盘信息

（3）将源硬盘设备和目标硬盘设备，分别与复制机进行连接。注意区分目标盘与源硬盘，然后打开硬盘复制机,如图6-12所示。

图6-12 连接复制机

(4)对连接的硬盘进行自动检测,确定硬盘是否存在问题,如图6-13所示。

图6-13 目标硬盘检测

(5)若目标硬盘未进行格式化,对其进行格式化,如图6-14和图6-15所示。一般复制机具有防止对源盘误操作的功能,为保障安全性,此操作也可在源盘连接到硬盘复制机前进行。

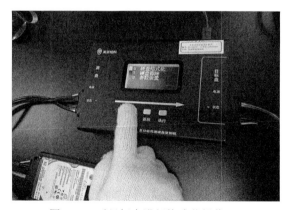

图6-14 对目标盘进行格式化操作

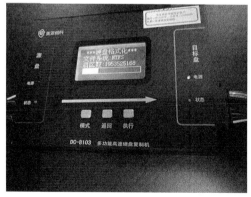

图6-15 目标盘格式化

(6)通过对硬盘复制机的菜单进行选择,确定选择"硬盘镜像"操作,再选择"镜像带校验模式:MD5",如图6-16和图6-17所示。

 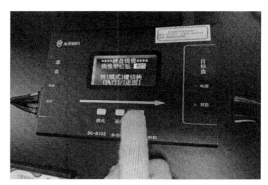

图 6-16　选择硬盘镜像　　　　　　　图 6-17　选择校验模式 MD5

（7）等待硬盘复制机复制结束，记录校验 MD5 值，本例如图 6-18 和图 6-19 所示。

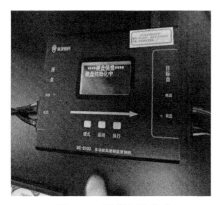 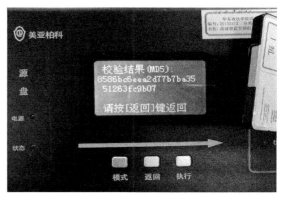

图 6-18　磁盘初始化中　　　　　　　图 6-19　校验结果

4．实验器材和环境

（1）螺丝刀等工具。
（2）硬盘复制机一台。
（3）标签纸若干。
（4）目标盘一个。
（5）被检测计算机一台。

5．实验思考

（1）为什么使用硬盘复制机进行数据复制？
（2）为什么送检计算机一般不宜先开机查看内容再进行硬盘复制？
（3）硬盘复制过程中进行 MD5 校验的作用是什么？

6.3　使用软件制作镜像

6.3.1　使用软件制作镜像基础知识

除了通过硬件镜像硬盘数据外，还可以使用软件制作镜像。其中，有两款免费工具比较常用：一款是 AccessData 公司提供的 FTK Imager 工具；一款是 Guidance Software 公司提供的 Encase Imager 工具。此处仅以 FTK Imager 为例，介绍如何通过软件制作磁盘镜像。

1. FTK Imager 介绍

FTK Imager 是一个数据预览和映像工具，它可使调查人员快速访问电子证据以确定是否有必要使用 FTK 或其他分析工具做进一步分析；FTK Imager 能够在不更改原始证据的情况下创建计算机数据的精确副本。

使用 FTK Imager 可以完成以下几个功能。

第一，预览功能。FTK Imager 可以预览本地硬盘驱动器、软盘、Zip 磁盘、CD 和 DVD 中的文件和文件夹；可以预览在本地计算机或网络驱动器上存储的镜像文件内容；可以从镜像文件中导出文件和文件夹。

第二，精确复制功能。FTK Imager 为本地硬盘驱动器、软盘、Zip 磁盘、CD 和 DVD 创建精确副本。

第三，报告生成功能。FTK Imager 能生成常规文件和磁盘映像（包括磁盘映像中的文件）的散列报告。

2. FTK Imager 使用

在使用 FTK 预览、制作副本之前，需要将预览或制作副本的硬件介质接入装有 FTK Imager 软件的计算机设备上。如果调查计算机本身没有写保护接口，那么在挂载被检测的硬件介质时，应该在调查机器与硬件介质之间接入写保护设备，保证调查机器的操作系统不能修改被检测的硬件介质中的文件或数据。

连接好硬件介质后，可以打开 FTK Imager 软件，如图 6-20 和图 6-21 所示。

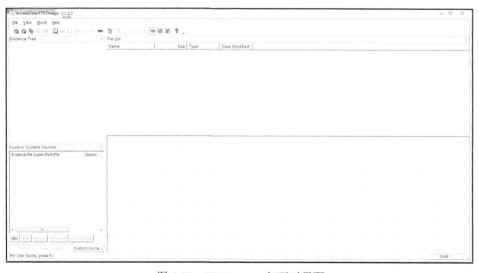

图 6-20　FTK Imager 打开时界面

由图 6-21 可知，FTK Imager 界面窗口分为 4 个部分。其中，左上部分为证据树窗口、左下部分是属性窗口、右上部分是文件列表窗口、右下部分是十六进制值解释器和查看器窗口。各窗口可以通过操作停靠在任何地方。

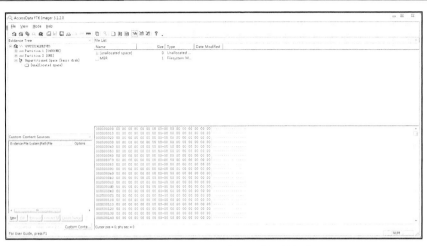

图 6-21　FTK Imager 加入证据后界面

添加（或删除）证据项时，可以从菜单中选择文件>添加证据项或单击工具栏中的相应按钮，如图 6-22 和图 6-23 所示。

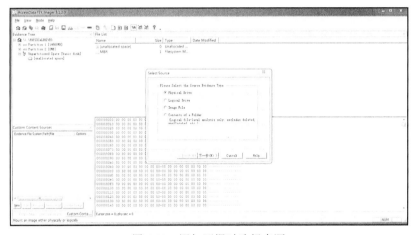

图 6-22　添加证据时选择来源

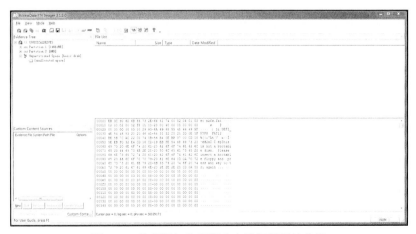

图 6-23　选择添加物理驱动介质证据后的信息

创建镜像文件时，FTK Imager 允许将单个映像文件写入单个目标位置，或将多个映像文件同时写入多个目标位置。可以将现有镜像文件转换为其他格式的镜像文件。可以从证据项中导出或复制文件，以便按需打印、采用电子邮件发送或组织文件，而无须更改原始证据，如图 6-24 所示。

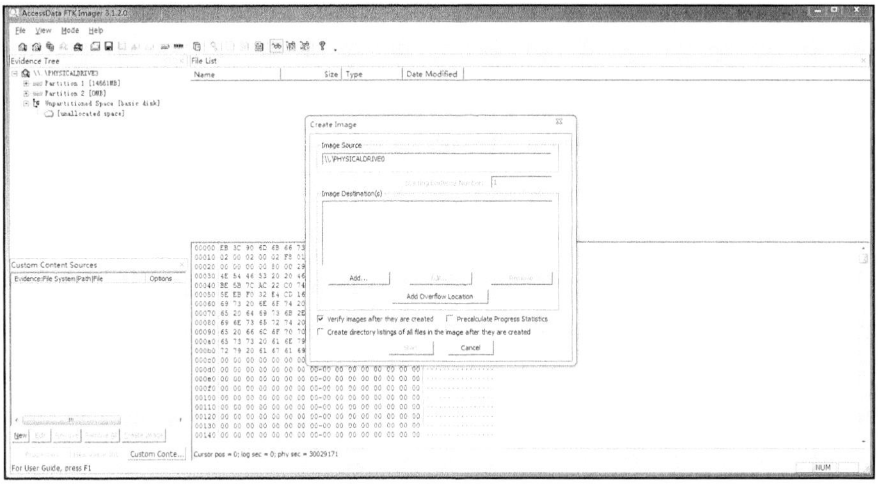

图 6-24 创建镜像文件

FTK Imager 可以导出散列报告。散列是基于文件内容生成的唯一值，该值（又称 Hash 值或数字指纹）可以用于证明文件副本在任何方面都与原始文件相同。对于改变了的文件，散列值则不同。FTK Imager 的"导出文件散列列表"功能使用 MD5 和 SHA1 散列算法生成文件的散列编号。将散列列表另存为以"，"分割的值的文件（*.csv），可以使用电子表格类应用程序查看此文件，如 Microsoft Excel，或将其作为 KFF 数据库导入 FTK 中，如图 6-25 和图 6-26 所示。

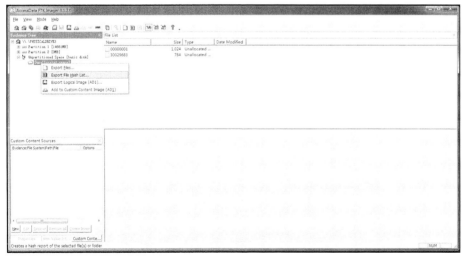

图 6-25 导出文件 Hash 值菜单

	MD5	SHA1	FileNames
2	3a86cc7ee	286cffeb(	\\.\PHYSICALDRIVE3\Partition 2 [OMB]\UEFI_NTFS [FAT12]\[root]\EFI\Boot\bootarm.efi
3	43b731232	9fac458f(	\\.\PHYSICALDRIVE3\Partition 2 [OMB]\UEFI_NTFS [FAT12]\[root]\EFI\Boot\bootia32.efi
4	9fb479adf	9b9220d75	\\.\PHYSICALDRIVE3\Partition 2 [OMB]\UEFI_NTFS [FAT12]\[root]\EFI\Boot\bootx64.efi
5	2e99bdb33	9e8bf0454	\\.\PHYSICALDRIVE3\Partition 2 [OMB]\UEFI_NTFS [FAT12]\[root]\EFI\Rufus\ntfs_arm.efi
6	9917a52a3	2c887c652	\\.\PHYSICALDRIVE3\Partition 2 [OMB]\UEFI_NTFS [FAT12]\[root]\EFI\Rufus\ntfs_ia32.efi
7	9ea1f188a	01fcbd988	\\.\PHYSICALDRIVE3\Partition 2 [OMB]\UEFI_NTFS [FAT12]\[root]\EFI\Rufus\ntfs_x64.efi
8	2a64cd7bc	5adea03b1	\\.\PHYSICALDRIVE3\Partition 2 [OMB]\UEFI_NTFS [FAT12]\[root]\readme.txt
9	d41d8cd98	da39a3ee5	\\.\PHYSICALDRIVE3\Partition 2 [OMB]\UEFI_NTFS [FAT12]\[root]\System Volume Information\WPSettings.dat
10	d41d8cd98	da39a3ee5	\\.\PHYSICALDRIVE3\Partition 2 [OMB]\UEFI_NTFS [FAT12]\[root]\System Volume Information\WPSettings.dat
11	d41d8cd98	da39a3ee5	\\.\PHYSICALDRIVE3\Partition 2 [OMB]\UEFI_NTFS [FAT12]\[root]\System Volume Information\WPSettings.dat
12	d41d8cd98	da39a3ee5	\\.\PHYSICALDRIVE3\Partition 2 [OMB]\UEFI_NTFS [FAT12]\[root]\System Volume Information\WPSettings.dat
13	d41d8cd98	da39a3ee5	\\.\PHYSICALDRIVE3\Partition 2 [OMB]\UEFI_NTFS [FAT12]\[root]\System Volume Information\IndexerVolumeGuid
14	d41d8cd98	da39a3ee5	\\.\PHYSICALDRIVE3\Partition 2 [OMB]\UEFI_NTFS [FAT12]\[root]\System Volume Information\WPSettings.dat
15	d41d8cd98	da39a3ee5	\\.\PHYSICALDRIVE3\Partition 2 [OMB]\UEFI_NTFS [FAT12]\[root]\System Volume Information\WPSettings.dat
16	d41d8cd98	da39a3ee5	\\.\PHYSICALDRIVE3\Partition 2 [OMB]\UEFI_NTFS [FAT12]\[root]\System Volume Information\WPSettings.dat
17	d41d8cd98	da39a3ee5	\\.\PHYSICALDRIVE3\Partition 2 [OMB]\UEFI_NTFS [FAT12]\[root]\System Volume Information\WPSettings.dat
18	e76f45c48	9d63021b7	\\.\PHYSICALDRIVE3\Partition 2 [OMB]\UEFI_NTFS [FAT12]\VBR
19	bf619eac0	5c3eb8006	\\.\PHYSICALDRIVE3\Partition 2 [OMB]\UEFI_NTFS [FAT12]\file system slack
20	e7cb30fe1	027b2512e	\\.\PHYSICALDRIVE3\Partition 2 [OMB]\UEFI_NTFS [FAT12]\FAT1
21	e7cb30fe1	027b2512e	\\.\PHYSICALDRIVE3\Partition 2 [OMB]\UEFI_NTFS [FAT12]\FAT2

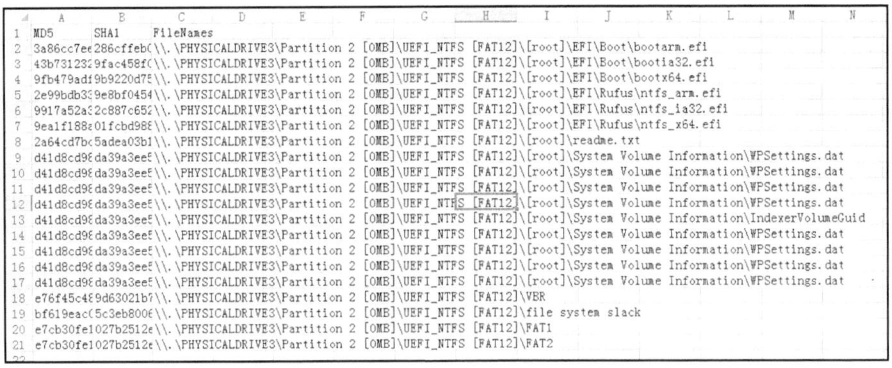

图 6-26　导出 Hash 值结果

FTK Imager 可以进行位到位的镜像复制，它包括闲置文件、未分配的空间、自由空间等。使用 FTK Imager 可以创建如物理磁盘、逻辑驱动器、镜像文件、文件夹、内存等数据类型的镜像文件。

FTK Imager 可以生成以下几种镜像文件格式。

原始数据格式 Raw(dd)，是一种未压缩的类型，优点是镜像生成速度快，镜像文件与原始证据磁盘容量完全一致，所以需要拥有足够的存储空间。

SMART 证据文件，一般用于智能设备的取证。

EnCase 证据文件，最常用的证据文件类型，常以.E01 扩展名的形式出现。

AFF 证据文件，这种格式是公开而且可扩展的。

在电子数据的取证过程中，取证人员证明证据没有被篡改是至关重要的，为了保护检材的完整性，防止检材被破坏，通常需要对整个检材硬盘进行固定，采取位对位的方式进行镜像获取，对原始的证据检材做一个磁盘镜像文件，并对镜像文件展开调查，以防止对原始证据的更改。

3. 其他磁盘镜像软件

除了 FTK Image、Encase Image 工具以外，其他常用的磁盘镜像软件种类也很多，如 SafeBack、Linux dd 等。

Linux dd 工具用于将二进制数据流从一个文件复制到另外一个文件中。以这种方式进行比特复制是所有取证复制工具的基础。利用 dd 可以很容易地为被调查机器的整个驱动器制作一个镜像。图 6-27 为 Linux dd 程序操作界面。

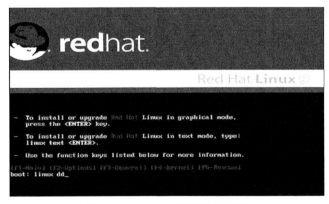

图 6-27　Linux dd 程序操作界面

SnapBack 是基于服务器的备份和恢复程序，SnapBack 包括 3 个组件，即 SnapBack Server、SnapBack Client 和 SnapBack Recovery Disk。SnapBack 支持远程和本地控制两种方式，可以实现备份、存储等工作的完全自动化，方便实用。除了支持 DOS、NT/2000/XP 系统，还可以针对任何 BIOS 兼容、基于 SCSI 的操作系统，包括 Unix、OS/2、Linux 和 Netware。另外，SnapBack 还可以对死机的服务器进行备份，以防止在修复宕机中数据资料出现的文件意外破坏情况。图 6-28 为 SnapBack 软件操作界面。

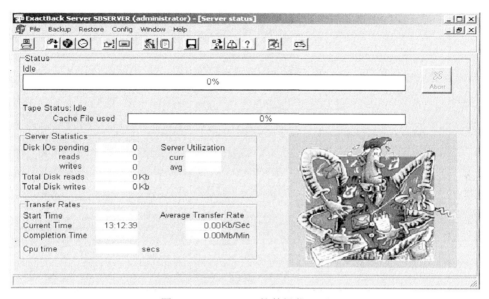

图 6-28　SnapBack 软件操作界面

6.3.2　使用软件制作镜像实验

1. 实验背景

现有一涉案计算机，需要对其整个硬盘进行镜像，以便将镜像文件送实验室进行检验。现要求使用 FTK Imager 制作硬盘镜像，并对其进行 Hash 校验。

2. 实验目的

（1）掌握 FTK Imager 制作镜像的方法。

（2）了解 FTK Imager 制作镜像的基本程序。

（3）了解镜像的 Hash 校验方法。

3. 实验要求

根据教师提供的待检验硬盘或 U 盘，使用 FTK Imager 制作其 dd 镜像，并对其进行 Hash 校验。可参考以下过程进行镜像。

（1）将硬盘通过只读锁连接到计算机。

（2）准备用 FTK Imager 进行镜像，若未安装可通过网络下载后安装使用。

（3）打开 FTK Imager，会看到如图 6-29 所示界面。

（4）单击"File"/"Create Disk Image"，如图 6-30 所示。

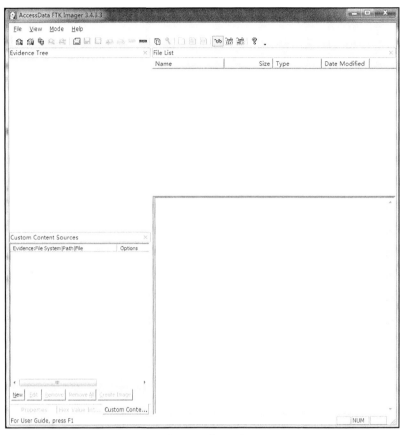

图 6-29 主界面

图 6-30 创建硬盘镜像

(5)选择要制作镜像文件的源,单击"下一步"。如果用户要做 bit-stream 复制,需要选择"Physical Drive"。如果用户要做逻辑复制,则选择"Logical Drive"。如果用户要做一个镜像文件的复制,则选择"Image File"。如果用户要复制一个文件夹,则选择"Contents of a Folder",如图 6-31 所示。

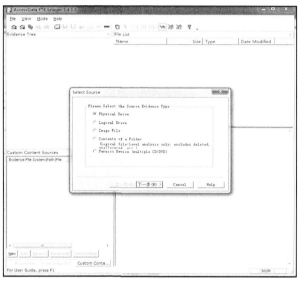

图 6-31 选择检材类型

(6)选择要进行镜像的驱动器,单击"Finish"按钮。然后,在"Create Image Dialog"对话框中,通过勾选下方的"Verify images after they are created"选项,就可以在生成镜像时比较镜像与检材的 Hash 值是否一致。如果勾选"Create directories listings of all files in the image after they are created",可以列示镜像的全部内容,包括路径、创建日期,而不管文件是否被删除,列示内容还包括其他元数据,如图 6-32 所示。

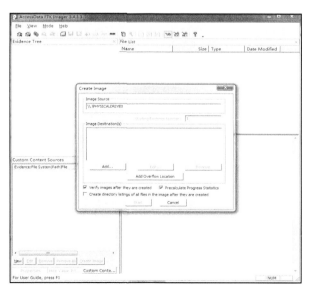

图 6-32 选择文件源对话框

（7）单击"Add"，选择镜像类型。有几种类型供选择：Raw(dd)、SMART、E01 和 AFF。制作硬盘的镜像一般使用 dd 和 E01，如图 6-33 所示。

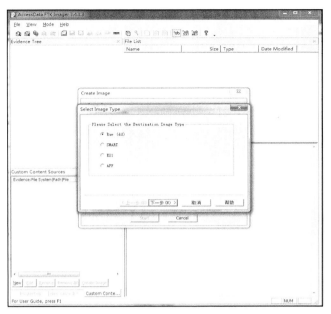

图 6-33　选择创建镜像类型

（8）在选择镜像的类型后，用户可以单击"下一步"填写"Evidence Item Information"，再次单击"下一步"，如图 6-34 所示。

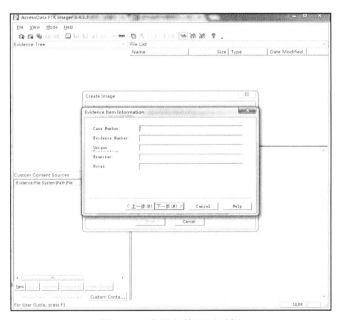

图 6-34　选择文件源对话框

（9）在对话框（Select Image Destination）中，单击"Browse"为镜像的目标文件夹（Image Destination Folder）选择一个位置。在"Image Fragment Size"中，用户可以选择将镜像分割

为多个文件以便于在 DVD 或 FAT 文件系统中备份。默认的大小是 1500 MB，如果不需要分片，可以设置为 0 MB。然后单击"Finish"返回到创建镜像的对话框，等待镜像制作完成，如图 6-35~图 6-37 所示。

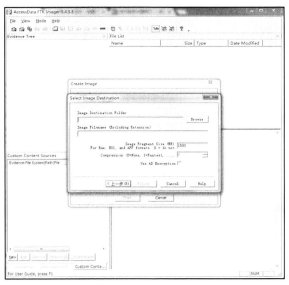

图 6-35　Image 路径与名称

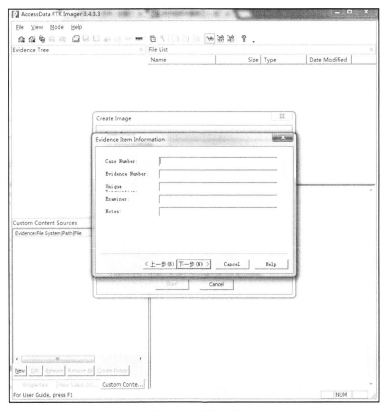

图 6-36　案件信息

图 6-37 创建镜像成功

(10) 单击"file"下"Add Evidence Item",在弹出对话框中选择镜像文件进行检查,如图 6-38 所示。

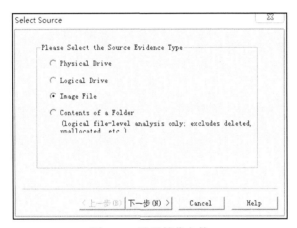

图 6-38 选择镜像文件

(11) 在"Select File"选择刚才生成的镜像文件位置,计算其 Hash 值,如图 6-39~图 6-41 所示。

图 6-39 "Select File"对话框

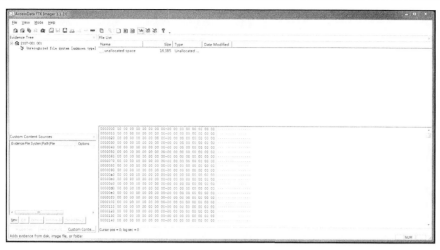

图 6-40　计算其 Hash 值

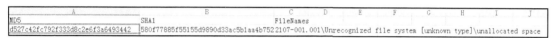

图 6-41　导出 Hash 值

本实验要求每人独立完成一份实验报告。

4．实验器材和环境

（1）Windows 操作系统。

（2）FTK Imager。

（3）写保护锁设备一套。

5．实验思考

（1）FTK Imager 使用写保护锁的目的是什么？

（2）FTK Imager 制作的物理镜像和逻辑镜像有何区别？

第 7 章 数据恢复实验

7.1 数据恢复专用工具

7.1.1 数据恢复专用工具基础知识

1. 数据恢复专用工具简介

一般所说的数据恢复仅指软件层面（数据）恢复，且它主要针对被删除的文件或被格式化的文件系统，故可将软件层面的数据恢复称为狭义的数据恢复。软件层面的数据恢复必须在存储设备能够被系统识别的前提下进行。在进行数据恢复时需要依赖一定的软件工具。根据软件自动化程度和性能不同，可以将软件层面数据恢复工具分为三大类。

（1）通用或商用自动数据恢复工具

使用通用或商用的自动数据恢复工具时，关键的恢复工作由计算机软件自动完成，不需要或者只需要简单的人工操作。通用或者商用自动数据恢复工具，由于商品设计比较成熟，应用时间长，数据恢复效果一般比较好。由于很多商用自动恢复软件是由专业公司设计，使用方便，而且会自动生成数据恢复相关的技术报告，因而使用较广泛。但是，不同数据恢复案例均具有自身的特点，有一些可能与案件事实相关的数据使用通用工具并不一定能成功恢复出来。对同一存储设备进行数据恢复，采用不同的工具和软件进行恢复时，恢复出的结果可能不完全相同。例如，有些软件能准确识别出数据不连续存储的文件，有些软件只能识别数据连续存储的软件。常见具有数据恢复功能的商用或通用专业软件，如取证软件 EnCase、FTK、X-Ways Forensics、SafeAnalyzer、取证大师软件等，专用恢复工具 EasyRecovery、FinalData 数据恢复软件等。

（2）辅助识别工具

为了克服通用或商用自动数据恢复工具不能成功恢复所有数据的缺陷，在计算机取证中也会使用人工分析方法。人工分析方法是根据文件系统结构和操作系统原理，直接在硬盘中定位和发现与案件事实相关的数据。当使用人工分析方法时，也需要查阅存储设备中二进制数据的工具，通常情况下使用十六进制编辑工具作为辅助识别工具。

从理论上说,使用人工识别方法能够发现和识别所有可能的相关数据。但使用人工识别方法效率较低,有时还可能因为人的原因浪费时间或者出现错误。

(3)针对特定事项设计的自动恢复工具

为了克服前述两类工具的缺陷,在司法实践中还可以针对每一特定的数据恢复鉴定事项,设计相应的自动恢复工具。由于针对特定事项设计的自动恢复工具考虑到特定案件数据恢复的特殊性,因此,可以快速并全面地发现和定位相关数据,有效克服前述两类工具的缺陷。但针对特定事项设计的自动恢复工具的性能和可靠性依赖程序设计方法的可靠性。而且,在实践中该方法一般也需要一定的人工分析工作。

2. 数据恢复常见工具

第 3 章介绍的专业取证工具一般都具有数据恢复的基本功能,但不同软件恢复的效果不尽相同。除了前述介绍的多款工具外,还有一些常用的专用恢复工具或辅助分析的数据恢复工具,如 EasyRecovery、WinHex 数据恢复工具。

(1)EasyRecovery 数据恢复软件

EasyRecovery 是 Ontrack 公司开发出的一款数据恢复专用软件,但 EasyRecovery 不是面向计算机取证的专用工具,因此,不能像 Encase、FTK 软件一样提供取证报告和其他一系列相关的保证数字证据完整性和可靠性的措施。不过,EasyRecovery 恢复工具十分全面,不仅可以提供基于文件系统的数据恢复(如它提供的删除恢复功能、高级恢复功能),还可以提供基于文件特征的数据恢复方法(如它提供的原始恢复功能)。EasyRecovery 恢复软件不需要对存储设备中的数据进行人工分析,可以自动恢复数据并以文件的形式重新存放。图 7-1 是 EasyRecovery 软件的数据恢复界面,图中 EasyRecovery 提供有高级恢复选项、删除恢复选项、格式化恢复选项、原始恢复选项等。

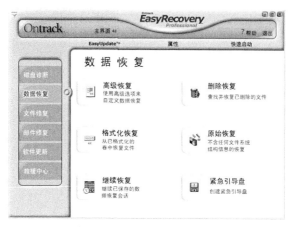

图 7-1　EasyRecovery 软件

由于 EasyRecovery 软件完全由软件程序进行自动恢复,人工无法对恢复算法施加影响,有些利用该软件恢复出的文件可能是错误的,文件内容也不一定是准确的。

(2)WinHex 软件

数据恢复另外一种重要的工具是辅助性工具,辅助性工具一般只是将存储设备的原始二进制代码通过计算机屏幕显示出来。对于在存储设备中是否存在被删除的需要恢复的数据,或者其他隐藏的需要恢复的数据，需要通过人工进行分析。因此，要求分析人员具有一定的计算机水平，能够直接阅读存储设备中的二进制数据。辅助性工具较多，可以自行设计。目前，比较常见的辅助性工具主要有 WinHex 等软件，另外，ENCASE 软件、FTK 软件也提供直接查看存储设备二进制代码的功能。图 7-2 为 WinHex 工具的界面，图中上半部分显示被删除的文件和文件夹，下半部分是被删除文件在存储设备中真正的内容，其中，Offset 表示离存储设备起始处的偏移量，其右边是用十六进制表示的存储设备内容，最右边是用 ASCII 码显示的存储设备内容。

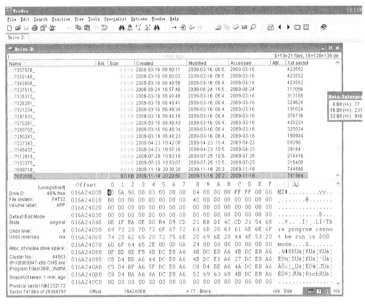

图 7-2　WinHex 软件

查看硬盘时，需要单击"Tools"菜单，会弹出下拉列表框。当选择"Open Disk"命令后，会弹出如图 7-3 所示的对话框。

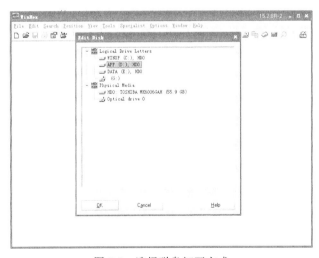

图 7-3　选择磁盘打开方式

查看硬盘中的数据，有两种不同的方式。一种是直接查看物理介质（Physical Media）；另一种是逻辑方式（Logical Driver Letters）查看硬盘上的某一分区。当选择物理介质查看时，能够通过 WinHex 查看整个硬盘中的十六进制数据；如果选择逻辑方式查看，则只能查看所选逻辑分区的数据。且使用物理方式查看时，地址是从硬盘开始处计算的；逻辑方式查看时，则从所选逻辑分区开始计算。在图 7-4 中由于使用逻辑方式查看，左边的偏移值为 0；而在图 7-5 中，偏移值则完全不同。

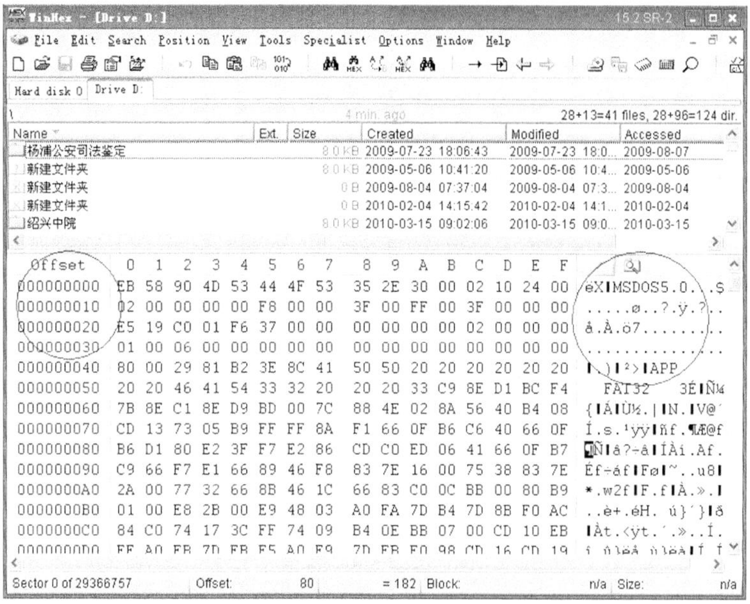

图 7-4　逻辑方式打开的偏移地址

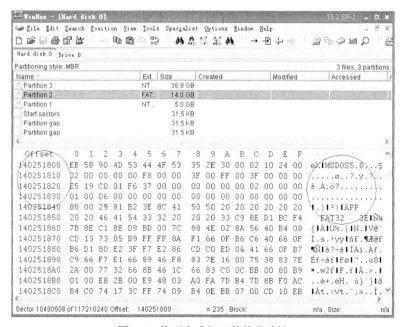

图 7-5　物理方式打开的偏移地址

WinHex 有非常灵活的定位功能。首先，偏移值可以按照十六进制方式输入，也可以按照十进制方式输入。当使用十六进制编码表示偏移量时，WinHex 使用的偏移值则按照十六进制方式处理，如图 7-6 所示。当使用的偏移值按照十进制表示时，编译值按照十进制处理，如图 7-7 所示。因此，要切换十六进制值和十进制值时，只需要在"Offset"区域双击切换即可。

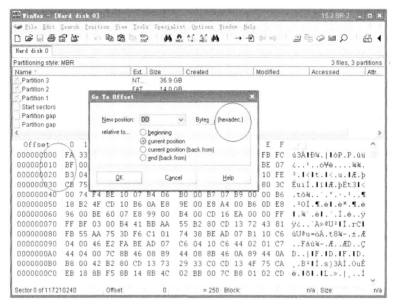

图 7-6　按照十六进制处理定位

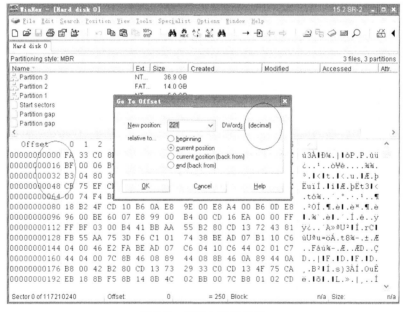

图 7-7　按照十进制处理

其次，从定位方式看，可以按照字节（Bytes）为单位进行移动，也可以按照字（Words）、双字（DWords）、扇区（Sectors）为单位的方式在设备中进行移动，如图 7-8 所示。

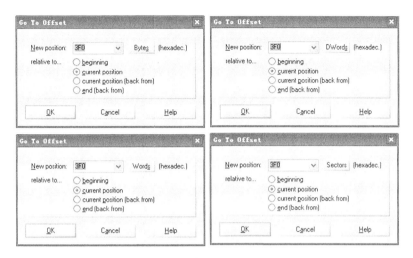

图 7-8　几种不同的定位方式

再次，从定位的相对位置来看，可以是从头部向尾部移动，也可以是从当前位置向尾部移动，还可以是从当前位置向头部移动，以及从尾部向头部移动 4 种方式。

最后，除上述方式以外，WinHex 软件还提供了逻辑扇区和物理扇区的直接定位，如图 7-9 所示。

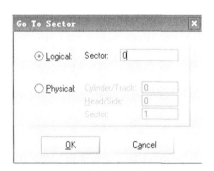

图 7-9　逻辑扇区和物理扇区

7.1.2　数据恢复专用工具实验

1. 实验背景

有一起案件，对涉案计算机整个硬盘进行了镜像，镜像文件名为 OSX-VM.zip，其 MD5 校验值为 5E50E4CB71C69D4101DB375937182EE2。

在该压缩文件中，有 phone.vhd 虚拟磁盘文件，在该磁盘中有名称为 "7-2FAT 文件恢复（难）"的文件夹，其中有一个文件为 recovery-test-difficult.001，该文件为一扣押 U 盘的镜像文件，其 MD5 值为 "70073733a44e98524298601101116aae"，Model 为 "Netac OnlyDisk USB Device"、S/N 为 "1F40087D58E0A4BB"。要求对几个恢复难度较高的被删除文件进行精确的数据恢复，并说明具体的恢复思路（注：本 U 盘使用了 FAT 文件系统格式，要完成本实验必须掌握 FAT 文件系统的基本结构，可参阅第 7.2 节的内容）。

2．实验目的

（1）掌握数据恢复工具进行数据恢复的基本原理。

（2）熟悉不连续存储的文件被删除后进行恢复的基本思路。

（3）了解文件头特征在数据恢复中的意义。

3．实验要求

（1）请恢复 U 盘 test/test002.TXT 文件，计算其 MD5 值，注明恢复过程和思路。请注意本文件可能不连续存储。

（2）请恢复 U 盘 test001/test001.BMP 文件，计算其 MD5 值，注明恢复过程和思路。请注意本文件可能不连续存储。

（3）请恢复 U 盘 recovery/test003.pdf 文件，计算其 MD5 值，注明恢复过程和思路。请注意本文件文件头可能被破坏。

4．实验器材和环境

（1）Windows 操作系统。

（2）学生可选择任意数据恢复专用工具或辅助工具（注：自备）。

（3）提供的镜像文件一份。

5．实验思考

（1）在恢复文件过程中如何判断待恢复文件可能不连续？

（2）在恢复文件过程中如何判断待恢复文件占用哪些簇？

（3）文件头特征在数据恢复中有何意义？

7.2 FAT 文件系统分析与数据恢复

7.2.1 FAT 文件系统基础知识

1．FAT 的主要结构

FAT 文件系统包括 FAT12、FAT16、FAT32 这 3 种文件系统。3 种文件系统的主要结构基本相似。下面主要以 FAT32 为例解释 FAT 文件系统。

FAT32 文件系统将逻辑盘的空间划分为 3 部分，依次是引导区（BOOT 区）、文件分配表区（FAT 区）、数据区（DATA 区）。引导区和文件分配表区又合称为系统区。在 FAT32 文件中根目录是数据区的一部分，这一点与 FAT16 不同。分别用图 7-10、图 7-11 表示 FAT16 结构和 FAT32 结构，图 7-10 为 FAT16 的结构布局，图中使用虚线标记的部分为 FAT16 文件系统；图 7-11 为 FAT32 的结构布局，图中使用虚线标记的部分为 FAT32 文件系统。其中，FDT 代表根目录的文件目录表。

图 7-10　FAT16 文件系统布局

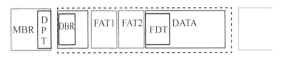

图 7-11 FAT32 文件系统布局

FAT32 引导扇区从 FAT 分区的第一个扇区开始，占用若干个扇区，FAT16 文件系统引导扇区一般只占用一个扇区。在第一个扇区的开始部分主要保存关于文件系统结构的关键数据和信息。对于 FAT16 来说，关键数据包括每扇区字节数、每簇扇区数、FAT 个数、每个 FAT 占的扇区数、保留扇区数、根目录项数等信息；而对于 FAT32 而言，关键数据包括每扇区字节数、每簇扇区数、FAT 个数、每个 FAT 占的扇区数、保留扇区数、根目录起始簇号、FSINFO 结构的扇区号等信息。

对于文件分配表，FAT1 和 FAT2 区内容相同。在每一个簇对应的表项记录了下一个簇号信息。[1] 通常 FAT 文件系统数据区开始的簇号为 2。为了对簇进行管理，每个簇在 FAT 表中占据一定的位置，称为一个表项。对于 FAT16 来说，每个簇占用 16 位；对于 FAT32 来说，每个簇占用 32 位。当存储文件较大时，一个簇无法存放所有的内容，需要分配多个簇。在 FAT 文件系统中，文件可以是不连续的，但基本分配单位是簇。即文件被分成若干簇大小的段，按照链式存储方式存储。因此，硬盘上必须准确地记录哪些簇已经被文件占用，还必须为每个已经占用的簇指明存储后继内容的下一个簇的簇号。对一个文件的最后一簇，则要指明本簇无后继簇。这些都是由 FAT 表保存的，在它的对应表项中记录着下一簇或其他有关信息，如是否为空，是否是坏簇，是否已经是某个文件的尾簇。文件分配表区共保存了两个相同的文件分配表。因为文件所占用的存储空间（簇链）及空闲空间的管理都是通过 FAT 实现的，所以需要进行备份，以便第一个损坏时还有第二个可用。文件系统对数据区的存储空间是按簇进行划分和管理的，簇是空间分配和回收的基本单位，即一个文件总是占用若干整数个簇，文件所使用的最后一簇剩余的空间不再使用。

根目录区在 FAT32 中是数据区的一部分；在 FAT16 中是紧接在 FAT 区之后的固定区域、固定大小（通常为 32 个扇区，最多保存 512 个目录项，可根据引导扇区中记录的相关信息计算得到）。在 FAT32 中根目录被看成文件，采用与子目录文件相同的管理方式，一般情况下从第二簇开始使用。

（1）DBR 结构分析

引导扇区从该分区的第一个扇区开始，占用若干个扇区，FAT16 文件系统引导扇区一般只占用一个扇区。无论是 FAT32 还是 FAT16 文件系统，其引导扇区中关于文件系统结构的关键数据和信息主要保存在第一个扇区的开始部分。为了便于对引导扇区中数据内容的理解，可以将引导扇区（第一个扇区）用数据结构表示。引导扇区数据结构由头部信息、偏移信息、保留区、结尾标识 4 个部分组成。其中，头部信息包括跳转指令、OEM 标识、BPB 结构和部分 EBPB 结构。需要注意的是，对于 FAT16 和 FAT32 来说，引导扇区偏移信息是不同的（实际上是扩展 BPB 结构信息存在差异）。图 7-12 为 FAT32 引导扇区信息。

---

1 注：Windows 操作系统分配磁盘空间是按簇分配的。因此文件占用磁盘空间时，基本单位不是字节、扇区，而是簇，即使某个文件只有一个字节，操作系统也会给它分配一个簇，即簇为最小分配单元。

```
Offset     0  1  2  3  4  5  6  7   8  9  A  B  C  D  E  F
000000000  EB 58 90 4D 53 44 4F 53  35 2E 30 00 02 10 24 00   ëX MSDOS5.0...$.
000000010  02 00 00 00 00 F8 00 00  3F 00 FF 00 3F 00 00 00   .....ø..?.ÿ.?...
000000020  E5 19 C0 01 F6 37 00 00  00 00 00 00 02 00 00 00   å.À.ö7..........
000000030  01 00 06 00 00 00 00 00  00 00 00 00 00 00 00 00   ................
000000040  80 00 29 81 B2 3E 8C 41  50 50 20 20 20 20 20 20   €.) ²>ŒAPP      
000000050  20 20 46 41 54 33 32 20  33 C9 8E D1 BC F4         FAT32 3ÉŽÑ¼ô
000000060  7B 8E C1 8E D9 BD 00 7C  88 4E 02 8A 56 40 B4 08   {ŽÁŽÙ½.|ˆN.ŠV@´.
000000070  CD 13 73 05 B9 FF FF 8A  F1 66 0F B6 C6 40 66 0F   Í.s.¹ÿÿŠñf.¶Æ@f.
000000080  B6 D1 80 E2 3F F7 E2 86  CD C0 ED 06 41 66 0F B7   ¶Ñ€â?÷â†ÍÀí.Af.·
000000090  C9 66 F7 E1 66 89 46 F8  83 7E 16 00 75 38 83 7E   Éf÷áf‰Fø.~..u8.~
0000000A0  2A 00 77 32 66 8B 46 1C  66 83 C0 0C 80 80 B9      *.w2f‹F.fƒÀ.».1ª
0000000B0  01 00 E8 2B 00 E9 48 03  A0 FA 7D B4 7D 8B F0 AC   ..è+.éH. ú}´}‹ðã
0000000C0  84 C0 74 17 3C FF 74 09  B4 0E BB 07 00 CD 10 EB   „Àt.<ÿt.´.».Í.ë
0000000D0  EE A0 FB 7D EB E5 A0 F9  7D EB E0 98 CD 16 CD 19   î û}ëå ù}ëàÍ.Í.
0000000E0  66 60 66 3B 46 F8 0F 82  4A 00 66 6A 00 66 50 06   f`f;Fø..J.fj.fP.
0000000F0  53 66 68 10 00 01 00 80  7E 02 00 0F 85 20 00 B4   Sfh....~..... .´
000000100  41 BB AA 55 8A 56 40 CD  13 0F 82 1C 01 FB 55      A»ªUŠV@Í...ûU
000000110  AA 0F 85 14 00 F6 C1 01  0F 84 0D 00 FE 46 02 B4   ª....öÁ...þF.´
000000120  42 8A 56 40 8B F4 CD 13  B0 F9 66 58 66 58 66 58   BŠV@‹ôÍ.°ùfXfXfX
000000130  66 58 EB 2A 66 33 D2 66  0F B7 4E 18 66 F7 F1 FE   fXë*f3Òf.·N.f÷ñþ
000000140  C2 8A CA 66 8B D0 66 C1  EA 10 F7 76 1A 86 D6 8A   ÂŠÊf‹Ðfá.÷v.†Öå
000000150  56 40 8A E8 C0 E4 06 0A  CC B8 01 02 CD 13 66 61   V@Šè Àä.. ̧..Í.fa
000000160  0F 82 54 FF 81 C3 00 02  66 40 49 0F 85 71 FF C3   ..Tÿ.Ã..f@I..qÿÃ
000000170  4E 54 4C 44 52 20 20 20  20 20 20 00 00 00 00 00   NTLDR
```

图 7-12 FAT32 引导扇区信息

（2）FAT 分析

FAT16 系统簇号用 16 位二进制数表示，从 0002H 到 FFEFH 个可用簇号（FFF0H 到 FFFFH 另有定义，用来表示坏簇、文件结束簇等）。

FAT32 系统簇号改用 32 位二进制数表示，大致从 00000002H 到 FFFFFEFFH 个可用簇号。如果该簇是文件的最后一簇，填入的值为 FFFFFF0FH；如果该簇不是文件的最后一簇，填入的值为该文件占用的下一个簇的簇号。

FAT 表中，0 号和 1 号簇不使用，其对应的两个 WORD 或 DWORD 位置（FAT16 对应的 FAT 表占开头的 4 个字节，FAT32 占 8 个字节）用来存放该盘介质类型编号。FAT 表的大小为整数个扇区。图 7-13 为 FAT32 文件系统 FAT 表的部分内容。

（3）FSINFO 结构

FAT32 文件系统中，还存在 FSINFO 结构。它主要记录分区的总簇数、下一个可分配簇的信息。图 7-14 和图 7-15 为 FSINFO 结构的扇区截图。图 7-14 为 FSINFO 的起始部分，图 7-15 为 FSINFO 结构的结尾部分。

```
Offset     0  1  2  3  4  5  6  7   8  9  A  B  C  D  E  F
000004800  F8 FF FF 0F FF FF FF FF  FF FF FF 0F FF FF FF 0F
000004810  FF FF FF 0F 00 00 00 00  00 00 00 00 FF FF FF 0F
000004820  FF 00 00 00 00 00 00 00  FF FF FF 0F FF FF FF 0F
000004830  00 00 00 00 00 00 00 00  00 00 00 00 00 00 00 00
000004840  00 00 00 00 00 00 00 00  00 00 00 0F 00 00 00 00
000004850  FF FF FF 0F FF FF FF 0F  FF FF FF FF 18 00 00 00
000004860  19 00 00 00 E8 01 00 00  FF FF FF 0F FF FF FF FF
000004870  FF FF FF 0F FF FF FF 0F  FF FF FF 0F FF FF FF FF
000004880  FF FF FF 0F FF FF FF 0F  FF FF FF 0F FF FF FF 0F
000004890  FF FF FF 0F FF FF FF 0F  FF FF FF 0F FF FF FF 0F
0000048A0  FF FF FF 0F FF FF FF 0F  FF FF FF 0F FF FF FF 0F
0000048B0  FF FF FF 0F FF FF FF 0F  FF FF FF 0F FF FF FF 0F
0000048C0  53 C3 00 00 FF FF FF 0F  FF FF FF 0F FF FF FF 0F
0000048D0  35 00 00 00 FF FF FF 0F  FF FF FF 0F FF FF FF 0F
0000048E0  FF FF FF 0F FF FF FF 0F  3B 00 00 00 3C 00 00 00
```

图 7-13 FAT32 中 FAT 结构

```
Offset   0  1  2  3  4  5  6  7   8  9  A  B  C  D  E  F
00000200 52 52 61 41 00 00 00 00  00 00 00 00 00 00 00 00   RRaA............
00000210 00 00 00 00 00 00 00 00  00 00 00 00 00 00 00 00   ................
00000220 00 00 00 00 00 00 00 00  00 00 00 00 00 00 00 00   ................
00000230 00 00 00 00 00 00 00 00  00 00 00 00 00 00 00 00   ................
00000240 00 00 00 00 00 00 00 00  00 00 00 00 00 00 00 00   ................
00000250 00 00 00 00 00 00 00 00  00 00 00 00 00 00 00 00   ................
00000260 00 00 00 00 00 00 00 00  00 00 00 00 00 00 00 00   ................
00000270 00 00 00 00 00 00 00 00  00 00 00 00 00 00 00 00   ................
00000280 00 00 00 00 00 00 00 00  00 00 00 00 00 00 00 00   ................
```

图 7-14 FSINFO 起始部分

```
Offset    0  1  2  3  4  5  6  7   8  9  A  B  C  D  E  F
000003A0 00 00 00 00 00 00 00 00  00 00 00 00 00 00 00 00   ................
000003B0 00 00 00 00 00 00 00 00  00 00 00 00 00 00 00 00   ................
000003C0 00 00 00 00 00 00 00 00  00 00 00 00 00 00 00 00   ................
000003D0 00 00 00 00 00 00 00 00  00 00 00 00 00 00 00 00   ................
000003E0 00 00 00 00 72 72 41 61  03 53 0A 00 DD 00 00 00   ....rrAa.S..Ý...
000003F0 00 00 00 00 00 00 00 00  00 00 00 00 00 00 55 AA   ..............Uª
00000400 00 00 00 00 00 00 00 00  00 00 00 00 00 00 00 00   ................
00000410 00 00 00 00 00 00 00 00  00 00 00 00 00 00 00 00   ................
```

图 7-15 FSINFO 结尾部分

（4）FDT 介绍

FDT 为文件描述表，指根目录区（ROOT 区）。在 FAT32 中，根目录区不再是固定区域、固定大小，可看作是数据区的一部分。因为根目录已改为根目录文件，采用与子目录文件相同的管理方式，一般情况下从第二簇开始使用。FAT16 文件系统的根目录区是固定区域、固定大小的，是在 FAT 区之后紧接着的 32 个扇区，最多保存 512 个目录项，作为系统区的一部分。FAT 的子目录都放在数据区中，如图 7-16 和图 7-17 所示。

FDT 结构包括两种，一种是短文件结构，一种是长文件结构。如果支持长文件名，则每个表项为 64 个字节。其中，前 32 个字节为长文件链接说明；后 32 个字节为文件属性说明，包括文件长度、起始地址、日期、时间等。如果不支持长文件结构，则无链接说明。

FDT 数据结构可以分两部分进行描述，一部分是文件属性结构；一部分是长文件链接结构。在短文件结构中记录了文件名、文件扩展名、文件属性（只读、隐藏、系统、卷标、子目录、归档）、文件创建时间、文件创建日期、文件最后访问日期、文件起始簇的高 16 位、文件最后一次修改时间、文件最后一次修改日期、文件起始簇的低 16 位、文件长度（字节数）等信息。在长文件名结构中记录文件名的 Unicode 编码信息。

```
Offset    0  1  2  3  4  5  6  7   8  9  A  B  C  D  E  F
000E02000 41 50 50 20 20 20 20 20  20 20 20 08 00 00 00 00   APP        .....
000E02010 00 00 00 00 00 00 00 00  21 00 00 00 00 00 00 00   ........!.......
000E02020 E5 53 00 2E 00 69 00 73  00 6F 00 0F 00 F1 00 00   åS...i.s.o...ñ..
000E02030 FF FF FF FF FF FF FF FF  FF FF 00 00 FF FF FF FF   ÿÿÿÿÿÿÿÿÿÿ..ÿÿÿÿ
000E02040 E5 58 00 50 00 53 00 50  00 33 00 0F 00 F1 5F 00   åX.P.S.P.3...ñ_.
000E02050 56 00 39 00 46 00 5F 00  4E 00 00 00 54 00 46 00   V.9.F._.N...T.F.
000E02060 E5 44 00 45 00 45 00 50  00 49 00 0F 00 F1 4E 00   åD.E.E.P.I...ñN.
000E02070 5F 00 47 00 48 00 4F 00  53 00 00 00 54 00 5F 00   _.G.H.O.S...T._.
000E02080 E5 45 45 50 49 4E 7E 31  49 53 4F 20 00 A0 A6 2C   åEEPIN~1ISO . ¦,
000E02090 70 3A 8D 3A 00 00 CE 03  70 3A 03 00 00 48 6D 2B   p:.:..Î.p:...Hm+
000E020A0 E5 54 20 20 20 20 20 20  20 20 20 10 08 51 8F 2E   åT         ..Q..
000E020B0 70 3A 8D 3A 00 00 2E 03  70 3A 6E 5B 00 20 00 00   p:.:....p:n[. ..
000E020C0 50 41 47 45 46 49 4C 45  53 59 53 26 18 27 2A 31   PAGEFILESYS&.'*1
000E020D0 70 3A 54 3C 1B 00 2B 31  70 3A 02 00 00 10 1A 5F   p:T<..+1p:....._
000E020E0 E5 5F 00 35 00 32 00 36  00 38 00 0F 00 60 37 00   å_.5.2.6.8...`7.
000E020F0 35 00 00 00 FF FF FF FF  FF FF 00 00 FF FF FF FF   5...ÿÿÿÿÿÿ..ÿÿÿÿ
```

图 7-16 FAT32 文件目录表

```
Offset    0  1  2  3  4  5  6  7   8  9  A  B  C  D  E  F
000E021F0 37 00 36 00 2E 00 74 00  6D 00 00 00 70 00 00 00   7.6...t.m...p...
000E02200 E5 53 49 33 36 41 37 36  54 4D 50 10 00 B0 C5 32   åSI36A76TMP..°Å2
000E02210 70 3A 70 3A 00 00 C6 32  70 3A 3E 22 00 20 00 00   p:p:..Æ2p:>". .
000E02220 42 20 00 49 00 6E 00 66  00 6F 00 0F 00 72 72 00   B .I.n.f.o...rr.
000E02230 6D 00 61 00 74 00 69 00  6F 00 00 00 6E 00 00 00   m.a.t.i.o...n...
000E02240 01 53 00 79 00 73 00 74  00 65 00 0F 00 72 6D 00   .S.y.s.t.e...rm.
000E02250 20 00 56 00 6F 00 6C 00  75 00 00 00 6D 00 65 00    .V.o.l.u...m.e.
000E02260 53 59 53 54 45 4D 7E 31  20 20 20 16 00 B2 C5 32   SYSTEM~1   ..²Å2
000E02270 70 3A 70 3A 05 00 C6 32  70 3A 3F 22 00 20 00 00   p:p:..Æ2p:?". .
000E02280 E5 4D 00 53 00 49 00 33  00 38 00 0F 00 EF 38 00   åM.S.I.3.8...ï8.
000E02290 61 00 31 00 2E 00 00 00  6D 00 00 00 70 00 00 00   a.1...m...p...
000E022A0 E5 53 49 33 38 38 41 31  54 4D 50 10 00 25 2E 33   åSI388A1TMP..%.3
000E022B0 70 3A 70 3A 00 00 2F 33  70 3A 49 22 00 20 00 00   p:p:../3p:I". .
000E022C0 E5 4D 00 53 00 49 00 36  00 37 00 0F 00 A0 62 00   åM.S.I.6.7... b.
000E022D0 37 00 64 00 2E 00 74 00  6D 00 00 00 70 00 00 00   7.d...t.m...p...
```

图 7-17 FAT16 文件目录表

（5）数据区（Data Area）

数据区是紧跟在 FDT 的下一个扇区，直到逻辑盘的结束地址。它存储所有的数据，即使文件目录被破坏仍旧可能从磁盘中把信息读出。这也是硬盘数据恢复的理论依据。

2. FAT 中添加和删除文件过程

在 FAT 文件系统中需要定位一个文件时，首先需要在 DBR 中记录有根目录位置的信息，通过查询根目录描述表 FDT，找到相应文件和目录的信息。在 FDT 中，记录了文件的名称、属性、创建时间、修改时间信息，还记录了文件的起始簇号、文件的实际大小等信息。根据起始簇号与 FAT 表中的簇链信息，可以定位文件在数据区的具体位置。

（1）在 FAT 中添加文件的主要步骤如下（假设添加文件 FILE.DAT 到目录 TEST 中，文件占用两个簇大小）。

① 从引导扇区读取信息，定位文件系统的 FAT、数据区、目录区。

② 在根目录区找子目录 TEST，更新其属性并定位子目录对应的起始簇号（假设为 15）。

③ 在子目录表中，找到空闲目录项，写目录项中文件名（FILE1.DAT）、文件大小和创建时间等信息。

④ 分配簇的内容，分别在簇（假设分配为 99 和 100 号簇）99 中登记 100，在 100 簇中设置结束标记。

⑤ 在对应簇的数据区写文件数据。

（2）在 FAT 中删除文件的主要步骤如下。

① 定位 FAT、数据区、根目录的起始位置。

② 在根目录中找子目录 TEST，设置目录属性，读取其起始簇号，为 15。

③ 到 15 号簇开始的子目录中找文件 FILE1.DAT，确定其起始簇号为 99。

④ 确定文件的簇链，该文件为 99 和 100。

⑤ 将 FAT 表 99 和 100 置零。

⑥ 将文件目录项第一个字节修改为 0xe5。

3. FAT 数据恢复的思路

根据上述对文件删除的过程分析，文件被彻底删除时，只是把文件分配表对应项置零，在文件目录表中也只是将表项中每个文件名的首个字节数据改为十六进制数 E5，而具体数据区数据不发生任何变化，除非有数据覆盖上。因此，在对被删除文件进行恢复时，有以下两种途径。

（1）如果只需要恢复文件内容，通过在目录中查找文件的目录项信息，确定文件起始簇号和文件大小，直接在数据区连续未分配的簇中复制文件大小的数据，并通过 WinHex 等工具将其建立为一个新文件。

（2）如果需要同时恢复属性，可以通过上述恢复方法，并记录文件目录的属性信息；或者通过复原的方法恢复文件（即根据文件删除过程的逆过程复原）。

7.2.2　FAT 文件系统分析与数据恢复实验

1. 实验背景

使用真实的 U 盘或者新建虚拟磁盘（注：建 MBR 分区体系磁盘），对其分区格式化，建立 FAT16 或 FAT32 文件系统，分析该文件系统结构，尝试通过 WinHex 软件手动复原被删除的文件。

2. 实验目的

（1）掌握 FAT16、FAT32 文件系统的结构；学会分析 DPT、DBR、BPB、FAT、FDT 的结构，区分每项十六进制数代表的意义。

（2）熟悉文件存储、删除过程中系统的变化情况。

（3）掌握恢复或复原被删除文件的方法。

3. 实验要求

根据以下步骤，分析 FAT 文件系统的主要结构，比较文件删除前后的变化，尝试复原被删除文件。

（1）格式化硬盘（或 U 盘）、建立 FAT16、FAT32 文件系统（分别实验）。

（2）用 WinHex 软件打开对应的硬盘。

（3）定位硬盘的第一个扇区。

（4）定位硬盘的分区表结构区。

（5）记录分区表信息。

（6）对分区表信息进行分析。

（7）定位硬盘中某一 FAT16 或 FAT32 文件系统的分区。

（8）确定引导扇区，记录重要信息。

（9）添加文件到该分区，记录添加后分区的 FAT、FDT、数据区情况，并将关键结构截图保存。下面介绍一些具体的记录步骤（以下只是其中一个实例，不同同学实验结果可能不同）。

首先，将添加文件后的 FAT 信息截图或记录。下面是添加文件后的 FAT 簇分配情况的一个实例，如图 7-18 所示。

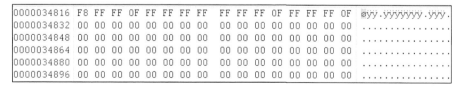

图 7-18　添加文件后 FAT 表信息

其次，记录添加文件后的 FDT 信息。以下是其中一个实例，如图 7-19 所示。

```
Offset    0  1  2  3  4  5  6  7   8  9 10 11 12 13 14 15
0003932144 00 00 00 00 00 00 00 00  00 00 00 00 00 00 00 00   ................
0003932160 41 41 00 42 00 43 00 31  00 32 00 0F 00 54 33 00   AA.B.C.1.2...T3.
0003932176 8B 84 0E 9F F0 5C 2E 00  74 00 00 00 78 00 74 00   ‹„.Ÿð\..t...x.t.
0003932192 41 42 43 31 32 33 7E 31  54 58 54 20 00 8C B3 4E   ABC123~1TXT .Œ³N
0003932208 83 3A 83 3A 00 00 2A 4E  83 3A 03 00 10 00 00 00   ƒ:ƒ:..*Nƒ:......
0003932224 00 00 00 00 00 00 00 00  00 00 00 00 00 00 00 00   ................
0003932240 00 00 00 00 00 00 00 00  00 00 00 00 00 00 00 00   ................
0003932256 00 00 00 00 00 00 00 00  00 00 00 00 00 00 00 00   ................
```

图 7-19 添加文件后文件目录表信息

最后,记录添加文件后的数据区信息,以下为一个实例,如图 7-20 所示。

```
0003936224 00 00 00 00 00 00 00 00  00 00 00 00 00 00 00 00   ................
0003936240 00 00 00 00 00 00 00 00  00 00 00 00 00 00 00 00   ................
0003936256 61 62 63 64 0D 0A 41 42  43 44 0D 0A 31 32 33 34   abcd..ABCD..1234
0003936272 00 00 00 00 00 00 00 00  00 00 00 00 00 00 00 00   ................
0003936288 00 00 00 00 00 00 00 00  00 00 00 00 00 00 00 00   ................
0003936304 00 00 00 00 00 00 00 00  00 00 00 00 00 00 00 00   ................
0003936320 00 00 00 00 00 00 00 00  00 00 00 00 00 00 00 00   ................
```

图 7-20 添加文件后数据区信息

(10)当记录完相关信息后,删除文件(注:也可将该 U 盘进行镜像,然后利用 WinHex 的同步比较功能比较删除文件前后两镜像内容的差异)。

(11)记录文件分配表、文件目录表、FSINFO、数据的变化情况,并将主要结构截图保存。主要记录内容按如下操作。

首先,记录删除文件后的 FAT 簇分配情况,图 7-21 为一个实例。

```
0000034768 00 00 00 00 00 00 00 00  00 00 00 00 00 00 00 00   ................
0000034784 00 00 00 00 00 00 00 00  00 00 00 00 00 00 00 00   ................
0000034800 00 00 00 00 00 00 00 00  00 00 00 00 00 00 00 00   ................
0000034816 F8 FF FF 0F FF FF FF FF  FF FF FF 0F 00 00 00 00   øÿÿ.ÿÿÿÿÿÿÿ.....
0000034832 00 00 00 00 00 00 00 00  00 00 00 00 00 00 00 00   ................
0000034848 00 00 00 00 00 00 00 00  00 00 00 00 00 00 00 00   ................
0000034864 00 00 00 00 00 00 00 00  00 00 00 00 00 00 00 00   ................
0000034880 00 00 00 00 00 00 00 00  00 00 00 00 00 00 00 00   ................
```

图 7-21 删除文件后 FAT 表变化

其次,记录删除文件后 FDT 信息,如图 7-22 所示。

```
0003932144 00 00 00 00 00 00 00 00  00 00 00 00 00 00 00 00   ................
0003932160 E5 41 00 42 00 43 00 31  00 32 00 0F 00 54 33 00   åA.B.C.1.2...T3.
0003932176 8B 84 0E 9F F0 5C 2E 00  74 00 00 00 78 00 74 00   ‹„.Ÿð\..t...x.t.
0003932192 E5 42 43 31 32 33 7E 31  54 58 54 20 00 8C B3 4E   åBC123~1TXT .Œ³N
0003932208 83 3A 83 3A 00 00 2A 4E  83 3A 03 00 10 00 00 00   ƒ:ƒ:..*Nƒ:......
0003932224 00 00 00 00 00 00 00 00  00 00 00 00 00 00 00 00   ................
0003932240 00 00 00 00 00 00 00 00  00 00 00 00 00 00 00 00   ................
```

图 7-22 删除文件后目录表信息变化

最后,将删除文件后的数据区信息截图或记录,如图 7-23 所示。

```
0003936224 00 00 00 00 00 00 00 00  00 00 00 00 00 00 00 00   ................
0003936240 00 00 00 00 00 00 00 00  00 00 00 00 00 00 00 00   ................
0003936256 61 62 63 64 0D 0A 41 42  43 44 0D 0A 31 32 33 34   abcd..ABCD..1234
0003936272 00 00 00 00 00 00 00 00  00 00 00 00 00 00 00 00   ................
0003936288 00 00 00 00 00 00 00 00  00 00 00 00 00 00 00 00   ................
0003936304 00 00 00 00 00 00 00 00  00 00 00 00 00 00 00 00   ................
0003936320 00 00 00 00 00 00 00 00  00 00 00 00 00 00 00 00   ................
```

图 7-23 删除文件后数据区信息

（12）重复上述添加和删除实验步骤（例如，通过添加和删除子目录、添加和删除不同类型文件分别进行测试）。分析并总结删除后文件系统变化规律。

（13）根据删除后的文件系统变化规律，恢复与复原文件系统和被删除文件。

（14）将存储设备重新接入系统，通过操作系统观察被删除文件是否复原。

4. 实验器材和环境

（1）Windows 操作系统。

（2）WinHex 专家版软件一套（注：自备）。

（3）U 盘或虚拟磁盘（如可在磁盘管理中创建虚拟磁盘）。

5. 实验思考

（1）文件删除后，文件系统中哪些信息发生了变化？

（2）对文件系统进行复原时，需要修改文件系统中哪些信息？

7.3 NTFS 文件系统分析与数据恢复

7.3.1 NTFS 文件系统基础知识

1. NTFS 的主要结构

NTFS 文件系统大致可以分为引导区、MFT 区、MFT 部分备份区、DBR 备份区和用户数据部分，引导区包含引导记录扇区。其中，关键的结构信息有每扇区字节数、每簇扇区数、MFT 文件的起始逻辑簇号、MFT 备份区的起始逻辑簇号、文件记录占用簇数等，如图 7-24 所示。

图 7-24 NTFS 文件系统总体布局

在 MFT（Master File Table）区中，由一个个 MFT 项组成，每个 MFT 项为一个文件记录，其中，各种属性记录文件和目录的各种信息。在 MFT 中，包括若干个文件记录，刚格式化时有 16 个元文件记录，包括 MFT 本身（$MFT）、MFT 镜像（$MFTMirr）、日志文件（$LogFile）、卷文件（$Volume）、属性定义表（$AttrDef）、根目录（$FileRecord）、位图文件（$BITMAP）、引导文件（$BOOT）、坏簇文件、安全文件、大写文件、扩展元数据文件、重解析点文件、变更日志文件、配额管理文件、对象 ID 文件，图 7-25 为几个常见元文件记录。

下面对这 16 个记录简单做个介绍。

第 1 个记录是 $MFT 自身的记录，即 $MFT 首先对自己进行管理。

第 2 个记录是 $MFTMirr 的记录，也就是 $MFT 前 4 个文件记录的镜像。

第 3 个记录是日志文件（$LogFile）的记录，该文件是 NTFS 为实现可恢复性和安全性而设计的。当系统运行时，NTFS 会在日志文件中记录所有影响 NTFS 卷结构的操作，包括文件的创建和改变目录结构的命令，从而可在系统出现故障时恢复 NTFS 卷。

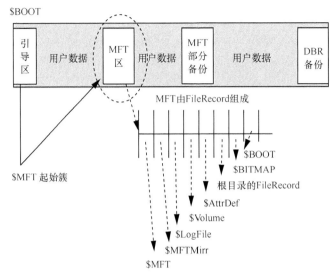

图 7-25　MFT 元文件记录

第 4 个记录是卷文件（$Volume）的记录，它包含卷名、NTFS 的版本和一个标明该磁盘是否损坏的标志位，NTFS 文件系统以此决定是否需要调用 Chkdsk 程序进行修复。

第 5 个记录是属性定义表（$AttrDef，Attribute Definition Table）的记录，其中，存放着卷支持的所有文件属性，并指出它们是否可以被索引和恢复等。

第 6 个记录是根目录（$Root）的记录，其中，保存着该卷根目录下所有文件和目录的索引。在访问一个文件后，NTFS 保留该文件的 MFT 引用，第二次就可以直接访问该文件。

第 7 个记录是位图文件（$Bitmap）的记录，NTFS 卷的簇使用情况都保存在这个位图文件中，其中，每一位（bit）代表卷中的一簇，标识该簇的空间还是已分配。由于该文件很容易被扩大，所以，NTFS 卷可以方便地动态扩大，而 FAT 格式的文件系统由于涉及 FAT 表的变化，所以不能随意对分区大小进行调整。

第 8 个记录是引导文件（$Boot）的记录，该文件中存放着操作系统的引导程序代码。该文件必须位于特定的磁盘位置才能够正确地引导系统，一般位于卷的最前面。

第 9 个记录是坏簇文件（$BadClus）的记录，它记录着该卷中所有损坏的簇号，防止系统对其进行分配使用。

第 10 个记录是安全文件（$Secure）的记录，它存储着整个卷的安全描述符数据库。NTFS 文件和目录都有各自的安全描述符，为节省空间，NTFS 将文件和目录的相同描述符存放在此公共文件中。

第 11 个记录为大写文件（$UpCase，Upper Case File）的记录，该文件包含一个大小写字符转换表。

第 12 个记录是扩展元数据目录（$Extended Metadata Directory）的记录。

第 13 个记录是重解析点文件（$Extend\$Reparse）的记录。

第 14 个记录是变更日志文件（$Extend\UsnJrnl）的记录。

第 15 个记录是配额管理文件（$Extend\Quota）的记录。

第 16 个记录是对象 ID 文件（$Extend\ObjId）的记录。

MFT 文件记录是 NTFS 文件系统中最为重要的一个部分，它由文件记录头和一系列属性构成。属性有常驻属性和非常驻属性，常驻属性和非常驻属性可以通过属性头 0x08 位置的数字来区分，如果是 1，则是非常驻属性；如果是 0，则为常驻属性。非常驻属性和常驻属性的属性头有所差异，但前 16 个字节的结构相同。常驻属性是属性的内容记录在 MFT 项中，非常驻属性是内容记录在 MFT 以外的簇中。

属性由属性头和属性内容构成，常见属性类型有标准属性（$STANDARD_INFORMATION）、属性列表（$ATTIBUTE_LIST）、文件名（$FILE_NAME）、卷版本（$VOLUME_VERSION）、对象 ID（$OBJECT_ID）、安全描述符（$SECUTIRY_DESCRIPTION）、卷名（$VOLUME_NAME）、卷信息（$VOLUME_INFORMATION）、数据流属性（$DATA）、索引根属性（$INDEX_ROOT）、索引分配（$INDEX_ALLOCATION）、位图（$BITMAP）等。

2. NTFS 中添加和删除文件过程

（1）在 NTFS 中添加文件的主要步骤如下（假设簇为 2，创建文件大小 4000 byte 的文件 dir1\file1.dat）。

① 定位 MFT（读文件系统的第一个扇区，即引导扇区。通过引导扇区对应字段决定簇的大小、MFT 的起始地址，以及每个 MFT 文件记录的大小）。

② 确定 MFT 布局（读 MFT 中第一个项目，即$MFT 文件。通过该元数据文件中的$DATA 属性确定 MFT 布局，如 MFT 大小、是否连续等）。

③ 为新文件分配 MFT 项（通过$MFT 文件中的$BITMAP 属性，查找第一个未使用的项目，将此空项目分配给新文件，同时将对应$MFT 文件的$BITMAP 属性置1）。

④ 新文件记录项初始化工作（定位到 MFT 中新分配的项，清空内部的内容。创建$STANDARD_INFORMATION 和$FILE_NAME 属性，设置时间为当前时间。将 MFT 项头部结构的标志位设置成 in-use 状态）。

⑤ 分配存放文件内容的簇。定位 MFT 的项目 6，即$BITMAP 文件记录。通过$BITMAP 文件记录的$DATA 分配相应的空闲簇（本例文件为两个，通常采用最佳适应算法分配连续的两个簇），同时$BITMAP 文件$DATA 对应的簇位标志置1。

⑥ 写文件内容。将文件内容写入分配的对应簇中，同时，将该文件 MFT 项（文件记录）的$DATA 更新。MFT 项修改，对应的文件修改时间进行更新。

⑦ 添加文件的入口。定位 MFT 项 5，即根目录，通过在根目录中找到子目录 dir1，先读根目录$INDEX_ROOT 或$INDEX_ALLOCATION 属性（遍历该排序树结构），找到 dir1 的索引项，通过索引项知道该子目录的 MFT 文件记录地址，同时需更新目录的存取时间。

⑧ 定位该子目录的 MFT 项地址。找到该目录的$INDEX_ROOT 属性，确定文件 file1.dat 索引项的位置。创建 file1.dat 索引项，对索引树重新进行排序（重新排序树结构可能变化）。将新的索引项的文件引用地址 file reference address 改为该新文件的 MFT 项（该新文件的文件记录）地址，正确设置时间和标志，该子目录的最后修改、存取时间等更新。

⑨ 上述每一步骤，将会在文件系统日志 $LogFile 文件中增加相应的项，并且\$Extend\$UsrJrnl 将会更改，如果实施了配额，用户新的配额信息将在\$Extend\$Quota 更新。[1]

---

1 Brian Carrier, File System Forensic Analysis, Addison Wesley Professional,2005, p.344~348.

（2）在 NTFS 中删除文件时，其过程如下。

① 定位 MFT（读文件系统的第一个扇区，即引导扇区。通过引导扇区对应字段决定簇的大小、MFT 的起始地址，以及每一个 MFT 文件记录的大小）。

② 确定 MFT 布局（读 MFT 中第一个项目，即$MFT 文件。通过该元数据文件中的$DATA 属性确定 MFT 布局，如 MFT 大小、是否连续等）。

③ 定位子目录。定位 MFT 项 5，即根目录文件，遍历根目录的$INDEX_ROOT 或$INDEX_ALLOCATION 的索引。找到 dir1 子目录项，确定其入口地址（即子目录的 MFT 项的位置）。根目录的最后存取时间更新。

④ 定位子目录后，对子目录$INDEX_ROOT 或$INDEX_ALLOCATION 的索引遍历，找到文件 file1.dat 项，确定文件 file1.dat 在 MFT 中的文件记录项地址。

⑤ 在子目录索引中，将该文件项删除（注：由于删除索引节点后，B 树可能不平衡，节点间位置可能移动，这样原文件项信息可能覆盖，显示为删除的项可能并没有真正删除），目录最后修改、存取时间更新。

⑥ 对 file1.dat 文件记录（MFT 项）的标志位 in-use 清 0，即表示该文件记录空间释放。同时将$BITMAP 文件记录的$DATA 属性的该 MFT 项目 BITMAP 对应位置 0。

⑦ 处理该文件记录的非驻留属性（指$DATA），将$BITMAP 文件对应簇的 BITMAP 置 0。

⑧ 上述每一步骤，将会在文件系统日志 $LogFile 文件中增加相应的项，并且\$Extend\$UsrJrnl 将会更改，如果实施了配额，用户新的配额信息将在\$Extend\$Quota 更新。[1]

3. NTFS 数据恢复的思路

从上述 NTFS 文件系统中文件被添加和被删除后的变化情况看，主要是文件父目录索引中文件名被移除、MFT 项分配被取消、簇的分配被取消，而文件的数据内容并未发生变化。因此，对 NTFS 被删除文件的恢复思路为，首先需要根据文件系统的布局，确定记录文件的子目录项，找到文件对应的 MFT 文件记录项，从而恢复文件的内容。

7.3.2 NTFS 文件系统分析与数据恢复实验

1. 实验背景

使用真实的 U 盘或者新建虚拟磁盘，对其分区格式化，建立 NTFS 文件系统，分析该文件系统结构，比较删除前后文件系统的变化，并尝试通过 WinHex 软件恢复被删除的文件。

2. 实验目的

（1）掌握 NTFS 文件系统的基本结构。

（2）学会分析 MFT 项、位图信息、索引信息、数据内容信息，区分每项十六进制数代表的意义。

（3）了解文件删除过程中文件系统变化情况。

（4）掌握 MFT 中被删除文件恢复的一般方法。

3. 实验要求

根据以下步骤，分析 NFFS 文件系统的主要结构，比较文件删除前后的变化，尝试手动恢复被删除文件。

---

1 Brian Carrier, File System Forensic Analysis, Addison Wesley Professional, 2005, p.344~348.

（1）将硬盘接入装有 WinHex 软件的调查计算机（可通过 USB 口、IDE 或 SATA 口接入，或者建虚拟磁盘，并将其分区格式化成 NTFS 格式）。

（2）检查实验硬盘是否存在 NTFS 分区结构，若无，将待实验硬盘分区转换成 NTFS 格式，此次实验中实验硬盘的盘符为 H:盘。

（3）实验前记录 NTFS 文件系统主要数据结构信息，使用 WinHex 打开 H:盘，找到该盘符的 DBR，如图 7-26 所示。

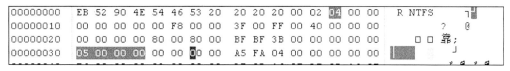

图 7-26　NTFS 下的 DBR

（4）在 H:盘下添加测试文件，并输入一定量的内容，此次实验中为 test.txt 文件。

（5）记录硬盘中主要数据信息（包括 MFT 项、位图信息、索引信息、数据内容信息等），分析图 7-26 中的 DBR 可知，每簇的扇区数为 04H，而$MFT 的起始簇为 05000000H，转换为十进制后为 2800，跳转至 2800 位置，找到$MFT 的第一条记录，如图 7-27 所示。由此跳转五次，每次为两个扇区，找到$MFT 第五条记录中的 A0 属性，如图 7-28 所示。

图 7-27　2800 簇处$MFT 的第一条记录

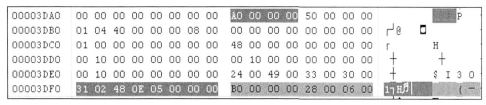

图 7-28　$MFT 的 A0 属性

分析该 A0 属性可知，该磁盘索引位置的起始 LCN 为 480E05，乘以每簇的扇区数 04H，得到 143920，跳转至此，即可找到根目录的索引项，如图 7-29 所示。

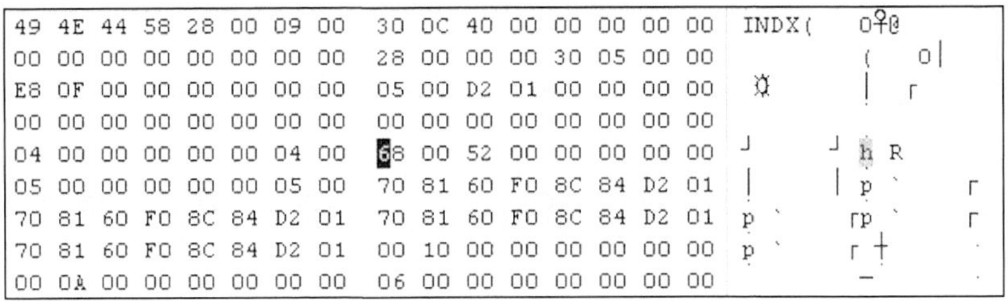

```
49 4E 44 58 28 00 09 00   30 0C 40 00 00 00 00 00   INDX(      0 @
00 00 00 00 00 00 00 00   28 00 00 00 30 05 00 00           (   0
E8 0F 00 00 00 00 00 00   05 00 D2 01 00 00 00 00
00 00 00 00 00 00 00 00   00 00 00 00 00 00 00 00
04 00 00 00 00 00 04 00   68 00 52 00 00 00 00 00           h R
05 00 00 00 00 00 05 00   70 81 60 F0 8C 84 D2 01           p
70 81 60 F0 8C 84 D2 01   70 81 60 F0 8C 84 D2 01   p       p
70 81 60 F0 8C 84 D2 01   00 10 00 00 00 00 00 00   p
00 0A 00 00 00 00 00 00   06 00 00 00 00 00 00 00
```

图 7-29　根目录的索引项

在分析索引文件后,得到所需文件的位置,并跳转,找到文件内容的存放位置,如图 7-30 所示。

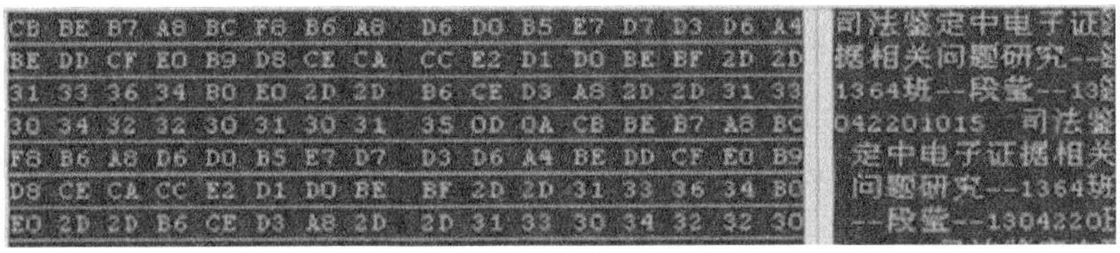

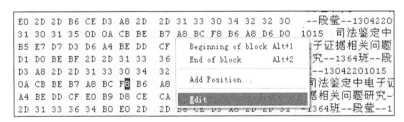

图 7-30　文件内容

(6) 将添加的文件进行彻底删除操作。

(7) 分析 MFT 对应文件记录、$MFT 的$BITMAP 属性、目录的索引根或索引分配属性、$BITMAP 属性,以及文件内容的信息变化情况,相关操作与上述步骤类似,请学生自行完成。

(8) 将删除的文件内容进行恢复,使用 WinHex 对其进行恢复,步骤如图 7-31 和图 7-32 所示。

图 7-31　选取待恢复数据区,右键选择 Edit

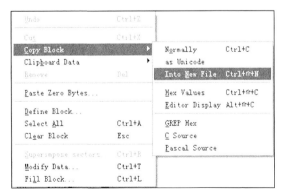

图 7-32　选择 Copy Block 中的 Into New File

（9）将恢复后的文件命名为"恢复文件 1"（由于非实际鉴定委托工作，因此只恢复部分数据），其中内容如图 7-33 所示。

图 7-33　实验恢复结果

4．实验器材和环境

（1）Windows 操作系统。

（2）WinHex 专家版软件一套（注：自备）。

（3）U 盘或虚拟磁盘（如可在磁盘管理中创建虚拟磁盘）。

5．实验思考

（1）文件删除后，NTFS 文件系统中哪些信息发生了变化？

（2）NTFS 中 ADS 是什么，如何找出文件中所有的 ADS 信息？

第8章

电子数据证据的分析与评估实验

8.1 事件过程分析

8.1.1 事件过程分析基础知识

电子数据取证过程中所获电子数据证据主要用来证明案件事实。通过取证设备所获取的所有电子数据证据都是静态的数据信息，如果不将其与其他电子数据证据进一步关联和分析，则仅能证明孤立的案件事实，无法了解整个案件的动态过程，也就无法完整地还原整个案件现场。

而将各种不同的电子数据证据聚合在一起，依靠现有取证工具很难直接进行分析，还需要借助人工的推理和判断。其中，有一种分析方法，是按照事件发展的时间序列，将计算机设备的操作过程按照时间先后的顺序予以排列，并根据计算机原理和生活常识，将一份份静态电子数据证据转化成动态的案件过程信息，这种分析方法称为事件过程分析。

事件过程分析关键是挖掘电子数据中的时间信息，通过创建时间、修改时间、访问时间、内容中隐藏的时间信息以及各种信息形成的先后关系，梳理出证据形成的先后关系、证据内容所蕴含事件发展过程，从而一步一步还原案件的过程。

现有取证工具很难对不同种类的电子数据证据自动形成事件过程的报告，但有一些取证工具能够对文件系统中文件进行时间线的分析展示，或者电子邮件收发过程形成时间线的分析展示，虽然这些分析仅对部分电子数据证据进行先后顺序的展示，但对于案件的分析也是具有重要意义的。

1. 带有时间线信息分析的取证工具

（1）可视化数据智能分析系统（FS-6000）

可视化数据智能分析系统是一款对各种业务系统的结构化数据及非结构化数据进行综合分析的系统。该系统具备业务数据智能清洗、综合数据智能分析、可视化图形展示等多项强大功能，如图8-1所示。

系统通过自动化智能清洗、将异源异构的各种业务数据推送到数据中心，并利用各种分析模型和业务模型挖掘数据间的关系，将数据和数据间的关联通过图形的方式展现，能有效地协助执法部门、政府机构及金融企业（银行、保险、证券）等相关部门将大量、低关联、低价值的信息转化为少量、易于理解、高关联、高价值、可操作的情报，帮助预防、识别和瓦解欺诈及其他违法行为。

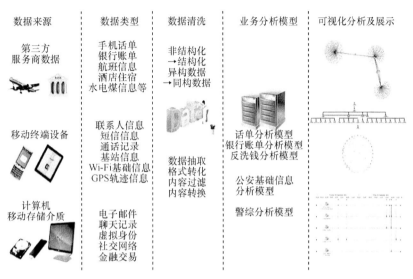

图 8-1 FS-6000 系统功能展示

FS-6000 系统提供多种数据类型清洗和多种智能分析模型，支持对话单数据进行深度综合分析，在此基础上后续将进一步融合具有针对账单、手机信息、计算机信息、住宿信息、行驶信息、社交网络信息等深度分析和综合分析的模块和功能。目前可根据需要输出为网络布局、时间序列布局等形式进行展示。例如，以时间轴视图展示多个银行账户之间的资金往来交易记录，如图 8-2 所示。

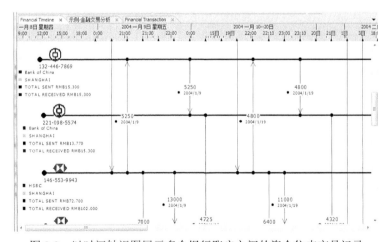

图 8-2 以时间轴视图展示多个银行账户之间的资金往来交易记录

（2）取证软件中的时间线分析

很多取证软件提供了时间线工具，能够以图形的方式将文件按照时间先后顺序予以展现。通过文件过滤分析、时间线展示和分析，对分析事件过程有很好的帮助。例如，在取证大师软件中的时间线分析工具，如图 8-3 所示。

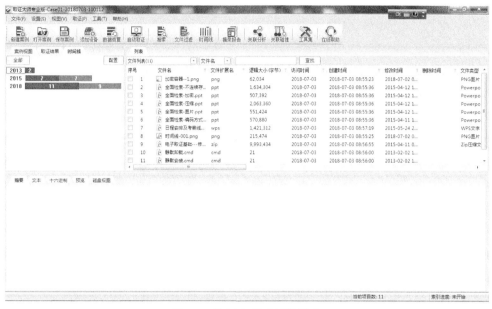

图 8-3 取证大师时间线展示

2. 以聊天对话过程的交互式工具

一些取证软件能够解析微信、QQ 等实时通信工具的聊天记录，并将数据库中的对话信息以类似于用户的视角将聊天对话的方式展现出来，这种过程的展示，实际上也是按照事件先后的顺序予以展现，对于分析案件有很好的帮助。

8.1.2 事件过程分析实验

1. 实验背景

在一起传播淫秽色情物品的案件中，犯罪嫌疑人 A 利用计算机技术搭建色情网站，通过犯罪嫌疑人 B 传播色情图片内容，以收取会员会费的形式牟取利益。并且 A 利用编程技术，制作了木马程序，意欲窃取使用者的重要个人数据信息，对犯罪嫌疑人 A 的涉案计算机整个硬盘进行了镜像，镜像文件名为 ImageFilePC.E01，其 MD5 值为 A3098ED869DF4282F4486702113C369F；B 的 Mac OS 系统，备份文件名为 OSX-VM.zip，其 MD5 校验值为 F8F80C8E757800CEB6D94ADC7BAE84FD；A 的手机备份文件，文件名为 BackupIPhone.zip，其 MD5 值为 845DF5A02941D2B399FC6F42F25222F4；B 的手机镜像文件，文件名为 ImageFileAndroid.rar，其 MD5 值为 032349e790a3b8420564f95a093d0ef4。经查 2018 年 5 月 10 日，ImageFilePC.E01 镜像对应的计算机由赵某独自使用，现需要分析赵某在 2018 年 5 月 10 日操作计算机的整个过程，并按时间先后顺序予以描述。

2. 实验目的

（1）了解事件过程分析的基础知识。

（2）了解事件过程分析的基本方法。

(3)了解并学会使用事件过程分析的辅助工具。

3. 实验要求

根据实验背景的描述,要求每个学生完整分析整个硬盘镜像,逐步梳理出赵某操作计算机的整个过程。在分析时,参考以下提示信息并回答问题。

(1)是否启动虚拟机 Kali Linux?
(2)在 Linux 中是否执行过相关命令?
(3)是否接入过相关设备?
(4)是否使用过搜索引擎?
(5)是否上传过相关文件?
(6)是否登录过 QQ?

要求每人独立完成实验过程分析报告。

4. 实验器材和环境

(1)取证软件若干(注:自备)。
(2)提供的镜像(或备份)文件 3 份(ImageFilePC.E01、BackupIPhone.zip、ImageFileAndroid.rar)。

5. 实验思考

(1)如何保障事件过程分析的全面性?
(2)事件过程分析对判断电子数据证据的真实性有何意义?

8.2 关联信息分析

8.2.1 关联信息分析基础知识

电子数据证据分析的内容非常广泛、方法多种多样,难以对其进行一一列举,除了前述事件过程分析以外,关联信息分析也是电子数据证据分析的常见方法之一。关联信息分析是指,以某个重要的信息为联结点,将所有相关证据聚合在一起分析的方法。

很多网络犯罪案件涉及的人员数量多,计算机设备多,时间跨度大,此时需要将不同设备中的电子数据进行相互关联和印证,对于理清整个案件事实,发现其中不可靠电子数据有很大的作用。要达到这一点,必须找到若干关键信息,以此为联结点进行分析。

从关键信息的类型看,主要包括以人员信息为联结点、以资金信息为联结点、以文件内容为联结点、以其他信息为联结点等方法。

1. 以人员信息为联结点

以人员信息为联结点,是指将涉案人员一一列举,并将他们之间的关系予以厘清的方法,通常可通过直观的方法将其展示,从而发现和确定犯罪嫌疑人、确定他们的作案方式和过程。例如,前述的 FS-6000 系统可以以网络布局的方式输出人员关联图,可以轻松发现多个联系人之间的共同通话对象,如图 8-4 所示。

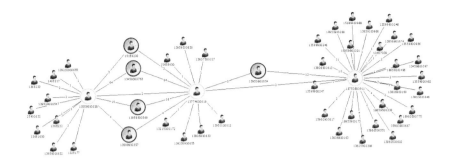

图 8-4　多个联络人之间的通话对象

再如,有一些手机取证软件,可将手机通话记录、聊天记录等信息以人员关联图的方式予以呈现。以上这些实例均属于以人员信息为联结点的分析方法。

然而实践中,由于涉案人员之间联系不局限于单一的通话记录、聊天记录、资金往来、邮件往来,因而很多情况下还需要人工分析和作图,以更准确、可靠、直观的方式予以呈现。

2. 以资金信息为联结点

大多数网络案件与资金存在密切关联,如大多数网络犯罪案件均是牟利型。因而,通过资金信息为联结点,将涉案的资金流向作为关键信息将各种证据聚合在一起分析,更加易于厘清整个案件的发展过程,查明案件事实。例如,前述的 FS-6000 系统可以通过资金交易的路径查找发现洗钱或欺诈行为,便属于该方法的一种,如图 8-5 所示。

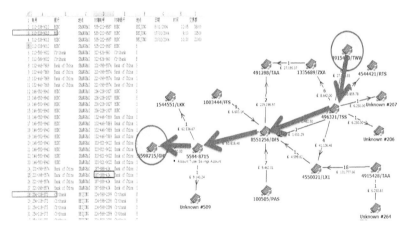

图 8-5　通过资金交易的路径查找发现洗钱或欺诈行为

3. 以文件内容为联结点

以特定的文件内容为联结点是另外一种方法。具体以何种文件内容关联信息,在具体案件中各有不同。例如,在传播破坏性程序案件中,可以将破坏性程序的特征作为联结点,将所有相关的证据聚合在一起进行分析,从而分析其传播路径、扩散程度、来源和发展趋势等信息。

4. 以其他信息为联结点

除上述关键信息外,在具体案件中还包括很多其他信息。不同人员在同一案件中,也可以选择不同的关键信息为联结点分析案件，以查明案件事实。例如，以 IP 地址、行动轨迹为联结点。

8.2.2 人员关联信息分析实验

1. 实验背景

在一起传播淫秽色情物品的案件中，犯罪嫌疑人 A 利用计算机技术搭建色情网站，通过犯罪嫌疑人 B 传播色情图片内容，以收取会员会费的形式牟取利益。并且 A 利用编程技术，制作了木马程序，意欲窃取使用者的重要个人数据信息，对犯罪嫌疑人 A 的涉案计算机整个硬盘进行了镜像，镜像文件名为 ImageFilePC.E01，其 MD5 值为 A3098ED869DF4282F4486702113C369F；B 的 Mac OS 系统，备份文件名为 OSX-VM.zip，其 MD5 校验值为 F8F80C8E757800CEB6D94ADC7BAE84FD；A 的手机备份文件，文件名为 BackupIPhone.zip，其 MD5 值为 845DF5A02941D2B399FC6F42F25222F4；B 的手机镜像文件，文件名为 ImageFileAndroid.rar，其 MD5 值为 032349e790a3b8420564f95a093d0ef4。经查 2018 年 5 月 10 日，ImageFilePC.E01 镜像对应的计算机由赵某独自使用，现需要分析赵某在 2018 年 5 月 10 日操作计算机的整个过程，并按时间先后顺序予以描述。

2. 实验目的

（1）了解什么是关联信息分析。

（2）初步掌握人员关联信息分析的方法。

（3）了解并学会人员关联信息分析的辅助工具。

3. 实验要求

根据实验背景的描述，要求每个学生完整分析整个 ImageFileAndroid.rar 镜像，根据其中微信、QQ 以及手机通话记录，分析所有人员信息并判断他们之间是否存在信息联络，进而尝试绘出多个联络人之间的示意图。

要求每人独立完成实验过程分析报告。

4. 实验器材和环境

（1）取证软件若干（注：自备）。

（2）提供的镜像（或备份）文件 3 份（ImageFilePC.E01、BackupIPhone.zip、ImageFileAndroid.rar）。

5. 实验思考

（1）以人员信息为联结点进行关联信息分析，有何用途？

（2）以资金信息为联结点进行关联信息分析，有何用途？

8.3 电子数据证据评估

8.3.1 电子数据证据评估基础知识

1. 电子数据证据评估方法

诉讼证据是指法律规定的，经查证属实，能够用以证明案件真实情况的一切事实。因此，诉讼证据应当具有客观性、关联性和合法性（法律性）。且诉讼证据必须具有证据能力（或资格）才能呈上法庭作为定案依据，诉讼证据的证明力则是证据对于案件认定的影响力。

因此，除了使用工具对电子数据证据等材料进行分析外，电子数据证据材料要成为诉讼证据，还必须满足法律上的要求。因而，在对电子数据证据进行分析的基础上，对其证据能力（资格）或可采性以及证明力进行评估显得更为重要和关键，这也是当前研究和探讨的重要热点问题之一。一般而言，电子数据证据评估主要研究和探讨电子数据证据的法律地位、证据属性、可采性以及对案件事实的证明力等方面问题。这些问题的研究虽仍处于发展和不断完善中，但随着信息技术的不断进步和广泛应用，其重要性也不断凸显。

证据"三性"与证据能力、证明力之间的关系，有不同的观点。一种观点认为，证据能力相当于我国的合法性，证明力相当于相关性与客观性；另一种观点认为，证据能力相当于我国的合法性和关联性，证明力相当于客观性。

对于电子数据证据的审查，无论是从证据"三性"方面依次审查，还是依据证据能力或证明力依次审查，大体上可以分为两类审查：形式审查和实质审查。形式审查指的是审查电子数据是否具有法律规定的合法形式、内容和其他特别要求。实质审查指的是审查电子数据在证明特定案件事实上的可靠性程度。因而下文从这两个方面，根据现有法律、实践情况、国外经验等进行论述。

（1）电子数据证据的形式审查

① 电子数据合法性审查

证据的合法性审查是指对证据在收集、鉴定、运用的主体、程序、来源方面是否符合法律的规定形式进行审查。不具有合法性的证据，可能影响其证据能力或证明力，甚至有可能根据非法证据排除规则而被排除。证据不具有合法性并不等价于所获取的证据都不能成为"证据"，[1]非法排除规则也并不是完全排除所有不具有合法性的证据。"非法证据"仅指在收集证据过程中违反法律规定，侵犯了犯罪嫌疑人、被告人合法权利的证据。[2]

② 电子数据证据监督链完整性审查

电子数据证据从被发现到最终提交到庭审过程中，应有完整的证据监督链证明证据来源于犯罪现场，在提取、固定、处理、分析、保存等环节没有被替换、破坏、修改，或者发生错误或欺诈。按照这个思路，在审查时重点考察电子数据来源记录是否完整、电子数据证据移交过程中是否记录完整等。

③ 电子数据对案件证明的重要性审查

电子数据在案件中采用，应说明其用途，即用其证明何种案件事实。在此方面，应就其对案件证明的重要性进行审查。如果电子数据无法与案件事实进行关联，或者所要证明的"案件事实"与案件无实质联系，便没有进入庭审质证的意义。在分析重要性时，常需要与具体的案件联系起来。电子数据用来证明某种法律行为是否成立、某种犯罪行为是否成立，都依赖于实体法的具体规定，最终要与实体法中的法律要件联系起来。如果某一案件事实通过推论性推理能够与该案件中的要件之一联系起来，则该案件事实是实质性事实。若能通过证据

---

[1] 注：一般认为，证据的基本属性是区分证据与非证据的标准。证据的基本属性为合法性、真实性和关联性；不符合"三性"标准的证据不属于证据，因而不能成为定案的根据。但是，因非法证据不具有合法性，而将所有非法证据予以排除，这一推论显然不符合世界各国证据理论与司法实践。故对证据的合法性是否属于证据的基本属性仍有争议。

[2] 樊崇义主编．《证据法学》，法律出版社 2008 年版，第 101 页。

证明该案件事实，则表明提供的证据与案件事实有实质性联系。

（2）电子数据证据的实质审查

① 电子数据可靠性审查

电子数据在证明特定案件事实上的可靠性与否及程度，是实质审查的重要内容，包括从技术方法的可靠性、电子数据相关系统环境的可靠性、电子数据的安全性措施、电子数据司法鉴定情况等方面进行分析。

对技术方法可靠性审查，主要审查技术方法是否科学，是否按照技术规范实施。严格按照技术规范实施的科学技术方法，不会对电子数据完整性破坏，技术处理过程不影响电子数据的可靠性等。

审查电子数据相关系统环境，包括其生成、运行、存储、处理等环境。电子数据从生成到消失整个过程中离不开一定的软硬件环境。这些软硬件环境构成相对独立的计算机信息系统，它们的安全性直接影响到其中存储的数据。虽然系统在特定时刻的安全可靠性难以证明，但因为系统在相当长的时间段内，具有相对一致的安全可靠性。因此，可以用系统日常运行时的安全可靠性推定特定时刻系统的安全可靠性。从一个运行正常的系统中获取的电子数据证据，比运行不正常的系统中获取的电子数据证据可靠性高。通过评判该计算机信息系统的可靠性或安全等级，在一定程度上能够推测出电子数据证据的可靠性。

电子数据从其生成到被发现过程中的可靠性，是可靠性审查内容之一。如果在这过程中被恶意破坏和更改，其可靠性便受到影响。但如果采取一定的安全措施来保护这些数据，则其可靠性便有了保障。

另外，当对电子数据真实性存在质疑时，会启动司法鉴定程序。对电子数据真实性司法鉴定的鉴定意见，可以作为评判电子数据真实可靠性的依据。如果当事人双方对鉴定意见没有异议，直接可以认定电子数据真实可靠性情况；如果对司法鉴定存在异议，可以通过对司法鉴定意见进行质证，并对其进行可靠性审查，确定是否采纳鉴定意见，从而确定电子数据可靠性。

② 电子数据质证情况审查

证据只有经过庭审质证才能作为定案的依据。庭审质证情况有利于发现双方对证据是否存在异议，存在异议的关键点在什么地方。通过质证和辩论，有助于法官判断证据真伪，有利于案件事实的发现。

③ 电子数据证明作用审查

电子数据对案件事实有证明作用，才具有相关性。没有证明作用的证据，既不有助于证真，也不有助于证伪。证据是否具有证明作用与法律规则无多大联系，检验的依据是逻辑和一般经验。因此，证明作用的检验是建立在一定的经验知识基础之上，通过经验知识这个大前提，结合案件的证据事实这个小前提，能够推论出要证明的案件事实，则该证据对案件事实具有证明作用。

2. 证据保管链完整性评估知识

证据保管链又称证据监督链，是电子数据证据评估的基础。因为证据能力和证明力分析必须存在这样一个前提，即所有证据都必须来源可靠。而要证明其来源，必须具备完整可靠的证据保管链。即电子数据证据从发现到诉讼程序结束的整个生命周期内，应有完整的证据监督链证明证据来源于案件现场，整个过程没有被篡改或破坏。在审查时可重点从两个方面评估：电子数据来源记录是否完整，电子数据证据移交过程中是否记录完整。

（1）电子数据来源记录完整性审查

用来证明案件事实的电子数据，作为检材进入司法鉴定中，需要说明其来源。直接在犯罪现场取得的电子数据，同样需要将电子数据来源的场所和具体细节说明清楚。由于来源记录的目的是防止证据被修改、发生错误或者欺诈，因而记录信息内容不仅仅要具体到场所、设备，还应该按照法定的程序进行记录。

对于电子数据来说，一般来源于案件现场的计算机设备中，为了对其来源准确记录，应能够准确地证明"来源于案件现场，非来源于其他场所""来源于现场中此计算机，而非其他计算机"这两个问题。可通过记录和拍照的方式确定来源。对于电子数据而言，应注意"虚"和"实"两部分的记录。例如，在现场扣押计算机，需要记录被扣押计算机中硬盘的型号、规格和序列号；或者对扣押硬盘贴上标签并签名。以上只是对"实"面的记录。如果需要对硬盘进行操作（如查阅），还应该就硬盘数据完整性进行记录，如通过 Hash 校验方法计算其校验值，便是"虚"面的记录。通过"虚"和"实"两方面的记录，能够说明电子数据来源的载体情况，以及验证数据完整性情况。

电子数据还有可能来源网络，或者来源于信息系统等其他场所或系统。直接通过网络获取且无法获得网络对应的硬件设备时，需要记录准确的获取时间、网址，以及其可靠性检查情况等。如果来源于数据库，应记录数据库来源及其可靠性情况。例如，当通过 IP 地址获取机器所在位置时，需要在 IP 地址分配信息库内进行检索，以确定 IP 地址所属单位或者 IP 地址对应计算机的物理位置。提供 IP 地址分配信息库查询的软件、网络和单位很多，有一些是权威的、及时更新的数据库，有一些是复制的、更新不及时的数据库。只有最原始数据库和更新及时数据库中信息才是最可靠的。因此，对这类电子数据证据审查时，还应分析其来源信息库的可靠性。

（2）电子数据移交记录完整性审查

电子数据从产生，到被提取和固定、检验和鉴定，直至庭审质证过程中，涉及不同主体、不同人员之间证据及相关材料的交接，电子数据还有可能与其所依赖的载体分离，从一个载体转移到另一个载体上。在移交过程中必须记录移交的情况，包括移交时间、移交人员、涉及的材料等。同时，还要有证据证明移交前后电子数据内容没有发生变化。

在对电子数据真实性司法鉴定中涉及的电子数据进行审查时，要关注移交过程中的流转情况是否形成一个可信链条。例如，审查流转记录信息是否详细，流转记录是否存在中断，内容完整性能否被验证等。在审查中，如果电子数据保管方法科学合理，能够确保其内容的完整性，则电子数据真实性和可靠性能得到保障；反之，证据移交过程中移交情况，或者移交前后电子数据完整性无法得到验证，则其真实可靠性可能降低。

8.3.2 证据保管链完整性评估实验

1. 实验背景

有一起案件，需要取证人员对现场计算机的硬盘进行全盘镜像（假设 MD5 值为 aed663a301a5133cf11233df10e0d770，其他信息自行设计）；全盘镜像以后需要将该镜像和相关纸质文件移交给实验室人员进行分析，从中提取与案件相关证据；分析证据以后，实验室人员因故将该镜像移交给上级公安机关实验室进行分析，分析完成后将硬盘和相关材料移交给法制科人员。要求就证据保管链相关问题进行讨论和分析。

2. 实验目的

（1）了解什么是证据保管链。

（2）了解证据保管链的作用。

（3）掌握证据保管链完整性判别方法。

3. 实验要求

根据实验背景的描述，要求每个学生自行设计文件移交记录清单和有关文档，完成设计后，分小组就以下问题进行讨论。

（1）本小组同学记录的关于硬盘及其数据的"证据保管链"信息内容是否存在差异，差异点在何处？

（2）本小组是否有哪位同学关于"硬盘"及其数据的"证据保管链"完整性存在问题，并通过讨论、分析、争辩等方法进行确定？

（3）讨论分析"证据保管链"应具备哪些基本要素。

要求每人独立完成一份对"证据保管链"认识方面的报告。

4. 实验器材和环境

（1）Windows 操作系统。

（2）纸张若干。

5. 实验思考

（1）"证据保管链"完整性与否如何进行审查？

（2）对现场计算机的硬盘进行全盘镜像时对取证人员是否有要求？为什么？

第 9 章

计算机司法鉴定实验

9.1 电子邮件真实性鉴定

9.1.1 电子邮件真实性鉴定基础知识

电子邮件真实性鉴定主要是为了解决能否使用该电子邮件证明某一案件事实的问题。从电子邮件内容看，主要存在的问题有：电子邮件收件人和发件人与案件中当事人不一致；电子邮件正文与案件事实中反映内容不一致。如果根据对电子邮件真实性质疑点分解，可将电子邮件鉴定事项分为以下两方面：对收发人的真实性质疑；对邮件正文内容的质疑。

1. 常见电子邮件伪造形式

电子邮件伪造主要包含两种类型：一种是通过假冒发件人或收件人的身份伪造邮件信息，一般伪造发件人身份；另一种是对邮件内容进行各种篡改，改变原始内容的原始事实信息。根据具体伪造手段不同，又可对其进一步细分。

身份假冒型伪造包括获取邮件账号和密码假冒身份、利用 SMTP 假冒身份、利用 ESMTP 假冒身份等几种形式。

内容篡改型伪造包括对邮件内容的整体替换、对邮件内容的部分篡改和邮件文件的无中生有等几种形式。

2. 电子邮件真实性鉴定程序和方法

根据司法部司法鉴定技术研究所负责制定的司法鉴定技术规范《电子邮件鉴定实施规范》，对电子邮件鉴定程序和方法做了较详细的说明。根据该技术规范，鉴定过程分为以下 4 个步骤：了解相关情况；固定保全；搜索与恢复；真实性检验分析。真实性检验分析涵盖了邮件基本信息检验、邮件结构和格式分析、邮件头分析、邮件正文分析、其他相关信息分析、邮件服务器评析、综合评判等方面。该规范对电子邮件检验步骤和方法阐述比较详细，但由于实践中电子邮件内容真实性鉴定情况的多样性，具体可采用哪些程序和方法，不仅与案件性质有关，还与所能获取的电子数据材料有关。因而，难以通过一个固定程式涵盖所有具体的鉴定项目。

(1) 电子邮件内容真实性鉴定的一般程序

① 影响鉴定具体流程的几个关键问题

鉴于具体鉴定案件的复杂性,有一些鉴定程序或环节对于某些案件中的鉴定是必需的,可能在其他案件中又不是必需的。因此,在实施某一环节的鉴定子程序时,还存在一个判断和分析过程。我们认为,鉴定过程中还应思考以下问题并决定下一步鉴定活动如何实施。

- 检验材料和样本是否充分,是否需要进一步收集

在司法鉴定委托事项受理时,需要了解案件情况,查明电子邮件在案件中所起的证明作用,以及委托人或相关当事人对电子邮件存疑的主要关键点在什么地方。如果确定了电子邮件真实性争议点,就可以根据现有材料确定检材和样本的充分性情况,以便决定是否需要进一步收集相关材料。

一般情况下,如果提供的电子邮件为打印件,非直接来自于邮件客户端软件,或者 Web 网页邮件,则需要进一步提供原始载体和邮件。另外,如果在案件中涉及往来电子邮件、转发电子邮件、抄送电子邮件,在条件许可情况下,一般也应进一步收集和固定。

- 是否需要对电子邮件使用单位的信息安全管理情况实施调查

很多电子邮件在内网进行传输,未经过外网。此时需要了解该单位所架设电子邮件服务器的基本情况,包括电子邮件服务器的类型、软件版本、提供的服务种类和具体配置情况等。由于企业办公自动化系统中所使用的邮件系统存在特殊性,在用人单位与员工之间劳动合同纠纷等案件中,如果需要对电子邮件运行环境进行检验,除了对软硬件设施实施调查外,还需要对电子邮件使用单位的信息安全管理情况实施调查,以确定员工之间邮件来往的处理过程、保存的规则、安全管理实施的情况。

如果所涉电子邮件服务器与案件当事人不存在利害关系,一般无须启动对该邮件服务器所在单位信息安全管理情况的调查。

- 是否需要对相关邮件服务器或者客户端实施搜索和数据恢复操作

如果邮件争议中的可疑点仅仅涉及身份假冒型伪造,则无须采用搜索与数据恢复操作。如果邮件争议中的可疑点涉及内容篡改型伪造,则采用数据恢复操作有可能发现篡改过程中所遗留的痕迹,如原始邮件片段、篡改过程信息、篡改使用的文件信息等。因此,可根据现有检验情况,确定是否对邮件客户端计算机实施搜索和恢复操作。如果涉案为企业内部邮件,且涉及的纠纷为单位与员工纠纷时,当企业信息安全管理制度不完善,且怀疑有更换服务器或删除服务器内部重要数据情况,有必要对该邮件服务器实施全盘的搜索或者数据恢复操作。

② 电子邮件鉴定的一般程序

根据以上情况的分析,电子邮件内容真实性鉴定的一般程序可概括为以下几个子程序。

- 了解电子邮件及案件相关事实情况

通过查阅委托材料,与委托人和相关当事人进行沟通,了解整个案件的情况,确定电子邮件在案件中的作用,以及与待鉴定电子邮件相关的来往电子邮件、涉及的有关人员等情况;分析当事人对电子邮件真实性问题的争议点是什么,涉及的争议是属于身份假冒型伪造问题,还是内容篡改型伪造问题,还是争议点不明确等。同时,待鉴定的电子邮件是否为单位内部来往电子邮件,涉及的邮件服务器与当事人是否有利害关系,以及电子邮件是否签名、加密等基本情况也应予以查明。

- 根据需要，充分收集电子邮件检材和样本材料

根据前一阶段掌握的案件情况和相关的检验材料信息，确定是否需要进一步收集与案件相关检材和样本材料。如果需要收集相关检材和样本材料，可要求委托人或案件当事人提供存储相关检材和样本的设备。无法提供的，如果属于 Web 网页邮件，则需要提供邮件账号和密码；如果属于服务器设备，则需要现场提取和固定。总之，在此阶段，应充分收集与案件相关的检验材料和样本材料，便于形成较明确的鉴定意见。

- 根据需要，进行现场调查

根据前两个阶段掌握的检材、样本和案件情况，决定是否需要进行现场调查。启动现场调查时，需要事先指定方案和策略，并获取相关授权，配备相关调查人员和设备，依据制定的方案进行调查。

现场调查应关注被调查单位的信息安全管理情况，其信息系统的运行、管理和维护是否参照国家相关标准，是否存在健全的制度，以及是否按照该制度运维。同时，还应重点关注对邮件服务器的管理情况、涉及的相关人员及其权限情况，邮件服务器是否具有备份，自涉案邮件生成之日起，至被调查日为止是否正常运行等。

- 根据需要，进行搜索和恢复

根据涉案争议中涉及的伪造类型，确定是否进行搜索和恢复。搜索与恢复需要对涉案的硬盘进行全盘的分析，查找与电子邮件相关的信息，重点关注临时文件、日志文件、回收站文件、被删除的文件以及系统备份涉及的文件等。

- 综合分析和检验

根据电子邮件相关材料和信息，进行综合分析和检验，是电子邮件内容真实性鉴定最关键的阶段，在该阶段应对待检验电子邮件本身、电子邮件客户端软件、电子邮件相关的检验样本、邮件服务器日志、邮件客户端日志、系统日志、案情以及现场调查、搜索和恢复的结果等情况进行检查并对其中存在的可疑点进行分析。综合这些检验和分析情况，进行综合评判。

（2）电子邮件鉴定的主要方法

对电子邮件真实性鉴定，主要依据电子邮件形成过程在技术上的合理性、在整个案件中所反映事实逻辑上的合理性和对邮件涉及的矛盾和疑点之处的分析基础上形成意见。在鉴定过程中对上述问题的判断主要采用分析法。根据分析内容的不同，主要有以下几种方法。

① 信息关联分析

电子邮件从发送到接收，会在很多不同机器设备上产生信息。信息之间是相互联系的，通过将这些信息关联，可以发现其中不合理之处，利用技术和逻辑分析可以解释其是否伪造而形成。常见的关联信息有发件人邮件与收件人邮件、不同收件人收到的同一封邮件、邮件内容与邮件客户端软件、邮件内容与服务器端软件、电子邮件与各种相关日志文件、电子邮件与计算机内隐藏或恢复的相关数据、与同一事实相关的来往邮件等。

② 形成过程分析

电子邮件从发送到接收整个形成过程，一般都是严格按照电子邮件相关协议生成和传输的。通过分析电子邮件形成过程的合理性，可以发现很多假冒和伪造的电子邮件。分析形成过程时，可以从时间、路径、协议等角度对电子邮件进行分析，即分析时间先后关系是否合理、传输或转发路径是否异常、邮件涉及的软件版本和协议是否异常等情况。

③ 内容比较分析

内容比较分析则主要从电子邮件材料分析中，发现和分析电子邮件在格式和内容上存在的可疑问题，包括电子邮件正文所反映的案件事实与案卷材料冲突的情况。内容比较分析包括对回复转发邮件内容一致性、纯文本和超文本内容的一致性、邮件分段标志和邮件头等格式上与样本邮件的比较分析等。

3. 电子邮件内容真实性鉴定的一般思路

在对电子邮件内容真实性鉴定中，整个检验和分析过程可归纳为两方面任务：其一，找出电子邮件相关材料中的可疑点和相互矛盾点，并对其形成原因分析；其二，对无可疑点或可疑点可合理解释的电子邮件，根据现有材料，分析其安全可靠程度。

（1）寻找电子邮件中相互矛盾点和可疑点

寻找电子邮件中相互矛盾点或者可疑点，便于发现可能存在的伪造痕迹，但存在可疑点，并不必然表示该邮件是伪造的。需要经过分析、反复检查等措施确定其生成原因，以排除非人为进行伪造的特殊情况。常见的相互矛盾点和可疑点有以下几方面。

① 邮件发送件与接收件内容之间的差异

如果案件涉及的电子邮件发送件和接收件同时存在，则可以通过发送件和接收件内容的比较，发现其中存在的差异，这样便于找出双方争议的焦点问题，也可以将技术检查和分析缩小到较小的范围。由于可以从发件人和收件人两处同时进行检验，且存在重大差异的电子邮件必有一假，无论从技术分析，还是从案件事实的逻辑梳理角度，都可以较容易发现伪造的邮件。

② 邮件发送到接收过程中记录的时间信息矛盾

如果邮件所经过的服务器都按照同一时间标准设定系统时间，那么邮件所经过这些服务器并处理过程中所记录的时间也存在先后关系，且不同邮件服务器之间邮件的转发处理所花费时间也具备一定规律，因此从邮件发送到接收过程中如果存在先后关系矛盾、时间间隔矛盾等问题，应进行深入分析。

在检验时间信息时，首先，根据邮件发件人地址和收件人地址，选择待鉴定邮件发送时间较接近的正常邮件作为样本（如条件不具备，可注册账号后进行实验），查看邮件的邮件头，估计各邮件服务器记录的时间与标准时间的差异；其次，根据待鉴定邮件的邮件头信息，以及参考样本，分析邮件发送和接收过程中记录的时间信息是否存在问题。

③ 邮件接收件与回复或转发邮件内容的差异

邮件往来中，在接收邮件以后，使用邮件客户端或网站提供的邮件回复功能、邮件转发功能进行操作是常见的处理形式，因此，对接收件、回复件、转发邮件的内容进行比较也是很重要的。在回复邮件时，可能包含原邮件内容的回复，也可能不包含原邮件内容的回复；而转发邮件时，一般包含原邮件正文和附件的所有信息。在回复、转发过程中，按照RFC822的规定，邮件头部信息中的References域用来标识该邮件所引用的其他信件，因而与其他邮件Message-Id域存在对应关系。因此，在分析这些邮件之间差异时，包括正文、附件以及头部信息等方面内容的比较。通过发现差异信息，确定邮件可能存在的问题。

④ 邮件接收件接收时间与文件形成时间不一致

当使用邮件客户端软件接收邮件后，邮件可能以单独文件形式保存在存储设备中，或者邮件记录在复合文档中。当客户端接收到邮件后，将邮件存储在硬件设备上，其时间信息应该基本一致。即邮件的接收时间、邮件文件的创建时间、邮件文件的最后修改时间应基本一致。如果时间间隔差异大，邮件便存在较高伪造的可能性。

⑤ 邮件内容大小与日志记载大小不一致

有一些邮件客户端和服务器日志在记录邮件处理信息时，同时记载邮件的字节大小。在正常情况下，接收到的邮件实际大小应该与邮件日志中记载的实际大小一致。因此，邮件文件的实际大小与邮件日志记载大小应具有一致性，除非日志文件内容被破坏或者修改。

⑥ 邮件 Message-Id 异常

每一封电子邮件在其生命周期内都具备唯一的 Message-Id。Message-Id 一般由邮件客户端或者第一个邮件服务器生成，生成以后便不会改变，也就成为唯一识别邮件的标识。为了生成邮件的唯一标识，不同软件产生规律是不同的，研究邮件客户端或者服务器生成邮件唯一标识的规律，有利于发现 Message-Id 的异常情况。

通常情况下，Message-Id 生成时包含本地设备或者本地域信息、生成时的时间信息等内容。例如，在"Message-Id: <20061231002512.M77031@ecupl.edu.cn>"中，Message-Id 规律是，@后的内容为域名信息，@前的信息由邮件生成时间以及邮件在本地 ID 号组合而成。需要注意的是，不同软件生成邮件唯一标识的方法是不同的，必须经过比较、实验、分析以后才能进行判别。

⑦ 发送邮件计算机名或域名异常

使用 SMTP 或者 ESMTP 发送电子邮件时，邮件发送过程中的第一条指令为 HELO 或 EHLO，其后对应本地机器名称或者域名。当然，实际如何处理和软件程序如何实现密切相关。但通过对若干相关正常邮件的分析，便能够掌握其中的规律。在 Received 域中，from 后紧跟邮件服务器名或者机器名，通过对该字段的检查，特别是对生成的第一个 Received 域的检查，可以判断发送邮件使用的软件、设备和生产时产生的信息是否一致，从而发现其中是否存在异常。

⑧ 邮件发送使用的客户端软件与邮件记载客户端软件名称版本差异

在特定时间段内，每个用户使用电子邮件服务具有一定规律。例如，使用的 Web 网页或者邮件客户端软件具有规律性，通常使用同一台计算机中同一客户端软件收发邮件。邮件伪造者一般很难考虑到这些细节信息，往往在邮件客户端软件名称和版本上出现问题。因此，检查邮件发送者使用的客户端软件名称和版本也是发现疑点的重要事项之一。

在检验该项内容时，首先可以通过与邮件发件人进行交流，了解发送邮件时使用的是 Web 方式，还是邮件客户端软件。如果使用 Web 方式，则可以与正常邮件 Web 方式产生的以"X-"开头的附加域进行比较，发现其是否存在差异。如果以邮件客户端软件发送电子邮件，则要检查该客户端软件的名称和版本号。必要时将该邮件与实验测试邮件的以"X-"开头的附加域（通常检测 X-Mailer 域）进行比较。下面是使用 Microsoft Outlook Express 6.0 发送邮件环境时，电子邮件头部添加的部分信息。

```
MIME-Version: 1.0
Content-Type: text/plain;
charset="gb2312"
Content-Transfer-Encoding: base64
X-Priority: 3
X-MSMail-Priority: Normal
```

X-Mailer: Microsoft Outlook Express 6.00.2900.5931
X-MimeOLE: Produced By Microsoft MimeOLE V6.00.2900.6109

其中，X-Priority、X-MSMail-Priority、X-Mailer、X-MimeOLE 是采用客户端软件时添加的信息，如果采用其他软件发送一般不会产生这些信息。在比较 X-Mailer 域的值时，要特别注意版本号的差异。

如果版本号存在差异，需要分析该邮件客户端是否进行过更新、更新的时间等基本信息，以科学判断其产生差异的原因。

⑨ 邮件路由路径异常

电子邮件从发送到被接收的整个过程中，会经过很多交换机、路由器和计算机，会经过发送方邮件服务器和收件方邮件服务器的处理。邮件每经过一个邮件服务器进行转发处理时，会在该邮件头部添加部分信息，其中，每经过一个邮件服务器，服务器均会添加 Received 域，其格式如下。

Received: from 邮件服务器名（邮件服务器名[IP 地址]）By 接收方服务器名（邮件服务器软件版本）with 邮件发送协议类型 id 邮件本地编号;转发时间

除非发件人和收件人地址为同一邮件服务器提供的账号，一般情况下，电子邮件在发送与接收过程中至少涉及两个邮件服务器添加的 Received 域信息：发送方和接收方邮件服务器。[1]邮件服务器在邮件头部添加新信息时，总是逐渐向邮件头部外添加，所以，根据 Received 域的信息可以分析出电子邮件的发送路径。

对邮件的发送路径审查，对于通过获取密码假冒发件人的身份假冒型伪造尤为重要。因为伪造者使用邮件的过程与被假冒人使用邮件过程基本类似，无法通过 Message-Id 和邮件路径进行直接判断。但可以对邮件路径对应的发送邮件时邮件客户端的 IP 地址、发送邮件服务器 IP 地址等信息进行判断。如果被假冒人与发送人实际使用计算机的 IP 地址或者对应地理位置相差甚远，也是邮件存在的疑点问题之一，可以进一步进行分析，缩小范围或者追踪到假冒人使用的计算机设备。

⑩ 服务器日志中异常情况

邮件经过服务器进行处理时，服务器一般会将对该邮件处理的相关信息记录到日志文件中。因而可检查服务器的日志文件，发现是否存在相关对应处理信息，以及该信息所反映的事实与电子邮件及邮件头信息所反映的事实是否一致。如果存在不一致的地方，则存在异常情况。

根据邮件头部 Received 域的格式可知，其中的 id 信息指的是邮件本地编号，编号后信息为邮件的转发时间。根据这两个信息可以找到邮件服务器日志文件中相关邮件处理信息。由于不同服务器所记载内容可能不同，具体哪些信息可以与邮件中的信息进行比较，需要根据具体情况确定。

⑪ 邮件格式和内容的异常

通过人为对电子邮件进行伪造，可能会改变电子邮件原有的格式。邮件在格式和内容方面的异常也是电子邮件内容真实性判断需要考虑的重要内容之一。根据伪造方式不同，产生异常的现象也是不同的，常见的异常现象有以下几种情形。

---

1 注：电子邮件在发送与接收的完整过程中，一般至少涉及客户端 MUA 发送者个人计算机、发送邮件服务器 MTA 与 MDA、接收邮件服务器 MTA 与 MDA，以及客户端 MUA 接收者个人计算机 4 台物理设备。此处邮件头部分析主要针对从服务器中提取的电子邮件，且不采用 IMAP 的电子邮件。因为个人计算机中电子邮件易修改，邮件头部信息也能修改，缺乏分析可信基础。

第一种情形，电子邮件内容出现乱码或特殊字符。很多 ISP 为电子邮件服务器提供了反垃圾邮件机制，这种反垃圾邮件机制能够阻止通过软件自动生成的身份假冒型邮件。伪造者为了躲避反垃圾邮件检测的处理，无法使用专用的软件进行伪造。由于无须大批量伪造，通过人工方式直接进行伪造是可行的，也可以较容易欺骗反垃圾邮件检测系统，避免邮件被丢弃。但人工方式伪造邮件内容时，出现小小的差错，邮件内容中便会出现异常字符，并反映到邮件内容中。由于这些异常字符通过正常的邮件客户端软件是难以产生的，因而可以作为一种异常现象进行分析。

第二种情形，电子邮件内容反映的语言习惯和水平，与发件人存在极大差异。通过对发件人相关电子邮件的分析，可大致反映出发件人的语言习惯和使用水平，如果待检测电子邮件与其他电子邮件在该方面存在较大差异，也属于邮件内容中的异常现象，需进一步进行分析。

第三种情形，邮件编码错误或不一致。由于电子邮件不仅支持文本内容，还支持非文本内容。MIME 处理非文本信息比较复杂，通过人为伪造 MIME 文本很容易出现格式上的混乱和内容上的不一致。常见的问题可能有：不同类型文本嵌套出现问题；提供的格式不符合 MIME 规范；采用 Base64 编码的内容和与其对应文本格式的内容不一致（有些邮件在其正文中同时提供两种版本）等，这些都属于异常现象。

第四种情形，电子邮件本地格式和内容存在问题。有些电子邮件客户端存储电子邮件采用特殊的复合文件格式。如果待鉴定电子邮件格式与本地该邮件客户端应具有的邮件格式和内容（可与该邮件客户端正常形成的一般邮件进行比较）存在较大差异，该邮件很可能为事后导入的文件。因而，也可用于发现是否存在异常。

⑫ 邮件所反映案件事实上的矛盾

在诉讼中，案件事实涉及的电子邮件往往不是孤立的，常常涉及一系列电子邮件，而且案件事实中涉及的证据也不是唯一的。有一些证据涉及的事实是依法被双方当事人承认的。在鉴定过程中可以将待鉴定邮件涉及的案件事实，与其他已知的案件事实进行比较，分析其逻辑关系是否符合常理。如果电子邮件所反映的案件事实与已知案件事实存在矛盾，则该电子邮件的真实性是值得质疑的。在比较分析时，如果多个电子邮件之间反映的事实相互存在矛盾，即使这些事实的真实性都尚未予以证实，也应作为一种可疑点，需进一步进行分析。

⑬ 计算机中存在的篡改痕迹

通过搜查和恢复操作，能够发现与待鉴定电子邮件的相关信息。不同案件所能搜查和恢复出的信息千差万别。有时能够恢复出伪造前的电子邮件原件信息，有时能够恢复出相关的日志文件信息，有时能发现将系统还原前与电子邮件相关的信息。虽然从计算机搜查和恢复出的信息情况与具体案件关联紧密，但一旦发现可能存在的篡改痕迹，应将其固定，对其产生原因进行分析，确定其是否为伪造的结果。

（2）无可疑点邮件，分析邮件的安全可靠性情况

在对上述可能存在可疑点的内容进行分析以后，如果邮件不存在可疑点，或者即使存在可疑点但能够合理进行解释时，还应进一步对电子邮件的安全可靠性进行分析。因为无可疑点邮件，只能表明检验的结果，不能排除其真实性。还应根据现有检验情况的充分性，以及电子邮件本身的安全可靠性情况，进行综合分析。

① 当事人对电子邮件的可控情况

在分析电子邮件可靠性时，通常认为第三方服务器上存储的电子邮件比个人计算机上存

储邮件可靠性高。由于案件与第三方无利害关系，这种观点有一定合理性。但是在网络环境下，将电子邮件存储场所作为可靠性评价依据缺乏科学性。

对非电子数据证据而言，由第三方负责保管的证据比由当事人自己负责保管的证据的客观性相对来说更强。如果该证据用来证明有利于当事人自己的事实时，当事人有可能通过伪造、篡改、删除等手段改变证据内容；而与案件没有利害关系的第三方，因无人为伪造的必要，因而有意伪造的可能性较小。但在计算机网络环境中，第三方存储的电子邮件证据，虽然也由其进行"保管"。但是在技术手段上，并非是排他性的"保管"。实际上，邮件服务器中可以存在许许多多的账号，包括该邮件用户，可以对邮件服务器中特定信息进行访问、撰写、添加、编辑、删除等操作。它与传统证据意义上的"保管"有很大差别。当第三方"保管"的电子邮件证据所在的计算机设备没有接入网络，或者即使接入网络但当事人无法访问存储有该邮件的计算机系统时，这种"保管"形式与传统证据的"保管"形式没有本质上的差异。如果当事人能够接入存储有该电子邮件的系统，且具有操作该电子邮件的相关权限时，便可能对邮件进行添加、删除、修改等处理。电子邮件服务器为其邮件用户提供服务，必然会提供一定权限供其对邮件进行操作。因此，依据邮件存储位置场所来评估电子邮件证据可靠性不科学。传统证据之所以考虑保管人不同，其实质是考虑当事人对证据能否实施控制。因此，唯有分析当事人对电子邮件能否实施控制，能够实施何种程度的控制，才能合理地从侧面推测邮件的可靠性。

在虚拟空间中，提供电子邮件服务器由第三方保管和控制，但这仅限物理方面的控制，在逻辑上未必完全由其控制。在分析电子邮件可靠性时，如果该电子邮件存储于第三方服务器或者其他计算机设备中时（指被鉴定邮件来源于此），应根据该电子邮件服务器为该用户分配的账号权限进行分析，即该账号在系统提供的权限范围之内，能否通过一定操作方式，对电子邮件进行添加、修改、替换等操作。例如，如果邮件接收协议是 IMAP，由于该协议可以为用户提供在线同步操作，该操作很容易使服务器中的数据与客户端中的数据保持同步，即在客户端数据已经更新时，可以改变服务器中对应的数据。也就是说，通过对客户端的修改和编辑，可以将其上传到服务器中，从而实现"伪造"，这时候由于邮件已被客户完全控制，即使邮件从服务器中提取，其可靠性也未必比客户端提取出时高。

因此，分析电子邮件的可靠性时，不应简单地分析其来源场所，而要仔细分析对电子邮件可实施控制的程度。如果当事人能够对该电子邮件实施完全控制，包括修改、编辑、添加操作，则其可靠性低；相反其可靠性高。

② 电子邮件存储和运行的环境安全情况

对当事人对电子邮件的可控性程度进行分析，以此评价电子邮件可靠性，是一种从侧面推测邮件可靠性的方法。除此之外，侧面推测还可以根据电子邮件存储和运行环境的安全情况进行。可靠性等级高的计算机系统，无论在技术、管理和制度上均有一套保护电子数据安全性的措施，因而从该系统中获得的电子邮件可靠性高。因此，分析存储和运行环境的安全可靠情况，可以侧面判断电子邮件可靠性情况。从影响计算机系统可靠性因素看，它包含的因素很多，主要有四大类：第一类为自然因素，包括水灾、火灾、雷电、地震等；第二类为环境因素，如对计算机信息系统的电磁辐射干扰等；第三类为技术故障因素，如软件、硬件和网络出现的故障；第四类为人员因素，包括人员失误因素和恶意攻击因素等，前者指因人员在管理或操作过程中的过失，使系统无法正常运行、系统功能受到破坏，以及系统中数据被删除、编辑、更改等故障发生，后者指因内部人员或外部人员故意行为，导致系统无法正常运行、系统功能被破坏，以及系统中数据被删除、编辑、更改等故障发生。电子邮件如果从安全可靠系统中获取，其可靠性比从不安全可靠系统中获取的高。相反，可靠性低。

③ 电子邮件是否被加密或者签名

电子邮件在传输中可以被加密，也可以使用数字签名手段对其签名。如果通过技术检验未发现可疑点，且电子邮件采用了加密和签名的措施，则该电子邮件真实性便有了保障，相应地，可做出明确且肯定的检验意见。但分析数字签名措施时，应同时注意其签名方案的完备性。在完备数字签名中，发件人与收件人向 CA 认证中心申请证书，由 CA 认证中心提供基于 PKI 的加密保障；在不完备数字签名中，密钥的生成由发件人或收件人一方或双方生成或者由不可靠第三方生成。对不完备的电子签名应根据案件情况进一步确定其可靠情况。

9.1.2 电子邮件真实性鉴定实验

1. 实验背景

在一起传播淫秽色情物品的案件中，犯罪嫌疑人 A 利用计算机技术搭建色情网站，通过犯罪嫌疑人 B 传播色情图片内容，以收取会员会费的形式牟取利益。并且 A 利用编程技术，制作了木马程序，意欲窃取使用者的重要个人数据信息，对犯罪嫌疑人 A 的涉案计算机整个硬盘进行了镜像，镜像文件名为 ImageFilePC.E01，其 MD5 值为 A3098ED869DF4282F4486702113C369F；B 的 Mac OS 系统，备份文件名为 OSX-VM.zip，其 MD5 校验值为 F8F80C8E757800CEB6D94ADC7BAE84FD；A 的手机备份文件，文件名为 BackupIPhone.zip，其 MD5 值为 845DF5A02941D2B399FC6F42F25222F4；B 的手机镜像文件，文件名为 ImageFileAndroid.rar，其 MD5 值为 032349e790a3b8420564f95a093d0ef4。

在 A 的计算机中，发现 foxmail 邮件客户端有一封接收到的电子邮件，现邮件发送方当事人对其真实性存在异议，需要对该电子邮件的真实性进行判断。要求详细说明判断的依据。

2. 实验目的

（1）了解电子邮件真实性判断的一般方法。

（2）了解电子邮件真实性鉴定的规范。

（3）掌握判断电子邮件真实性与否的基本思路。

3. 实验要求

在扣押的 A 的计算机中，发现安装有 foxmail 邮件软件，在收件箱中，有一封主题为"提成要求"的电子邮件，发件人显示为 2867324943@qq.com，收件人显示为 zhao0503wy@163.com，现发件方对邮件来源和邮件内容均提出异议，要求对该电子邮件的真实性进行判断。请将判断思路和判断依据详细分析说明，并写在实验报告中。

4. 实验器材和环境

（1）Windows 操作系统。

（2）学生可自由选择任意工具或软件（注：自备）。

（3）提供的镜像文件一份。

5. 实验思考

（1）电子邮件在检验过程中若未发现可疑点能否直接判断其是否为真实？

（2）foxmail 日志文件记录有哪些信息可用来辅助检验电子邮件真实性？

9.2 恶意代码鉴定

9.2.1 恶意代码鉴定基础知识

随着互联网新技术的不断发展和应用,利用恶意代码攻击和破坏的行为越来越多,恶意代码形式和技术手段也不断更新换代。在涉及恶意代码的案件中,对涉案代码是否属于恶意代码,属于何种恶意代码的检验,对证明案件事实十分重要。无论在民事还是刑事案件中均大量涉及"恶意代码"鉴定。

恶意代码鉴定的目的,主要是对代码的功能进行鉴定,确定其属于某种恶意代码范畴,以帮助对案件事实进行认定。从委托要求看,常见的包括两类具体事项:对被鉴定代码是否属于某类恶意代码进行鉴定;对被鉴定设备或系统中的恶意代码(是否存在)进行鉴定。

1. 恶意代码常见特征

恶意代码类别很多,不同恶意代码性质和行为不尽相同,常见的恶意代码行为和特性包括键盘记录、端口监听、提升权限、远程下载程序、伪造控件、注入系统 DLL、注入客户端程序、注入系统进程、破坏磁盘分区、收集信息、远程数据发送、隐藏图标、隐藏窗口、设置自启动、加壳、代码混淆、RootKit 隐藏等。恶意代码上述行为和特征涉及 3 类技术:一类为与恶意和破坏行为相关的技术;一类为与隐藏和加密行为相关的技术;一类为与繁殖和传播行为相关的技术。

(1) 与恶意和破坏行为相关的常见技术

恶意代码均具有某一方面或几方面的恶意行为,不同类别的恶意代码其恶意行为有所差异,计算机病毒和蠕虫等代码多有进程注入、破坏数据、感染可执行文件等行为,而木马多有留置后门、信息收集等行为。在对恶意代码进行检验时,通常需要关注恶意代码以下几方面的特征。

① 信息收集相关的行为

恶意代码收集的信息包括用户输入的、计算机中存储的各种敏感数据信息。这些数据信息可能包含具有一定经济价值的信息或者有助于恶意代码进一步实施破坏功能。常见的技术有键盘记录、网络监听和扫描、遍历文件系统及直接访问或转储隐私数据信息等。

以键盘记录为例,当用户进行操作时,恶意代码能够识别输入的用户名和密码等数据。在 Windows 平台中,它可以通过多种形式实现,常见的方式是使用 Windows API 和挂钩(Hook)实现。常见挂钩方式之一是使用 Microsoft MSDN 定义的 SetWindowsHookEx 函数,该函数能够有效地将恶意 DLL 加载到另一个进程的地址空间中。其中,SetWindowsHookEx 函数第一个参数 idHook 是触发钩子的事件消息的类型,监视击键消息的钩子为 WH_KEYBOARD。从技术检测角度看,通过查看导入导出库以及反汇编技术发现和分析。

② 对数据和运行程序破坏的相关行为

恶意代码最常见行为之一是破坏计算机系统中数据和运行的程序。常见的破坏行为包括注入系统程序、感染系统程序、伪造控件、修改系统配置、攻击渗透等。通常情况下,恶意代码是否破坏数据或正在运行的程序可通过监视恶意代码运行时的前后系统状态进行分析和判断。但有一些恶意代码由于存在触发机制,与时间或者环境存在很大关系,因此在检验分析时,除了初步分析恶意代码可能具有的功能模块外,还要根据具体情况进行更进一步的静态和动态分析。

③ 远程控制相关行为

恶意代码通常实施远程控制,为了防范防火墙和其他恶意代码检测工具的检测,远程控制技术手段也不断发展和演变。早期恶意代码将服务端置于被侵入的计算机系统中,由服务端侦听客户端(入侵者计算机)的请求和连接。但如果服务端和客户端之间存在防火墙等屏障措施,防火墙很容易监测和识别异常并阻止连接。为了能够穿透防火墙,需要采用端口反弹技术,即由恶意代码主动向外连接。通常采取的方法是利用特定端口(如80端口),通过第三方主机进行中转。对于前一类远程控制技术,恶意代码运行时通常会打开固定的特定端口,因而通过检测端口和连接便可以初步判断,再通过分析是否存在对文件、注册表、进程等控制的模块确定具体的可控制行为。对于后一类远程控制技术,在分析程序导入库基础上,在关闭本地应用程序后监视恶意代码的网络连接行为可进行初步判断,再进一步分析其可控制的具体行为。

(2)与隐藏和加密行为相关的技术

恶意代码为提高其生存能力往往通过各种技术手段来隐藏痕迹,逃避杀毒软件的检测,避开对其进行的静态和动态分析。常见技术手法包括加壳、变形、反跟踪、反虚拟机、隐藏等技术。

① 加壳技术

加壳技术是通过一定的算法,对可执行程序资源压缩和加密,以达到保护程序的目的。除了恶意代码常使用加壳技术隐藏代码外,正常程序也可能使用加壳技术。恶意代码一旦使用了加壳,不能直接对代码进行分析,需要事先进行脱壳。而要顺利脱壳需要事先了解加壳的方法。恶意代码常见加壳工具有以下几种,如表9-1所示。[1]

表9-1 恶意代码常使用的加壳工具

加壳器	加壳器特征	分析要点
UPX	有很高的压缩速度和较小的空间占用,但主要目的是为了压缩,因而脱壳较容易	采用UPX加壳的恶意代码,可以利用UPX进行脱壳
ASPack	该加壳器具有安全功能,能够自我修改代码,使脱壳比较困难	ASPack使用广泛,可尝试使用自动脱壳工具脱壳,或者使用手动脱壳,通过设置硬件断点,找到程序的入口点
PECompact	该加壳器包含反调试异常和混淆代码	一般通过手动脱壳方法,通过跳转指令查找分析程序入口点
Petite	该加壳器具有反调试功能,使找程序入口点较困难	使用手动脱壳方法,找到程序的入口点
Themida	该加壳器具有反调试、反逆向分析功能,脱壳较困难	可通过内存转储工具,转储正在运行的被检测文件的脱壳内容,再进行分析
WinUpack	拥有GUI终端的壳,主要用于压缩目的	一般可使用专用脱壳工具自动化脱壳

② 变形技术

变形技术是指通过各种混淆技术对恶意代码执行体进行变换处理,使恶意代码存储和运行形式都固定,以逃避检测软件的检测。[2]由于病毒体没有固定的形式,增加了检测和分析的难度。但采用变形技术的恶意代码其功能保持不变,通过人工分析方法能够较好地分析出其功能。

③ 反跟踪技术

恶意代码可以通过OllyDBG和SoftICE等工具动态调试跟踪,有些恶意代码通过反跟踪

---

[1] Michael Sikorshi, Andrew Honig,著.《恶意代码分析实战》,诸葛建伟,等,译.电子工业出版社,2014年版,第364~369页。
[2] 吴丹飞,王春刚,郝兴伟.《恶意代码的变形技术研究》,《计算机应用与软件》2012年第3期,第75页。

技术阻止分析人员调试和分析；常见的方法是挂钩调试工具对应的中断（例如，X86 体系结构中 3 号中断）处理程序使其失效。[1]

④ 反虚拟机技术

恶意代码为了增强隐蔽性和提高攻击真实主机的可靠性，往往加入了检测虚拟机技术的代码，对其运行环境进行检测，一旦发现运行于虚拟机环境，立即改变操作行为或中断行为以躲避虚拟机技术的检测。[2]恶意代码反虚拟机技术可通过以下几种途径检测虚拟机。[3]

途径一，利用内存差异检测虚拟机，常见的方法是根据虚拟机环境和真实主机环境操作系统的某些关键数据结构的不同位置判断执行环境是否为虚拟机。例如，检测 IDT 的基地址是否超过某个特定值。

途径二，利用相对性能检测虚拟机，常见的方法是根据目标主机环境和真实物理主机下运行相同代码的相对时间判断执行环境是否为虚拟机。

途径三，利用虚拟处理器的异常行为检测，常通过检测客户机和宿主机的通信信道是否存在或通过检测运行环境是否支持虚拟机的机器指令语言实现。

⑤ 隐藏技术

隐藏技术是恶意代码通过技术手段躲避防火墙和入侵检测系统等各种安全检测措施的检测或防范系统管理员通过管理工具查看进程、端口、文件等信息而发现恶意代码痕迹。常见的隐藏技术包括进程隐藏、端口隐藏、文件隐藏、注册表隐藏等。针对管理工具检测的隐蔽手法通常有 3 类：第一类方法是将恶意代码替换或隐藏、捆绑于合法程序中，以避免简单管理命令的检测；第二类方法是通过修改或替换相应的管理命令、控制管理命令的输出信息以隐藏恶意代码的目的；第三类方法是绕过管理命令的检查机制，在不修改命令前提下，达到隐藏恶意代码的目的。[4]

以进程隐藏为例，常见方式有以下几种：通过附着或者替换等手段，以合法服务方式运行恶意代码，达到隐藏的目的；对进程列表程序更改，修改命令行参数使恶意代码进程无法查看；借助 RootKit 技术实现更深层次隐藏。[5]

（3）与繁殖和传播行为相关的技术

恶意代码种类不同，其繁殖和传播途径也不尽相同。通常，病毒通过宿主程序传播，蠕虫更多利用网络漏洞进行传播，木马更多利用植入目标计算机进行传播；而程序触发执行可能利用操作者的操作行为触发，也可能根据程序自身设置而触发。繁殖与传播是为了提高恶意代码的生存能力，增强其破坏能力。与繁殖和传播行为相关的技术最常见的有以下几种。

① 自启动

当恶意代码利用漏洞或者通过邮件、移动存储介质、浏览器下载到本地运行时，通常会进行自启动设置，当计算机重启或者出现特殊操作时会执行恶意代码程序。常见的启动方式如表 9-2 所示。

---

[1] 姜辉.《基于虚拟化技术的恶意代码行为分析系统的研究与实现》，硕士学位论文 2012 年，第 5 页。
[2] 程薇薇，张琦，谢亿鑫.《虚拟机检测与反检测技术研究》，《网络安全技术与应用》2011 年第 2 期，第 28 页。
[3] 王宝林，杨明，张永辉.《虚拟机检测技术研究》，《计算机安全》2009 年第 12 期，第 1~3 页。
[4] 文伟平.《恶意代码机理与防范技术研究》，博士论文 2004 年，第 38 页。
[5] 文伟平.《恶意代码机理与防范技术研究》，博士论文 2004 年，第 38 页。

表 9-2 Windows 常见启动方式

自启动形式	主要手段	描述
系统内核加载前启动	通过内核文件的替换和劫持实现恶意代码的启动	以 Windows XP 系统启动为例，当计算机微处理器从实模式转换为平面内存模式时，会寻找活动分区根目录下的 boot.ini，通过修改 boot.ini 文件内容，利用 "/KERNEL=" "/HAL=" 开关进行内核文件的替换和劫持，或通过 DEBUG 选项进行劫持
通过驱动加载启动	通过伪装成设备驱动程序启动；或者通过服务启动	驱动加载分别根据注册表中的以下键值启动 HKEY_LOCAL_MACHINE\system\CurrentControlSet\services\...下 Start 键值为 0 HKEY_LOCAL_MACHINE\system\CurrentControlSet\services\...下 Start 键值为 1 HKEY_LOCAL_MACHINE\system\CurrentControlSet\services\...下 Start 键值为 2
通过注册表自启动项启动	系统开机后，系统会自动读取相关注册表自启动项，运行其中设置的程序。恶意代码常利用这些启动项来启动	最常见的注册表自启动 HKEY_LOCAL_MACHINE\SOFTWARE\Microsoft\Windows\CurrentVersion\Run HKEY_CURRENT_USER\SOFTWARE\Microsoft\Windows\CurrentVersion\Run HKEY_CURRENT_USER\SOFTWARE\Microsoft\Windows\CurrentVersion\RunServicesOnce HKEY_LOCAL_MACHINE\SOFTWARE\Microsoft\Windows\CurrentVersion\RunServicesOnce HKEY_CURRENT_USER\SOFTWARE\Microsoft\Windows\CurrentVersion\RunServices HKEY_LOCAL_MACHINE\SOFTWARE\Microsoft\Windows\CurrentVersion\RunServices HKEY_CURRENT_USER\SOFTWARE\Microsoft\Windows\CurrentVersion\RunOnce HKEY_LOCAL_MACHINE\SOFTWARE\Microsoft\Windows\CurrentVersion\RunOnce HKEY_LOCAL_MACHINE\SOFTWARE\Microsoft\Windows\CurrentVersion\RunOnceEx HKEY_CURRENT_USER\SOFTWARE\Microsoft\Windows\CurrentVersion\Policies\Explorer\Run HKEY_LOCAL_MACHINE\SOFTWARE\Microsoft\Windows\CurrentVersion\Policies\Explorer\Run HKEY_CURRENT_USER\SOFTWARE\Microsoft\Windows NT\CurrentVersion\Windows\load HKEY_LOCAL_MACHINE\SOFTWARE\Microsoft\Windows NT\CurrentVersion\Winlogon\Userinit HKEY_CURRENT_USER\SOFTWARE\Microsoft\Windows\CurrentVersion\RunOnce\Setup HKEY_LOCAL_MACHINE\SOFTWARE\Microsoft\Windows\CurrentVersion\RunOnce\Setup
文件扩展名关联启动	Windows 打开应用程序需根据该文件扩展名进行判断。扩展名打开方式在注册表中记录，通过修改 EXE 或者其他程序的默认打开方式可启动恶意代码程序	木马病毒常常改变 exe 文件的打开方式进行自启动。注册表默认方式为 [HKEY_CLASSES_ROOT\exefile\shell\open\command] "%1" %* 如果将 "%1" %*替换为 "C:\recycled\SirC32.exe" "%1" %*，则任何扩展名为 exe 文件运行时，都会执行 C:\recycled 目录下 SirC32.exe 文件
映像劫持启动	利用 Windows 操作系统提供的一种调试程序接口启动恶意代码	映像劫持实际通过注册表 HKEY_LOCAL_MACHINE\SOFTWARE\Microsoft\Windows NT\CurrentVersion\Image File Execution Options 下键值实现

（续表）

自启动形式	主要手段	描述
启动文件夹启动	Windows 操作系统中"开始–程序–启动"菜单项目下可执行程序会随着计算机的启动而启动。恶意代码放置在该文件夹目录下可开机自启动	自启动文件夹本身是通过注册表设置的。与自启动文件夹对应的注册表项涉及 4 个。分别如下。 HKEY_CURRENT_USER\Software\Microsoft\Windows\CurrentVersion\Explorer\Shell Folders HKEY_CURRENT_USER\Software\Microsoft\Windows\CurrentVersion\Explorer\User Shell Folders HKEY_LOCAL_MACHINE\Software\Microsoft\Windows\CurrentVersion\Explorer\User Shell Folders HKEY_LOCAL_MACHINE\Software\Microsoft\Windows\CurrentVersion\Explorer\Shell Folders 在这 4 个注册表项中有一个 startup 选项，该选项的内容表示自启动文件夹的真实名称和位置
AUTORUN.INF 启动	利用移动设备打开、自动运行时运行恶意代码程序	在移动设备根目录下建 Autorun.inf 文件。在 Autorun.inf 文件的[AutoRun]节中指定设备启用时运行恶意代码程序。例如，文件如下设置可运行 0000.exe 程序。 [AutoRun] OPEN=0000.exe shell\open=打开(&O) shell\open\Command=0000.exe shell\open\Default=1 shell\explore=资源管理器(&X) shell\explore\Command=0000.exe

② 自我复制和利用漏洞传播行为

恶意代码利用漏洞进行传播是比较常见的方式之一。蠕虫经常利用已知的系统漏洞进行主动攻击。例如，电子邮件蠕虫病毒会利用电子邮件客户端漏洞，将大量带毒邮件发送到被入侵计算机中，搜集到电子邮件地址；利用缓冲区溢出漏洞，通过溢出运行恶意代码，获取控制权限、传播病毒。

自我复制是计算机病毒的常见特征之一。通过对其他程序进行修改，复制自身，从而实现传染目的。例如，宏病毒通过将自身复制到通用宏集合中，感染通用模板文档，从而实现感染和传播。

2. 恶意代码鉴定程序和方法

（1）恶意代码鉴定的一般程序

① 恶意代码检测前的准备工作

恶意代码具有破坏计算机信息系统或其他恶意功能，在进行检验前，应做好充分准备工作。通常包括提取恶意代码检测样本、备份相关数据、测试环境准备等几部分工作。

提取恶意代码检测样本是通过安全手段，对恶意代码文件进行固定。有些恶意代码涉及的程序文件有多个，这些都需要一一固定。如果检测样本（即检材）已经单独提供，则无须从计算机系统或者设备中进行提取和固定。

备份相关数据，保护原始数据也是准备工作内容之一。通常对恶意代码分析是在对备份数据检测的基础上完成的。扣押了计算机，或者直接提供了计算机系统硬盘的，需要对硬盘中的数据进行"bit"到"bit"的复制，在复制中计算、对比两者的校验值，确保备份数据的完整性。

在准备工作中，还需要选择和调试相关测试环境，准备相关工具和软件。在动态测试中，一般需要部署不同虚拟机环境，以检测在不同系统环境下被检测代码的行为、功能。

② 恶意代码的初步检测

当确定被检测的"恶意代码"文件以后，在正式检测之前，需对其初步检验，以确定其是否为可执行代码，及其可能涉及的功能范围。

确定被检测代码是否为可执行代码，可通过文件扩展名和文件结构进行分析。以 Windows 平台恶意代码为例，恶意代码文件涉及的扩展名常见的有 exe、dll、sys、vbs、com、bat、ocx、scr 等。但恶意代码也可能无扩展名，或者采用非正常的文件扩展名隐藏其文件类型。此时，可使用文件格式分析工具确定文件类型。例如，可使用十六进制查看工具 WinHex、UltraEdit 等软件分析其格式。对于 PE 文件的分析[1]，还可以使用各种 PE 文件的查看工具，如 PEview 软件和 PE Explorer 软件。

在确定被检测代码属于可执行代码以后，需要初步判断恶意代码可能具有的功能，一般通过对程序导入表的分析，确定可执行代码在加载过程中会加载哪些链接库，涉及哪些函数。以 Windows 操作系统中 PE 文件为例，可以通过其导入表初步分析文件运行所依赖的 WIN API，并初步判断其可能具有的主要功能（例如，判断是否涉及注册表操作、是否涉及网络功能），以便在后续检测中采取合适的方法对其进行分析和监视。另一种途径是对案卷材料进行分析，确定控辩双方或者案件当事人对危害情况的描述，确定程序可能涉及的功能。

③ 恶意代码的深入测试与分析

通过对被检测代码进行深入测试与分析，确定恶意代码所具有的破坏功能。在该阶段可采用的方法很多，如代码库检索法、静态分析法、动态分析法以及其他测试方法等。[2]由于恶意代码是以可执行程序形式存在的，难以获得其对应的源代码（脚本程序除外），因而需要通过反汇编等方式对其程序结构、功能等进行分析。在对程序进行深入分析时，应在专用的分析平台上（如虚拟机平台）通过静态和动态分析等手段，分析程序代码，监视程序对文件系统、注册表、网络等影响情况，确定恶意代码的功能。

④ 根据恶意代码功能出具鉴定意见

经过恶意代码检测以后，列出恶意代码所具有的详细功能列表，并在此基础上，对恶意代码属于何种性质代码进行归类，结合案件性质，对恶意代码功能出具鉴定意见。根据检验结果，出具鉴定意见时，应了解案件情况，以避免鉴定意见被误读。有一些程序代码具有网络管理功能，也可利用它进行远程控制和管理，但未必是专用的黑客工具。如果需要鉴定其是否为专门用于入侵的黑客工具时，应分析案件材料中涉案人员怎样使用该程序，以及使用该程序产生了何种后果等情况。同时，应分析在正常网络管理中，该软件的使用情况。在了解这些信息以后，可以就委托要求做出比较合理的鉴定意见，即在鉴定意见中可明确是否为专用软件、是否有入侵控制行为、是否具有入侵控制的功能，使鉴定意见明确，避免产生歧义。

（2）恶意代码鉴定的主要方法

恶意代码鉴定的主要目的是确定其功能，可采用的分析方法有很多，最常用的方法有如下 3 种。

① 静态分析法

静态分析法是指在不运行程序的情况下对程序进行的分析。它包括很多具体方法，

---

[1] 注：PE 文件指的是"可移植的执行体（Portable Execute）"，是微软 Windows 操作系统上的程序文件，常见的 exe、dll、ocx、sys、com 都是 PE 文件，PE 文件可能被直接或间接执行，如 DLL 被加载。

[2] 在有些案件中，对恶意代码检验，也可利用对软件产品的测试方法，如白盒测试和黑盒测试法。

如脚本代码分析法、反汇编分析法、反编译分析法等。如果被检测代码由脚本语言进行编写，可直接通过脚本程序代码阅读分析判断其基本功能。如果被检测代码是可执行的目标代码，则可采用反汇编分析法。在反汇编分析中，可利用反汇编分析工具分析程序涉及的资源信息，如文件的对话框资源和字符串资源等信息，还可以利用它分析程序的流程图。

② 动态分析法

动态分析法是指在一个可控制和可检测环境中运行被检测的可执行程序，并观察记录其对系统的影响。通过动态分析法，可以深入了解程序的执行顺序，观察到恶意代码对进程、文件、网络等操作和控制情况。在动态分析中，需要分析和监控的内容常包括监视注册表、监视文件系统、监视网络、动态调试等。如果涉及被加壳或者加密的恶意代码，使用动态分析法可以观察运行过程中被解密后内存中信息的变化，因而，动态分析法不仅可以直观观察其对计算机系统和网络的破坏情况，还可以深入分析它的执行流程和具体功能。

③ 代码库搜索法

在分析并确定文件类型、判断是否属于程序代码后，可以通过恶意代码库的比较和搜索鉴定被检测代码是否属于已知的某种代码。通过恶意代码库比较时需要按照以下几个程序进行。

- 事先存在较完备的恶意代码库

使用恶意代码库进行比对时，事先必须对已经发现的恶意代码进行收集、对其功能进行检验，并将恶意代码的 Hash 值（MD5 或 SHA）与其恶意功能的描述存储在恶意代码库中。对于恶意代码库中每一恶意代码功能的描述应做到全面、准确。如果恶意代码库容量较大，需建立索引和使用其他技术手段改善数据库检索速度。

- 在恶意代码库中搜索是否存在相同代码

如果存在恶意代码库，可以事先在恶意代码库中进行检索，确定代码库中是否存在 Hash 值相一致的程序代码。如果在代码库中找到与其一致的代码 Hash 值，可以初步认定被检验代码与恶意代码库中的代码属于相同内容代码。所以，恶意代码库中对该恶意代码功能的描述，便是被检验代码的功能表述。

- 根据检索结果，进一步对被检验代码进行分析

根据前一步骤在恶意代码库中检索的结果不同，分两种情况进行分析。

如果恶意代码库检索到相同 Hash 值，可以进一步对恶意代码进行比对，确定恶意代码库中代码与被检验代码内容完全一致。此时，可以确定被鉴定的代码为恶意代码，恶意代码的主要功能则为恶意代码库中描述的功能。

如果恶意代码库中无法检测到相同的 Hash 值，则表明被检测代码不属于已知恶意代码，需要通过其他手段对其进一步分析。

3. 恶意代码鉴定的基本思路

对恶意代码进行鉴定时，首先确定被鉴定代码是否具有可执行特征，进而根据被鉴定代码的基本属性确定具体的鉴定方法，具体来说，思路如下。

（1）确定被鉴定代码是否具备可执行性

恶意代码首先必须具有可执行性，不具有可执行的电子数据是无法运行并产生恶意后果的。因而，在鉴定恶意代码之前，首先要确定被执行的文件或者电子数据是否具有可执行性。例如，对 Windows 平台下的可执行程序可直接通过文件的类型判断。

（2）初步确定被鉴定代码的基本特征

当确定被鉴定电子数据可能具有可执行性后，再根据其文件类型进行进一步分析。例如，如果文件扩展名为.exe、.dll、.sys、.com、.vbs、.ocx 等时，可能为 PE 格式文件。根据 PE 格式，对文件进行分析，确定文件的相关信息，如文件版本号、内部名称、公司名称、版权信息、文件运行依赖的 API 等。根据这些信息，确定对恶意代码进行检测时是否需要进行进程和线程监视、文件监视、网络监视、注册表监视。

① 文件结构与运行平台判断

除了根据文件扩展名判断文件类型外，还需要根据文件结构进一步确定文件类型及可运行的平台。例如，exe 文件可能为 PE 文件，需要通过 PE 分析工具进一步分析其结构，APK 文件可能为 Android 应用程序包，需要通过 APK 分析工具进一步分析其结构。

对于 PE 文件，可利用 PEview、PE Explorer 等工具分析其文件头等结构，图 9-1 为 PEview 检测界面，图 9-2 为 PE Explorer 检测界面；而 APK 文件可以先用解压缩工具解压查看信息，再通过反编译工具 APK 进行反编译，进一步分析其中的配置文件、资源文件和 class.dex 文件等内容。

图 9-1　PEview 运行界面

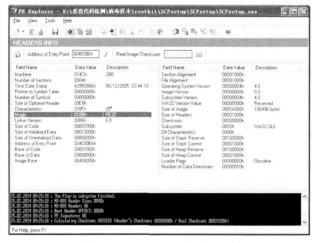

图 9-2　PE Explorer 运行界面

② 文件加壳的发现和脱壳

很多恶意代码都进行了加壳，一般需要脱壳以后才能进一步进行深入分析。在分析被检测代码前，首先需要对是否加壳以及采用何种加壳工具加壳进行判断。通常可利用第三方检测工具进行检验。例如，可采用检测工具 PEiD 检测加壳，如图 9-3 所示。

图 9-3　PEiD 检测加密外壳

③ 文件导入、导出库分析和功能推测

在对 PE 文件进行深入分析前，通过导入、导出函数信息的查看，可以初步判断程序大致功能，为后续动态监视环境的搭建提供依据。查看导入和导出函数的工具非常多，可使用 PEview、PEdump、Dependency Walker 等，如图 9-4 所示。

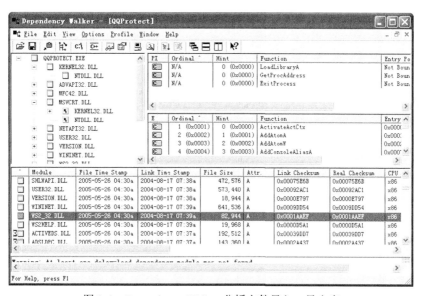

图 9-4　Dependency Walker 分析文件导入、导出库

恶意代码为了实现进程注入、文件搜索、端口监听、网络监听等各种功能，会使用相应的 WINAPI 函数，通过查看与进程、加密解密、网络、注册表、文件系统相关的 WINAPI，可初步对其具有的功能进行推测，为进一步分析确定范围。

④ 字符串等相关资源信息分析

通过被检测代码相应的字符串资源相关信息进行分析，有利于对恶意代码可能具有的功能进行初步判断，如图 9-5 所示。字符串相关信息常包括对话框资源、字符串资源等。

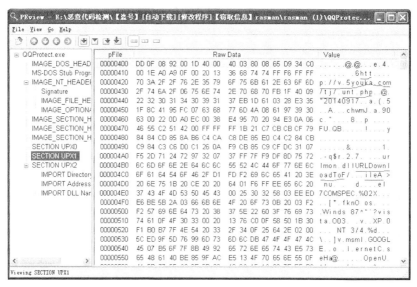

图 9-5　字符串资源分析

⑤ 利用第三方工具自动检测和功能推测

事先通过第三方工具进行自动检测，有利于发现恶意代码可能具有的功能，对进一步分析和确定其功能有很好的辅助作用。第三方工具的种类和功能千差万别，在选用时可根据不同工具或平台的特点选择若干工具进行检测。常见第三方检测工具有病毒扫描工具、第三方恶意代码检测工具等。例如，金山公司的"火眼"可对病毒样本进行自动分析，可利用它对被检测文件初步判断后，再利用其他方法进一步进行检验分析。

⑥ 动态监视工具检测和分析

动态监视工具检测和分析的目的是通过运行被检测代码，并对运行前后系统状态变化情况进行记录，根据信息变化判断恶意代码所具有的功能。通过动态监视，能够发现恶意代码部分或者全部功能，且直观性强。

（3）确定恶意代码鉴定的方法和程序，对恶意代码进行深入分析

当初步确定电子数据的基本特征后，需进一步深入检测，对尚不确定的功能或者未发现的功能进行更深入的分析。在此阶段，可根据初步检验的具体情况设计方案，选择鉴定方法。通常采用代码库检索法、静态分析法、动态分析法中一种或者几种方法进行检验。如果自建有恶意代码库或者被检测代码可能属于某种合法的系统文件，可直接通过检索法进行；如果代码库检索法无法给出明确结果，一般需要结合静态分析法和动态分析法进行综合分析。这里，静态分析是指通过阅读和分析某个片段的恶意代码判断其实现的功能；动态分析是指通过动态调试跟踪等方法检测运行的情况。在进行静动态分析时，常使用的软件有 IDA Pro、Bin Navi、ImmDbg、OllyDbg、SoftICE、WinDbg 等工具。

近年来，恶意代码自动分析的研究越来越多，相关工具产品也越来越多，但自动分析仍然只能作为恶意代码初步检验的手段，最终还需要采用动态分析和静态分析相结合方法进一步进行确认。另外，从理论上说，静态分析能够较彻底地对被检测文件进行分析，但在实务

中，由于代码阅读分析难度大且受时间效率的约束，一般需根据案件的具体情况，有选择性地进行分析。总之，最后进行的静态分析和动态分析是恶意代码鉴定最重要的阶段，但具体分析方法因案件而异、因人而异。

9.2.2 恶意代码鉴定实验

1. 实验背景

有一起案件，对涉案计算机整个硬盘进行了镜像，镜像文件名为 ImageFilePC.E01，其 MD5 值为 A3098ED869DF4282F4486702113C369F。

在该镜像文件中，有一 Kali Linux 虚拟机，在虚拟机系统中，有一个工具疑似恶意代码，需要对其进行鉴定，判断其功能是否属于恶意代码，属于何种恶意代码。

2. 实验目的

（1）了解恶意代码鉴定的一般方法。

（2）了解恶意代码鉴定如何判别。

3. 实验要求

实验提供了某计算机系统的全盘镜像文件，镜像文件名为 ImageFilePC.E01，其 MD5 值为 A3098ED869DF4282F4486702113C369F。在该系统中有一 Kali Linux 虚拟机，在虚拟机系统中，有一文件名为 sbd.exe 的文件，其 MD5 值 5485aa8dca6edb85db42e315026a7f1c，该文件疑似恶意代码，需要在 Kali Linux 中搜索出该文件并对其进行鉴定，判断其功能是否属于恶意代码，属于何种恶意代码。将判断思路和理由详细说明，并写在实验报告中。

4. 实验器材和环境

（1）Windows 操作系统。

（2）学生可自由选择任意工具或软件（注：自备）。

（3）提供的镜像文件一份。

5. 实验思考

（1）木马程序与破坏性程序的区别是什么？

（2）黑客工具与网络安全管理工具的区别是什么？

9.3 软件相似性鉴定

9.3.1 软件相似性鉴定基础知识

相似性鉴定主要应用于计算机软件著作权侵权案件中。在软件著作权认定中，需要对权利软件和被控侵权软件进行比较，确定两者是否实质相似。判断软件是否实质相似，不是软件代码的字面比较，比较过程涉及较多技术问题，依赖专家分析。在软件著作权侵权案件中，涉及软件著作权侵权鉴定，如对软件复制权和修改权的侵犯行为。在这些侵权行为中，需要比对被控侵权软件和权利人软件，以判断两者内容是否一致，或者实质相似，即需要进行软件实质相似鉴定。

1. 软件著作权侵权手法与常见鉴定事项

（1）软件著作权侵权中的复制手法

对软件著作权的侵权主要体现在复制和剽窃软件的源代码和目标代码上。由于软件发布以后，都是以文件和代码形式存在，复制极为容易。复制和剽窃软件全部的源代码或目标代码，是最简单和方便的选择。但随着软件技术保护措施增强，简单的复制和剽窃难以奏效。通过破解软件序列号使用和复制软件的行为逐渐增多，但这种复制手法仍存在容易被发现的缺点。比较高级的剽窃手法是在破解软件基础上，改变软件的运行界面，复制软件其他核心部分代码。更有甚者，通过对软件代码进行简单的常规变换，不改变软件的功能，表面上改变了软件的代码"表达"形式，但实质仍是一种复制行为，不影响软件的"实质相似"性认定。从技术上看，有以下几种变换手法。

① 变换程序标识符、改变标识符位置

在程序语言设计中，需要使用变量、常量、语句标号、自定义函数或过程名称，这些都属于程序标识符。将软件中变量符号、自定义函数和过程名称替换成其他符号和名称，不影响软件实现的功能，也不会产生异常。这种简单的替换并不包含多少创造性劳动，程序源代码被编译后，与替换前的程序功能和运行效果基本一致。但修改后的源代码发生了变化，从源代码的形式上不易发现剽窃行为。

② 修改程序代码中的注释、资源，增加无效代码

软件著作权具有作品和工具的二重性，对软件著作权侵权的主要目的在于利用软件的工具性，以实现非法营利的目的。通过添加不影响软件功能的无效代码，或者修改或添加不属于软件功能组成部分的代码，可以在不改变软件工具性基础上，在形式上改变代码内容。常见的行为有注释的添加和删改、无效代码行的添加、资源文件的替换等。

对程序代码注释部分的添加和删改，不影响程序的正常运行。因为程序代码的注释部分不属于实现程序功能的组成部分，仅对程序代码起解释和说明的作用，主要为程序员本人或他人理解程序代码执行过程和结果提供便利。在程序编译过程中，编译程序一般会将这些与程序功能无关的注释内容过滤掉，不会成为目标代码的组成部分。此外，对程序代码注释部分的添加和删改过程，并不需要理解程序代码，操作简单易行。

在程序中添加无效代码，即使程序运行过程中执行这些代码，也不影响程序的功能和正常运行。例如，在程序中添加空操作命令、无效的过程、空白代码行，以及其他对程序功能无意义的任何操作。

对程序中资源文件内容进行替换，也不影响程序的正常使用。在程序设计中，通常将程序界面中涉及的菜单、Logo 图标、字符串、对话框、其他图形图像通过资源文件进行定义，按照相应的格式对其进行替换，不仅可以改变界面风格，而且不影响程序实现的功能。

以上 3 种途径，均不影响程序的功能，且不需要理解程序代码的原理和意义，属于简易的替换方法。

③ 程序语句、函数和过程的合并和分解

计算机软件源代码都是由不同的语句、函数和过程组成的。为了逃避软件著作权侵权检测，将软件中的语句、函数或过程进行简单的归并和分解，也可以在不改变软件功能的前提下，改变软件的形式。例如，采用合并法，将几个不同语句合并成一句，完成相同的功能；

或者在不改变程序执行流程的前提下,将两个顺序执行的过程合并成一个过程等。同样地,也可采用分解法。例如,将一个函数实现的功能拆分成两个函数按顺序依次实现;将一个复杂的语句,改写成由两条或者更多条实现相同功能的语句组成。

④ 修改控制逻辑

在理解原软件的功能、实现方法、执行流程等基础上,还可以改变原软件的控制逻辑,但不改变其基本功能。控制逻辑的修改,改变了权利人软件的执行流程,对其修改幅度较大。由于与原软件的架构或执行流程存在差异,新软件具有区别于其他软件的独特性,体现了一定程度的"独创性",但这种"独创性"来源于原软件的独创部分代码,而且这种修改也是出于复制的目的。因而,一般认为与原软件还是"实质相似"的。但在实践中,对此行为如何认定,尚存在争议。

(2) 软件著作权侵权案件的常见鉴定事项

软件著作权人可享有发表权、署名权、修改权、复制权、发行权、出租权、信息网络传播权、翻译权等权利。若这些权利被侵犯,均属于软件著作权侵权行为。为了证明这些侵权事实,需要对两软件进行比对。如果软件比对的专业性问题需要专家辅助解决,可能会启动司法鉴定程序。从理论或者实务上看,软件著作权侵权,可能包含两类鉴定:相同性鉴定和相似性鉴定。相同性鉴定是相似性鉴定的一种特殊情况。

① 相同性或一致性鉴定

当原被告软件形式和内容基本相同(例如,被告软件仅仅是破解原告软件技术保护措施后形成的软件),只需简单比较便可形成意见时,原告可能提出对原被告双方软件的相同情况或比例,或者一致性进行鉴定。一般情况下,只有在两软件界面完全一致时,法院才提出该委托要求。在鉴定时,只需要直接比对代码便可形成鉴定意见。

实际上,提出该委托要求并不可取,如果两软件界面完全一致,不存在任何差异,法官和双方当事人便可做出判断,除非当事人提出合理质疑,否则不用启动司法鉴定程序。相反,如果"外观"存在细微差异,但检验结果是两者完全相同,一般也可推出两者实质相似性(从理论上看,还可能存在原告软件没有独创性的极端情形)。但如果不完全相同,司法鉴定人要避免鉴定意见表述引起歧义和误解便非常困难。由于实质相似性包含相同性或一致性的内容,因此法官应出具实质相似性委托鉴定要求。

② 实质相似性

实践中,更多的委托要求是对两软件的实质相似性进行鉴定。直接提出实质相似情况的委托鉴定要求,通过做出是否实质相似的意见,有利于鉴定工作和案件事实认定工作的衔接,也有利于法官根据法律运用证据。

对被控侵权软件和权利人软件的比对,实质是判断两者的实质相似性。实质相似性包含相同性和一致性。从法律上说,只有"实质相似"性判断更加符合法律中关于软件著作权侵权认定标准。故本节所指的软件著作权侵权鉴定,是被控侵权软件和权利人软件的实质相似性鉴定。

2. 软件著作权侵权鉴定一般程序和方法

(1) 软件著作权侵权鉴定的一般程序

软件著作权侵权鉴定的关键点在于找出权利人软件中具有独创性的部分,并进行比对。为此,鉴定程序可归纳为以下几个步骤。

① 充分收集检材和样本

充分收集检材和样本是软件著作权侵权鉴定的重要内容。按照我国计算机软件保护条例的规定，计算机软件包括计算机程序和文档。其中，计算机程序包括源程序和目标程序，文档包括程序设计说明书、流程图、用户手册等。在软件侵权案件中较容易收集的材料主要是被控侵权软件的目标程序和用户使用手册。但在著作权侵权鉴定比对中，直接通过目标程序进行比对，难度大，鉴定时间长，且展现出的比对过程和结果不直观，不易被法官和诉讼双方当事人理解。如果能够获取软件的源代码，便可以在源代码级别进行比较，鉴定的效率高，且比对情况较直观，较容易被法官和双方当事人认可。因此，在条件具备的情况下，应充分收集被控侵权软件的源程序、设计文档和其他文档材料。在一些案件中，软件著作权权利人不愿意提供软件的源程序和设计文档，担心其软件中涉及的技术被当事人或其他人员掌握，此时应打消权利人顾虑，尽量收集到源程序和设计文档。

总之，应尽可能收集原被告双方软件的源代码、设计文档和目标代码。只有在不具备条件时，仅仅依据两软件的目标代码进行比较和鉴定。

② 提取权利人软件中受著作权保护的独创性部分

在充分收集了原被告双方涉案软件和相关材料以后，应确定进行比对的具体对象。在软件著作权侵权认定中，首先必须证明原告所提供的软件受到软件著作权的保护。按照著作权的一般原理和规则，仅有独创性的作品才受著作权法保护。在计算机软件中存在很多代码属于公共领域范畴，不具有独创性，不受著作权保护。因为计算机软件运行需要特定的运行环境，为了适应特定环境、与其他软件兼容，在开发设计时要遵守相同的标准和规范，这些已进入公共领域的标准和规范不具有独创性。如果将这些没有独创性的程序代码纳入鉴定比对中，会影响鉴定结果的准确性，反而对著作权侵权认定的科学性、公正性产生不利影响。因此，在比对之前，排除不受著作权保护的程序代码，提取权利人软件中受著作权保护的具有独创性部分显得非常重要。

③ 对具有独创性的程序代码进行比对

软件著作权侵权鉴定最核心的部分是代码比对。在此阶段，主要是对已经提取的具有独创性的程序代码进行比对。从比对方法看，可采取的方法很多，根据权利人独创性代码片段，可以在被控侵权软件代码中寻找相似片段进行比对；也可以提取被控侵权软件代码中独创性代码以后，再进行比对。

在对具有独创性的程序代码进行比对时，判断的内容不是两者是否一致或者相同，而是两者是否"实质相似"。也就是说，在比对过程中，应将那些形式上不完全相同，而实际上属于抄袭或复制的部分找出，并确定其相似性。

为此，比对过程中，不仅包括对独创性程序代码的直接比对，还包括对程序设计文档、软件逻辑结构、接口与模块、屏幕外观与显示、执行流程和错误代码等方面的比对。

④ 根据比对结果，按照法律原则和精神做出综合评判

根据比对结果，对两软件是否实质相似做出综合评判。一般情况下，仅对程序独创性部分进行比对时，只要比对结果中某一部分存在"实质相似"的结果，两软件便具有"实质相似"性。但更多的情形是，需要给出独创部分相似的比例，或者给出相似部分占整个软件的比例。做出两软件是否实质相似的判断，并给出相似度，可以为软件著作权侵权和赔偿额的认定提供依据。

（2）软件著作权侵权鉴定的方法

软件著作侵权鉴定主要任务是判断两软件是否"实质相似"，采用的标准和方法常见的有比对法、逐层分析法、要害分析法、SSO 测试法、三段论法等。[1]比对法是对两程序和文档分别进行比对，查看两者相似程度，判断是否实质相似；逐层分析法是通过对软件进行逐层分析，在各层次分别判断其是否实质相似；要害分析法是通过找出两软件关键部分进行分析的方法；SSO 测试法是对两软件的作品结构、顺序和组织分析，判断是否实质相似的方法；三段论法[2]是通过输入、输出和软件本身判断是否实质相似。无论采用何种方法分析，其分析基础均应建立在对具有独创性代码是否"实质相似"的比对上，即依据前一步骤对程序代码或者文档细化后的内容进行比较。从比对方法和内容来看都比较复杂，常综合以下两种方法进行。

① 文字性与非字性内容比对相结合

软件著作权涉及的不仅仅是文字性代码，软件思想也可以通过软件的框架、流程等非文字性内容体现。在比对对象方面，将文字性比对和非文字性比对方法相结合，在剔除不受著作权保护内容的前提下进行比对，通过比对结果判断侵权情况。

② 静态比对和动态运行比对相结合

在涉案软件代码的比对过程中，可以通过静态比对方法对代码内容进行逻辑分析和比对，但这种比对方法直观性不强，而且有些隐含在代码中的信息并不能很好地呈现，如软件的界面和组织形式等。而这些内容通过动态运行比对法较容易进行比较和发现。因此，在进行代码比对时，可以将静态比对法和动态法相结合，综合运用这些方法发现两者实质相似的部分内容。

3. 软件著作权侵权鉴定的基本思路

软件著作权侵权鉴定主要是代码比对，关键任务是找出正确的比对对象，确定正确比对内容。对于前者，要合理对软件进行分解，过滤出受著作权保护的部分；对于后者，要从代码、逻辑结构、屏幕与显示、模块和接口、运行异常等方面进行比对。

（1）对计算机软件进行分解、过滤和细分

本阶段任务包括两项：过滤掉不受著作权保护的代码和将代码细化成可进行比对的对象。计算机软件包括计算机程序和文档，在分解、过滤和细分阶段主要针对计算机程序，即源代码或目标代码。由于计算机软件复杂，既包括文字性内容，也包括非文字性内容；既包括静态的代码，也可动态地运行；既存在内部深层逻辑，也可通过外观感受。因此，在分解时并非简单地归类，应在熟悉软件的设计思想和基本功能以后，分别从这些不同层面依次进行分解、过滤和细分。

在了解计算机软件设计思想、主要功能以后，可以解析出计算机软件的组织架构、数据结构、接口、模块、头文件等内容，并可分别进行归类。一般认为，软件的功能不属于著作权保护，但软件的结构、顺序和组织可受著作权保护，因而对软件组织架构的

---

[1] 钱建华.《计算机软件著作权及判断其侵权的标准问题研究》，载《知识产权》1999 年第 5 期，第 22 页。
[2] 参见 Broderbund Software, Inc. v. Unison World, Inc., 648 F. Supp. 1127, 1137(N. D. Cal.(1986)). 在此案中，原告 Broderbund 公司对"Print Shop"软件享有权利，该软件可在 Apple 机上运行，Unison 是一家从事软件移植的公司，与 Broderbund 公司就其软件移植谈判破裂后，开发出可在 IBM-PC 上运行的"Print Shop"，该软件使用了谈判前取得的工作成果，如该软件的菜单等。加州北部地方法院根据 SSO 原则判定被告侵权，其主要依据是两份软件在屏幕显示输出的顺序、可供选择的画面内容、屏幕显示的布置、答复用户的方式等方面都非常相似。

提炼是必需的。[1]而接口和模块中,又要进一步区分公共领域部分和私有部分。[2]从动态运行层面,还应对软件的目标代码进行调试和运行,从而分离出执行前的界面、窗口、菜单部分,在执行过程中分析执行过程的中间代码、执行结果、错误情况等。

当从不同层面对软件分解完毕后,首先,在每一子类别中过滤掉不被著作权保护部分的内容。即将那些没有独创性的不受著作权保护的内容过滤掉,包括软件功能、设计思想、概念、原理、非独创性文字表达等。

当完成上述工作以后,进一步对细分情况进行检查。经过分解、过滤、细分以后,计算机软件中独创部分已按照代码、组织架构或逻辑结构、数据结构、接口、模块、头文件、变量和常量、注释、界面、窗口、菜单、中间代码、执行结果、错误情况等进行细分和归类。

(2)两软件"文字性"部分的比对

文字性部分的比对包括具有独创部分的程序代码的比对,设计文档和使用说明书等文档内容的比对。在对细分以后的源代码和目标代码进行比对后,比对结果为完全相同、部分相同、完全不同3种情形。如果被控著作权侵权的软件代码完全覆盖权利人软件的源代码或目标代码,可直接做出两软件"实质相似"的认定。如果仅是部分相同或者完全不同,还应该通过其他比对手段进一步进行分析。

对源程序进行比较时,通常需要对软件包含的各类头文件、函数、模块、变量分别进行比较。例如,在 VC 编写的软件中,包括.h 结尾的头文件、.cpp 结尾的源文件、.rc 结尾的资源文件。在头文件中可能定义有各种外部变量、公共函数等信息;在 CPP 文件中包含各种事件对应的处理信息模块,包括各类函数;在资源文件中,包含文件使用的各种图片、声音、字符串等资源文件。通过比对,将其中相似的部分进行归类,再按照程序设计的一般思路,对这些相似部分判断其在"代码"层次上是否实质相似。

(3)逻辑结构的比较

程序源代码完全不同并不一定表明两份软件设计时不"实质相似"。如果程序的结构、顺序和组织相似,又不属于思想而属于表达的范畴,则有可能构成著作权侵权。

程序的逻辑结构主要包括程序设计的总体结构、顺序、组织。程序的结构指的是一个程序各个组成部分的构造以及数据结构,如程序的指令、语句、过程、子程序、函数等。程序的顺序指的是程序各部分在执行过程中的先后顺序,即程序的"流程"。实际上,程序的流程可分解成不同的条件分支子流程、循环子流程、顺序执行子流程等。程序的组织指的是程序中各结构及顺序之间的宏观安排。

将被告与原告所争议软件的逻辑结构进行分析后,将两者是否相同进行比较。比较后,

---

[1] 注:计算机软件的结构、顺序和组织也可能有独创性,并且不属于"思想"的范畴,而可能被著作权加以保护。
[2] 注:公开的文件接口与头文件在一般情况下属于公共领域的范畴。操作平台与应用软件、应用软件与通信软件等之间往往存在互补的关系,在一个系统中,这些不同的程序需要兼容,如一个应用软件开发商希望自己的产品完全与某操作平台兼容,他必须获取操作平台运行和处理的详细数据,从技术上看,这些通常叫应用程序接口 API。但不同平台开发商在开放接口规范时的态度是不同的,有的选择开放接口,有的采用技术措施对接口规范进行保密。如果接口公开,将吸引更多应用软件开发商开发运行其平台的应用软件,但平台商家竞争力将会受到一定程度威胁。如果选择不公开,那么只有操作平台企业自己以及其授权的人可以设计出兼容的程序,这样平台开发商便可以对平台上运行的软件进行控制,甚至形成垄断,使其接口规范成为行业的标准。通常软件接口规范不受著作权法的保护,但某些采取技术性措施的非行业性的接口规范可能受商业秘密的保护(根据现有法律规定,技术措施在我国受著作权法保护)。如 Sega 公司诉 Accolade 公司一案中(参见 Sega Enterprises Ltd. v. Accolade, Inc., 977 F.2d 1510 (9th Cir. 1992)),Accolade 采用反向工程的手段,使其程序与 Sega 游戏主机兼容,被认定为合理使用而不构成著作权侵权。

如果两者相似,并且不属于"思想"的范畴,则应做出双方提供的两份软件在逻辑结构上"实质相似"的意见。

(4) 公用接口、公用模块的比较

计算机软件不仅与计算机硬件协作,还需要跟计算机其他系统软件、应用软件、网络软件进行协作。这些工作都是通过各种接口,或者各种公用模块实现的,因此,接口是计算机工作必不可少的途径和手段。常见的接口可分为三大类。一类是竞争性产品之间为了兼容而采用主流产品的接口。以操作系统为例,为使两个计算机系统保持对软件的兼容性,这两个系统所对应的计算机操作系统也应保持兼容。一些非主流操作系统为了使自己的产品同主流的操作系统进行兼容,在自己的产品中通常需要采用主流操作系统中与外界的相应接口信息。第二类是高层级软件采用底层软件提供的接口。常见的是应用软件使用操作系统已经公开的接口程序,以便于与操作系统内核进行通信。第三类接口是同层次软件之间或不同层次软件间采用非公开接口。这种性质的接口主要是为了使软件功能更具有竞争性。

可见,对于程序设计人员来说,可以使用不同的接口与操作系统、其他应用软件进行通信,或者与其他系统相互兼容。通常,大部分接口规范和代码都是公开的,也有些软件不为其他程序提供与其通信的接口,或者为特定软件保留某种隐蔽的通信接口,但其他软件开发者也可以通过反向工程等方法探测这些接口。在网络信息时代中,设备与设备之间、程序与程序之间的通信是普遍存在的,如果一个软件不能提供良好的标准接口与其操作系统平台软件和其他支撑软件进行通信,那它很难在市场中有进一步发展的机会,同理,操作系统平台软件、各种系统软件如果不详尽提供与其他软件交互的标准接口,那么最终将不利于软件整个行业的健康发展。因此,公用接口与公用模块非常广泛,没有哪一家软件企业开发软件程序时是从零开始的。

因此,我们认为公用接口和公用模块即使相似,也不宜作为"实质相似"的依据。因为公用接口和公用模块很大一部分是为了不同软件的兼容而开发出的一些标准,以便供其他开发者进行开发。但如果这些信息不仅仅是一些简短的零散的字母、单词或短语,或还未成为某个领域或行业的实际标准时,就有可能是独立的接口程序或信息,属于计算机程序不可或缺的一部分,则其具有独创性,其接口代码可以作为"实质相似"的依据。

(5) 屏幕外观与显示比较

屏幕显示指程序在运行过程中给人留下的一种视觉和外观感受。简单易用、生动美观的屏幕显示效果往往更受用户的欢迎。软件开发者在开发竞争性产品时,可以不通过分析已有程序的内部代码和运行机制,而只是简单模仿竞争者的屏幕显示,也能达到与竞争者相同的外部效果。如果屏幕的这种外观或显示不涉及思想部分,则屏幕外观和显示本身也应该受到著作权的保护。

显然,如果软件开发者没有分析已有程序的内部代码和运行机制,则待比较的两份源程序或目标程序的代码将存在较大差异,但这种差异并不必然否定两份证据之间的"实质相似"性质。所以,有必要独立比较屏幕的外观和显示。屏幕显示的比较可通过静态和动态两个层次进行,静态方面主要比较屏幕显示的静态结构、界面、布局等,而动态方面则主要比较屏幕的显示序列、显示变化中的效果等。

但是,屏幕外观与显示比较受制于特定的法律环境,它不是任何情况下都受著作权的保护,如果其属于思想的部分,则两份软件代码待比较的屏幕外观和显示部分不属于"实质相似"判断的对象。就我国目前法律规定看，并未对屏幕外观和显示是否受软件著作权的保护做出具体的规定。所以，在鉴定过程中此部分比较结果宜在鉴定意见书的分析说明中详细列明。

（6）其他

上述的几个方面比较是判断两份软件是否实质相似的一般规则，在特定案件中，还存在一些特殊的判断方法。例如，如果可比较的原被告软件只有目标程序代码时，常通过程序运行中出错情况判断是否"实质相似"；有些软件在开发设计中有意添加了一些防范侵权的伪代码或者加入了特定的技术措施，这些措施和伪代码对于软件的正常使用是没有任何帮助的，当发现这些"无用"的代码时，可以将其作为原被告软件存在"实质相似"的依据。

9.3.2 软件相似性鉴定实验

1. 实验背景

有一起案件，对涉案计算机整个硬盘进行了镜像，镜像文件名为 OSX-VM.zip，其 MD5 校验值为 5E50E4CB71C69D4101DB375937182EE2。

在该压缩文件中，有 phone.vhd 虚拟磁盘文件，在该磁盘中有名称为"9-相似性和功能性"的文件夹，其中有一个名为"实验素材--手机+相似度.rar"的压缩文件，在该压缩文件中有检材目录和样本目录，需要对检材目录中的"刀塔传奇变态版.apk"文件和样本中的"520006_397.apk"文件进行比对，判断其相似性。

2. 实验目的

（1）了解软件著作权侵权鉴定的基本思路。

（2）了解软件相似性鉴定的基本方法。

（3）掌握软件相似性鉴定的标准、程序。

3. 实验要求

根据提供的检材和样本，并且在互联网中搜索 Beyond Compare 4 软件（试用版）和 dex2jar 工具（开源工具），利用这些工具分析检材与样本 APK 的相似性，并详述理由。

4. 实验器材和环境

（1）Windows 操作系统。

（2）学生可自由选择任意工具或软件（注：自备）。

（3）提供的镜像文件一份。

5. 实验思考

（1）鉴定人在进行软件相似性判断时是否需要考虑软件的功能？

（2）分析软件侵权认定中 AFC 的思想以及如何指导软件相似性的判断。

第 10 章 案件综合实验

1. 实验背景

在一起传播淫秽色情物品的案件中，犯罪嫌疑人 A 利用计算机技术搭建色情网站，通过犯罪嫌疑人 B 传播色情图片内容，以收取会员会费的形式牟取利益。并且 A 利用编程技术，制作了木马程序，意欲窃取使用者的重要个人数据信息，对犯罪嫌疑人 A 的涉案计算机整个硬盘进行了镜像，镜像文件名为 ImageFilePC.E01，其 MD5 校验值为 F8F80C8E757800CEB6D94ADC7BAE84FD；B 的 Mac OS 系统，备份文件名为 OSX-VM.zip，其 MD5 校验值为 5E50E4CB71C69D4101DB375937182EE2；A 的手机备份文件，文件名为 BackupIPhone.zip，其 MD5 校验值为 845DF5A02941D2B399FC6F42F25222F4；B 的手机镜像文件，文件名为 ImageFileAndroid.rar，其 MD5 校验值为 032349e790a3b8420564f95a093d0ef4。要求通过取证软件（不限软件，可采用 X-ways Forensics、Encase、FTK、取证大师、SafeAnalyzer 等取证软件中的一款或几款）对所有镜像完整分析，还原整个案件过程并找出所有支撑的电子数据证据。要求全面、准确。

2. 实验目的

（1）掌握案件调查取证分析的程序和方法。

（2）锻炼综合分析案件案情的技术能力。

（3）能够通过电子数据证据分析还原案件过程。

3. 实验要求

（1）2018 年 5 月 4 日，A 开关机的信息并找出所有的支撑证据。

（2）2018 年 5 月 4 日，A 是否安装过软件，是何种软件，安装路径是什么，找出所有的支撑证据。

（3）2018 年 5 月 4 日，A 是否通过互联网搜索过"美女"图片，搜索完成后做过何种操作，找出所有的支撑证据。

（4）2018 年 5 月 5 日，A 是否使用过计算机，如有，做过何种操作。

（5）2018 年 5 月 9 日，A 是否使用过 Windows 系统中 foxmail 收发过电子邮件。

（6）2018 年 5 月 9 日，A 使用 Kali Linux 中浏览器百度搜索，搜索内容及相应时间是什么。

（7）2018 年 5 月 9 日，A 对 Windows 系统关机的时间是什么。

（8）2018 年 5 月 10 日，A 对计算机的所有操作过程及支撑证据。

（9）根据两个手机的镜像或备份文件（注：A 使用 iPhone 6S 手机，B 使用三星手机），分析 A 与 B 之间的所有微信聊天记录内容。

（10）根据微信记录，分析 A 与 B 之间是否存在金钱交易行为。

（11）根据所有以上的镜像，还原 A 与 B 之间的犯罪行为过程并指出所有的支撑证据。

（12）根据以上行为的分析，判断 A 和 B 涉嫌何种犯罪。

（13）请根据 A 与 B 所涉嫌犯罪的构成要件，分析本案中认定 A 与 B 犯罪尚缺乏哪些证据。

4. 实验器材和环境

（1）Windows 操作系统。

（2）学生可自由选择任意工具或软件（注：自备）。

（3）提供的镜像文件。

5. 实验思考

（1）在案件侦查中如何发现或确定犯罪嫌疑人？

（2）以牟利性为目的的犯罪中如何梳理违法资金的流动信息？

（3）在案件综合分析过程中，如何判断电子数据证据的真实可靠性？

（4）对于一宗案件如何找到所有的涉案人员，防止遗漏犯罪嫌疑人？

（5）对于刑事案件来说，通过取证获取的电子数据证据如何判断其能证明哪一或哪几个犯罪构成要件涉及的事实？

参 考 文 献

[1] MENEZES A J, VANSTONE S A, OORSCHOT P C V, 著. 胡磊, 王鹏, 译. Handbook of applied cryptography[M]. 北京: 电子工业出版社, 2005.
[2] HOOG A. Android forensics: investigation, analysis and mobile security for Google Android[M]. Syngress, 2011.
[3] NELSON B, 著. 杜江, 译. 计算机取证调查指南[M]. 重庆: 重庆大学出版社, 2009.
[4] PFLEEGER C P, PFLEEGER S L, 著. 李毅超, 蔡洪斌, 译. 信息安全原理与应用（第四版）[M]. 北京: 电子工业出版社, 2007.
[5] FARMER D, VENEMA W. Forensic discovery（计算机取证<英文版>）[M]. 北京: 机械工业出版社, 2006.
[6] STINSON D R, 著. 冯登国, 译. 密码学原理与实践[M]. 北京: 电子工业出版社, 2009.
[7] CASEY E, 著. 陈圣琳, 汤代禄, 韩建俊, 译. 数字证据与计算机犯罪（第二版）[M]. 北京: 电子工业出版社, 2004.
[8] SMITH F C, BACE R G. A guide to forensic testimony: the art and practice of presenting testimony as an expert technical witness[M]. Addison-Wesley Professional, 2012.
[9] CARVEY H. Windows forensic analysis toolkit, fourth edition: advanced analysis techniques for Windows 8[M]. Syngress, 2014.
[10] CARVEY H, 著. 王智慧, 崔孝晨, 陆道宏, 译. Windows 取证分析[M]. 北京: 科学出版社, 2009.
[11] TIPTON H F, KRAUSE M. 信息安全管理手册（卷 III）（第四版）[M]. 北京: 电子工业出版社, 2004.
[12] AQUILINA J M, CASEY E, 著, 彭国军, 陶芬, 译. 恶意代码取证[M]. 北京: 科学出版社, 2009.
[13] BARBARA J J. Handbook of digital and multimedia forensic evidence[M]. Humana Press, 2008.
[14] MANDIA K, PROSISE C, PEPE M, 著. 汪青青, 付宇光, 译. 应急响应&计算机司法鉴定（第二版）[M]. 北京: 清华大学出版社, 2004.
[15] RUSSINOVICH M E, 著. 潘爱民, 译. 深入解析 Windows 操作系统（第 4 版）[M]. 北京: 电子工业出版社, 2007.
[16] BISHOP M. 计算机安全、艺术与科学（Computer security: art and science）[M]. 北京: 清华大学出版社, 2004.
[17] EPIFANI M, STIRPARO P. Learning iOS forensics-second edition[M]. Packt Publishing, 2016.
[18] LIGH M H, CASE A. The art of memory forensics: detecting malware and threats in Windows, Linux, and Mac memory[M]. Wiley, 2014.
[19] SIKORSHI M, HONIG A, 著. 诸葛建伟, 译. 恶意代码分析实战[M]. 北京: 电子工业出版社, 2014.
[20] SHEMA M, JOHNSON B C, 著. 赵军锁, 姜楠, 译. 反黑客工具包（第二版）[M]. 北京: 电子工业出版社, 2005.
[21] MATLOFF N, 著. 张云, 译. 软件调试的艺术[M]. 北京: 人民邮电出版社, 2009.

[22] SKULKIN O, COURCIER S D. Windows forensics cookbook[M]. Packt Publishing, 2017.
[23] SZOR P, 著. 段海新, 译. 计算机病毒防范艺术[M]. 北京: 机械工业出版社, 2007.
[24] POLSTRA P. Linux forensics[M]. Createspace Independent Pub, 2015.
[25] POLSTRA P. Windows forensics[M]. Createspace Independent Pub, 2016.
[26] KRUSE II W G, HEISER J G. 段海新, 刘武, 赵乐楠, 译. 计算机取证: 应急响应精要[M]. 北京: 人民邮电出版社, 2003.
[27] PARASRAM S V N. Digital forensics with Kali Linux: perform data acquisition, digital investigation, and threat analysis using Kali Linux tools[M]. Packt Publishing, 2017.
[28] MC-CLURE S, SCAMBRAY J, KURTZ G, 著. 王吉军, 张玉亭, 周维续, 译. 黑客大曝光（第5版）[M]. 北京: 清华大学出版社, 2006.
[29] SAMMES T, JENKINSON B. Forensic computing—a practitioner's guide (second edition) [M]. Springer-Verlag London Limited, 2007.
[30] 陈芳. 黑客攻防全攻略[M]. 北京: 电子工业出版社, 2007.
[31] 戴士剑, 涂彦晖. 数据恢复技术（第二版）[M]. 北京: 电子工业出版社, 2005.
[32] 戴士剑. 电子证据调查指南[M]. 北京: 中国检察出版社, 2014.
[33] 杜志淳. 司法鉴定概论（第二版）》[M]. 北京: 法律出版社, 2012.
[34] 范红, 冯登国. 安全协议理论与方法[M]. 北京: 科学出版社, 2003.
[35] 冯登国. 密码分析学[M]. 北京: 清华大学出版社, 2000.
[36] 傅建明. 计算机病毒分析与对抗[M]. 武汉: 武汉大学出版社, 2004.
[37] 高云飞, 王永全, 刘祥南. 电子数据勘查取证与鉴定（电子证据保全）[M]. 北京: 中国人民公安大学出版社, 2012.
[38] 蒋平, 黄淑华, 杨莉莉. 数字取证[M]. 北京: 清华大学出版社, 2007.
[39] 廖根为. 电子数据真实性司法鉴定[M]. 北京: 法律出版社, 2015.
[40] 廖根为. 计算机司法鉴定: 理论探索[M]. 北京: 法律出版社, 2012.
[41] 林钰雄. 严格证明与刑事证据[M]. 北京: 法律出版社, 2008.
[42] 刘品新. 电子取证的法律规制[M]. 北京: 中国法制出版社, 2010.
[43] 麦永浩, 孙国梓, 许榕生, 等. 计算机取证与司法鉴定[M]. 北京: 清华大学出版社, 2009.
[44] 麦永浩. 电子数据司法鉴定实务[M]. 北京: 法律出版社, 2011.
[45] 皮勇. 网络安全法原论[M]. 北京: 中国人民公安大学出版社, 2008
[46] 沈昌祥, 方晓栋. 信息安全[M]. 杭州: 浙江大学出版社, 2007.
[47] 孙海龙, 曹文泽. 计算机软件法律保护的理论与实践[M]. 北京: 北京航空航天大学出版社, 2003.
[48] 汤艳君. 电子物证检验与分析[M]. 北京: 清华大学出版社, 2014.
[49] 汪中夏, 刘伟. 数据恢复高级技术[M]. 北京: 电子工业出版社, 2007.
[50] 王永全, 廖根为. 网络空间安全法律法规解读[M]. 西安: 西安电子科技大学出版社, 2018.
[51] 王永全, 齐曼. 信息犯罪与计算机取证[M]. 北京: 北京大学出版社, 2010.
[52] 王永全, 唐玲, 刘三满. 信息犯罪与计算机取证[M]. 北京: 人民邮电出版社, 2018.
[53] 许爱东, 廖根为. 网络犯罪侦查实验基础[M]. 北京: 北京大学出版社, 2011.
[54] 杨永川, 蒋平, 黄淑华. 计算机犯罪侦查[M]. 北京: 清华大学出版社, 2006.
[55] 应明, 孙彦. 计算机软件的知识产权保护[M]. 北京: 知识产权出版社, 2009.
[56] 王永全. 声像资料司法鉴定实务[M]. 北京: 法律出版社, 2013.